INTIMIDADE DE AMOR COM DEUS

Conheça nossos clubes

Conheça nosso site

- @editoraquadrante
- @editoraquadrante
- @quadranteeditora
- Quadrante

INTIMIDADE DE AMOR COM DEUS

Javier Sesé

Reflexões sobre
a filiação divina
e a vida espiritual
a partir dos
ensinamentos
dos santos

Tradução
Ricardo Harada

Título original
En intimidad de amor con Dios: Reflexiones sobre la filiación divina
y la vida espiritual, desde la enseñanza de los santos

Copyright © Ediciones Cristiandad, SA., 2025

Capa
Gabriela Haeitmann

Dados Internacionais de Catalogação na Publicação (CIP)

Sesé, Javier
Intimidade de amor com Deus: reflexões sobre a filiação divina e a vida
espiritual a partir dos ensinamentos dos santos / Javier Sesé — 1ª ed. —
São Paulo: Quadrante Editora, 2025.

ISBN: 978-85-7465-777-6

1. Vida espiritual I. Título

CDD—235

Índices para catálogo sistemático:
1. Vida espiritual – 235

Todos os direitos reservados a
QUADRANTE EDITORA
Rua Bernardo da Veiga, 47 - Tel.: 3873-2270
CEP 01252-020 - São Paulo - SP
www.quadrante.com.br / atendimento@quadrante.com.br

SUMÁRIO

PRÓLOGO
QUAL É O SEGREDO DOS SANTOS? 7

CAPÍTULO 1
O AMOR DE DEUS POR SEUS FILHOS 17

CAPÍTULO 2
FILHOS NO FILHO PELO ESPÍRITO 51

CAPÍTULO 3
A INTIMIDADE DO AMOR FILIAL 89

CAPÍTULO 4
DEUS PAI MISERICORDIOSO 123

CAPÍTULO 5
**O ENCONTRO COM O AMOR DE DEUS
NA CRUZ** 167

CAPÍTULO 6
UM CAMINHO DE AMOR FILIAL 205

CAPÍTULO 7
NOSSOS IRMÃOS E NOSSA MÃE 245

EPÍLOGO
A HERANÇA DOS FILHOS DE DEUS 285

Prólogo

QUAL É O SEGREDO DOS SANTOS?

> Pensas, Celina, que Santa Teresa recebeu mais graças
> do que tu...? Não te direi para aspirares à sua santi-
> dade, mas sim para seres perfeita como é perfeito teu
> Pai celestial... Nossos desejos infinitos não são sonhos
> nem quimeras, pois foi o próprio Jesus quem nos deu
> este mandamento.[1]

Essas palavras de Santa Teresinha do Menino Jesus à sua
irmã Celina parecem-me especialmente luminosas. De fato,
se levarmos a sério nossa vida cristã, o chamado de Jesus
no Sermão da Montanha, ao qual a santa doutora se refere,
deveria ressoar fortemente em nossas consciências: *sede
perfeitos, sede santos...*

Logicamente, esse chamado divino, como aconteceu
com Celina, nos leva a pensar nos santos mais conhecidos e populares: será que Jesus realmente me pede para
ser como Santa Teresa de Jesus; como São Francisco de
Assis, Santo Agostinho ou São Tomás de Aquino; como
Santa Catarina de Sena, a própria Santa Teresinha ou Santa
Teresa de Calcutá?

E esse objetivo pode então nos parecer impossível, porque tendemos a nos concentrar demais, como Celina, nos
aspectos chamativos de sua santidade: o "seráfico" (trans-
verberações e êxtases) de Santa Teresa; os estigmas de São
Francisco; as obras-primas da filosofia e da teologia de Santo
Agostinho ou de Santo Tomás; a audácia e a desfaçatez de

---

1   Santa Teresa do Menino Jesus, *Cartas*, n. 107.

INTIMIDADE DE AMOR COM DEUS

Santa Catarina diante dos papas e dos príncipes do mundo e da Igreja; ou o heroísmo de Madre Teresa ao cuidar dos mais pobres entre os pobres... E até mesmo a *pequena via* da infância espiritual de Santa Teresinha pode parecer inalcançável para nós!

E não se trata disso, nos adverte ela mesma (a mais jovem doutora da Igreja): esse pode ser um aspecto (e não o essencial) da *sua* santidade, a santidade pessoal daquele santo ou santa; mas não é a *santidade*, a perfeição à qual Deus nos chama a todos (porque, de fato, o chamado divino à santidade é universal, a todos e a cada um).

Então, como posso ser santo, se não sou "seráfico", nem estigmatizado, nem um grande doutor da Igreja, nem vivo entre os pobres e moribundos de Calcutá?

Sim, já procuro viver os mandamentos; receber os sacramentos periodicamente; rezar, pelo menos um pouco, todos os dias; tratar bem as pessoas ao meu redor; trabalhar honestamente e ser um bom cidadão; resignar-me de maneira cristã às doenças e dores da vida...

A verdade é que tudo isso já é muito: oxalá a maioria dos cristãos batizados vivesse verdadeiramente assim!

Mas pensar em santidade, pensar nos santos, nos convida a ir mais além. É claro que eles não se limitaram a ser boas pessoas, bons cristãos: o que me falta para ser como eles? O que eles tinham, o que os santos canonizados fizeram que eu não faço, que eu não tenho? Qual tem sido o seu segredo? Não o segredo pessoal de santa fulaninha e de são sicraninho, mas aquele que os torna, e a qualquer outra pessoa, verdadeiramente *santos*.

Qual é o segredo dos santos?

Em meus mais de trinta anos de dedicação ao estudo das vidas e dos ensinamentos dos grandes santos da história, muitas vezes me fiz essa pergunta. Pessoalmente, mas também cientificamente: para poder enfocar o estudo da espiritualidade cristã a partir de seu ponto-chave.

No início, costumava responder que a chave está no amor a Deus: um amor intenso, profundo e abrangente, que dá sentido a toda sua vida e a cada uma de suas ações. Sem dúvida, o amor — isto é, a caridade — é decisivo: tecnicamente, pode-se dizer que é a essência da santidade, a razão formal da santidade...

Mas não me sentia completamente satisfeito com essa resposta.

Em um segundo período, acrescentava a essa resposta um componente que me parece cada dia mais decisivo: a *humildade*. Os santos são, acima de tudo, pessoas humildemente apaixonadas por Deus; com a audaciosa e atrevida humildade de quem nada sabe e busca avidamente preencher esse nada com o Todo do Amor divino. Pois os santos tornam-se autênticos "descarados", "loucos" de amor, em meio a uma simplicidade desarmante.

No entanto, minha intuição teológica e meu coração ainda me pediam mais: como eles conseguem alcançar essa humildade no amor, tão simples e ousada ao mesmo tempo?

Depois de mais leituras e reflexões, tentando descobrir tal segredo, finalmente parecia pressenti-lo; e, depois, apenas consolidei tal descoberta: um santo não é apenas alguém que se apaixona profundamente por Deus, mas, antes e mais profundamente ainda, *alguém que descobre e sente em toda a sua radicalidade o que significa "Deus me ama", "Deus se enamorou de mim".*

Santo é alguém que entendeu e experimentou, íntima e pessoalmente, o real significado de "Deus é Amor" e "Ele nos amou primeiro" de São João (1Jo 4, 8.16.19) — um dos primeiros "loucos" de amor no cristianismo — e se permitiu ser preenchido por esse Amor. Insisto: não é tanto que ele tenha se enamorado, *mas se deixou enamorar.*

Talvez a expressão bíblica mais contundente desta ideia seja a oração do profeta Jeremias: "Tu me seduziste, Senhor, e eu me deixei seduzir" (Jr 20, 7).

INTIMIDADE DE AMOR COM DEUS

O santo fica completamente atônito e atordoado ao descobrir, convencido de que não ama a Deus de modo algum, todo o Amor divino que nele é derramado; e não pode deixar de responder com todo o seu ser a este Amor: Não pode senão deixar-se "seduzir", "arrebatar", "embriagar", "enlouquecer" de amor a Deus.

> Oh, Jesus! Deixa-me, no excesso de minha gratidão, dizer-te que teu Amor chega até a loucura... Diante desta loucura, como queres que meu coração não se lance para ti? Como teria limites minha confiança?...[2]

A partir dessa perspectiva apaixonada, as almas santas descobrem e redescobrem as maravilhas do amor divino...

De um Pai ternamente apaixonado por cada filha e cada filho seu: "Descansa na filiação divina. Deus é um Pai — o teu Pai! — cheio de ternura, de infinito amor. Chama-Lhe Pai muitas vezes, e diz-Lhe — a sós — que O amas, que O amas muitíssimo!: que sentes o orgulho e a força de ser seu filho".[3]

Um Pai que me ama com o mesmo amor com que ama infinita e continuamente Seu Filho unigênito, que se encarnou, enviado pelo Pai, precisamente para descobrir para nós os tesouros inesgotáveis do Amor divino e para preencher nossas pobres almas com eles:

> Qual a razão de teres colocado o homem em tão sublime dignidade? O inestimável amor com que contemplaste dentro de ti a tua criatura. E dela te enamoraste! Por amor criaste o homem e lhe deste o ser, para que saboreasse o teu sumo e eterno bem. Pelo pecado o homem perdeu a dignidade em que o colocaste [...] Tu, movido pelo mesmo fogo criador com que nos criaste, quisestes estabelecer o

---

2   Santa Teresa do Menino Jesus, *Manuscritos autobiográficos*, Ms. B, 5v.

3   São Josemaria Escrivá, *Forja*, n. 331.

remédio [...] Por isso nos deste o Verbo do teu Filho unigênito, Mediador entre nós e ti [...] Ó caridade insondável! Qual coração não explodiria ao ver o Altíssimo descer até a pequenez de nossa humanidade![4]

Um Pai e um Filho (um irmão, um amigo íntimo) que nos dão — que me dão — o mesmo Amor paterno-filial com que se amam, o Espírito Santo, para que, vivendo em nós — em mim — possamos responder ao seu Amor com o mesmo Amor.

> Se o Espírito Santo não existisse, não poderíamos dizer: "Senhor, Jesus", pois ninguém pode invocar Jesus como Senhor a não ser no Espírito Santo (cf. 1Cor 12,3). Se o Espírito Santo não existisse, não poderíamos orar com confiança. Quando oramos, dizemos: "Pai nosso que estais nos céus". Se o Espírito Santo não existisse, não poderíamos chamar Deus de Pai. Como sabemos disso? Porque o Apóstolo nos ensina: "E, porque somos filhos, Deus enviou aos nossos corações o Espírito de seu Filho, que clama: 'Abbá, Pai'" (Gl 4, 6). Quando invocares Deus Pai, lembra-te que foi o Espírito quem, movendo a tua alma, te deu aquela oração.[5]

Um Deus que manifesta o seu Amor por mim da forma mais comovente: perdoando-me verdadeiramente, perdoando-me sempre, perdoando-me o que quer que seja. Um Pai que já me perdoou, mesmo antes de eu começar minha jornada de arrependimento: foi por isso que seu Filho morreu na cruz. Um Pai que está sempre me esperando com os braços abertos, perscrutando o horizonte em busca do menor sinal do filho pródigo que retorna, para me cobrir de beijos e derramar seu infinito Amor — mais uma vez, quantas vezes forem necessárias — em meu coração (cf. Lc 15,1 1-32).

---

4   Santa Catarina de Sena, *O Diálogo*, n. 13.

5   São João Crisóstomo, *Sermo I de Sancta Pentecoste*, nn. 3-4 (PG 50, 457).

INTIMIDADE DE AMOR COM DEUS

Um Deus amoroso e enamorado que está sempre ao meu lado, atento a mim, entusiasmado com cada uma de minhas pequenas coisas, entregando-se totalmente a mim, embora eu muitas vezes tente tirar proveito egoísta de Seu amor; ou simplesmente não me lembre Dele, nem perceba Seu cuidado comigo.

> Oh! Senhor meu, como sois bom! Bendito sejais para sempre! Louvem-Vos, Deus meu, todas as coisas, pois assim nos amastes, a podermos com verdade falar desta comunicação que, ainda estando neste desterro, tendes com as almas. Até mesmo com as que são boas é grande liberalidade e magnanimidade Vossa, Senhor meu; enfim, dais como quem sois. Oh! liberalidade infinita, quão magníficas são as Vossas obras! Isto espanta a quem não tem o entendimento ocupado com coisas da terra de modo a não ter nenhum para entender verdades. Mas, que façais mercês tão soberanas a almas que tanto Vos ofendem, por certo que a mim isto faz que se me acaba o entendimento e, quando chego a pensar nisto, não posso ir adiante. Para onde há-de ir que não seja voltar atrás? Dar-Vos graças por tão grandes mercês, não sabe como. Em dizer disparates, acho alívio algumas vezes.[6]

Tudo isso, é claro, pode soar familiar (deveria soar familiar ao cristão medianamente formado!); mas os santos não apenas conhecem; eles *sabem* (*experimentam, desfrutam, amam*): sabem com o coração, com todo o seu ser, não apenas com a cabeça; sabem disso porque sentem, experimentam, vivem, do fundo da alma; sabem disso porque percebem que é o único Amor que vale a pena, porque deixam que seja o primeiro Amor de sua vida e, nele, reencontram todos os outros amores engrandecidos, divinizados.

Como não se sentiriam loucos de amor? Eu também não deveria me sentir louco de amor?

---

6   Santa Teresa de Jesus, *Vida*, c. 18, 3.

QUAL É O SEGREDO DOS SANTOS?

"Saber que me amas tanto, meu Deus, e... não enlouqueci?!"[7]

Entre os muitos e ricos enfoques que a experiência e o ensinamento dos santos nos oferecem para nos mergulharmos nesse Amor divino que chega à loucura, e aprendermos a corresponder com toda a intensidade de nossa alma, quero destacar nestas páginas o caminho da paternidade de Deus e da nossa filiação divina.[8]

Não se trata, contudo, de um estudo sistemático destas realidades teológico-espirituais, mas antes de um conjunto ordenado de reflexões sobre vários temas centrais da vida espiritual e da santidade, vistos desde a perspectiva do amor paterno-filial entre Deus e o cristão.

Pretendo oferecer pelo menos uma descrição de algumas características desta *intimidade de amor com Deus* que cada um de nós pode e deve aspirar a alcançar e desfrutar, no caminho para a união de amor definitiva, plena, maravilhosa e infinita... celestial.

Aviso desde já que deixei para um segundo livro (já bem adiantado em sua redação), intitulado *Diálogo de amor com Deus*, a manifestação mais importante e decisiva desta intimidade: a *oração*. Em parte, para não alongar muito o presente texto; em parte, precisamente, pela importância decisiva que a oração tem na santidade cristã; e, finalmente, por ser a realidade espiritual que mais tive oportunidade de nos últimos anos estudar, explicar e, quem sabe, poderia acrescentar: viver!

Também advirto que estes livros não pretendem ser, de maneira alguma, livros para especialistas, nem são necessários estudos específicos para se beneficiar deles. Mas procuro mostrar a profundidade teológica contida nos ensinamentos

---

7   São Josemaria Escrivá, *Caminho*, n. 425.

8   Alguns dos capítulos deste livro são reformulações de artigos já publicados; e todo o conteúdo é fruto de muitas horas de ensino a um público muito variado: leigos e padres, seminaristas freiras, jovens e casais...

INTIMIDADE DE AMOR COM DEUS

dos santos, e não apenas suas aplicações práticas: eles nos revelam os segredos do Amor divino, não como mero sentimentalismo, mas nos ajudam a intuir as profundezas de seu mistério e, assim, nos conduzem a um amor profundo e sólido, bem enraizado no coração e, portanto, transbordante em todas as manifestações da vida: para com todos os que nos cercam, para com toda a humanidade.

Por outro lado, os textos citados neste prólogo pretendem ser paradigmáticos tanto do conteúdo quanto do método deste livro e daquele que se seguirá em breve sobre a oração. Na verdade, proponho apresentar uma reflexão sobre a vida espiritual como intimidade de amor com Deus, inspirada na experiência e no ensinamento dos santos: o que a leitura, o estudo e, sobretudo, a *contemplação teológico-espiritual* da doutrina e da experiência interior de vários santos me levam a concluir, como uma síntese comum a todos eles.

Utilizo principalmente as experiências e os ensinamentos de alguns santos que são frequentemente reconhecidos como os principais mestres da vida espiritual: muitos deles foram nomeados *Doutores da Igreja*; e outros, arrisco-me a prever, também o serão mais cedo ou mais tarde: como é o caso de Santa Edith Stein, São Josemaria Escrivá ou São João Paulo II.

Este não é um trabalho exaustivo: há, sem dúvida, muitas outras fontes enriquecedoras que faltam aqui; mas, por meio dos textos citados, tentei refletir os aspectos do ensinamento desses santos que me parecem ser os mais universais e que, portanto, poderiam facilmente ser colocados na boca de outros. A intenção é que possam ajudar e orientar qualquer cristão, independentemente de sua vocação ou condição, em sua vida interior.

Tentei dispensar, portanto, qualquer distinção de escola, diversificação de tendências espirituais etc., e extrair, por outro lado, suas contribuições para este rico patrimônio comum que é a espiritualidade cristã. O que me interessa — e sempre

QUAL É O SEGREDO DOS SANTOS?

me interessou em meu trabalho docente, porque me parece ser o que é realmente útil para o aluno, e também o que é mais empolgante cientificamente na Teologia Espiritual — é o que há de comum a estas vidas santas, o que qualquer um pode viver, o que ajuda qualquer um a ser santo.[9]

Desta forma, desejo apresentar algumas ideias que têm, por um lado, um caráter e uma aplicação tão universais quanto possível, e por outro lado, são apoiadas por autoridades teológicas contrastadas. Com efeito, a filiação divina, como condição comum e básica do ser cristão, pode e deve ajudar-nos a todos no caminho da nossa vida espiritual; e a experiência e o ensino de quem percorreu com sucesso este caminho é a melhor garantia tanto da veracidade do que afirmamos quanto de sua utilidade prática.

Se toda a Teologia, a meu ver, deve conduzir harmoniosamente ao conhecimento da Verdade divina e ao fortalecimento da santidade pessoal, com muito mais razão aquela parte desta ciência que estuda expressamente a santidade cristã, e que costumamos chamar de Teologia Espiritual, deve desempenhar esse papel; e se os santos proporcionam luzes decisivas para toda boa reflexão teológica, na Teologia Espiritual eles são indispensáveis.

Como última consideração introdutória, não devemos esquecer que estamos diante do mistério principal da nossa fé (o próprio Deus), contemplado a partir de experiências espirituais que, por sua vez, escondem outro mistério da fé: o da vida divina no interior da alma cristã. Há, portanto, muito mais nestas realidades — infinitamente mais — do que se pode dizer aqui, e na própria experiência destes santos há muito mais riqueza do que a Teologia conseguiu extrair até agora. Portanto, cada afirmação aqui proposta

---

9 Para uma primeira aproximação aos santos que citarei, às suas obras escritas e aos seus ensinamentos, remeto-me ao meu próprio manual: Sesé, J., *Historia de la espiritualidad*, 2ª ed., Pamplona: Eunsa, 2008; com a bibliografia nele incluída.

abre novos e amplos panoramas de reflexão... e de vida! Mas este é precisamente um dos grandes atrativos da ciência teológica, e da Teologia espiritual em particular: é inesgotável, inabarcável:

> Tu, Trindade eterna, és um mar profundo. Quanto mais me submerjo, mais encontro; e quanto mais encontro, mais te busco. És insaciável, pois ao encher-se a alma em teu abismo, não se sacia, porque sempre há fome de ti, Trindade eterna, desejando ver-te com luz em tua luz.[10]

---

10 Santa Catarina de Sena, *O Diálogo*, n. 167.

CAPÍTULO 1

O AMOR DE DEUS POR SEUS FILHOS

"Deus é Amor"

"Comunica-se Deus à alma com tantas verdades de amor, nesta união interior, que não há afeto de mãe acariciando seu filhinho com tanta ternura [...] Está ocupado aqui em festejar e acariciar a alma, tal como faz a mãe em servir e mimar o filhinho, criando-o aos seus mesmos peitos. Nisto experimenta a alma a verdade das palavras de Isaías: 'Aos peitos de Deus sereis levados, e acariciados sobre o seu regaço' (Is 66, 12)".[1] Até aqui, São João da Cruz em seu *Cântico Espiritual*.

"Após uma semelhante linguagem, só nos resta calar e chorar de gratidão e de amor",[2] diz Santa Teresa do Menino Jesus, lembrando a mesma citação de Isaías, completada, entre outras referências da Escritura, por esta do mesmo profeta: "Porventura (respondeu o Senhor) pode uma mulher esquecer-se do seu menino de peito, não ter compaixão do filho das suas entranhas? Porém, ainda que ela se esquecesse dele, eu não me esqueceria de ti" (Is 49, 15).

Por isso, Santa Teresa de Jesus diz, falando de Deus, "que deve ser melhor do que todos os pais do mundo, porque nele não pode haver senão a perfeição de todos os bens";[3]

---

1   São João da Cruz, *Cântico Espiritual B*, 27, 1.

2   Santa Teresa do Menino Jesus, *Manuscritos autobiográficos*, Ms. B, 1v.

3   Santa Teresa de Jesus, *Caminho* de Perfeição, c. 27, 2.

INTIMIDADE DE AMOR COM DEUS

"mais do que todas as mães do mundo podem amar os seus filhos";[4] e acrescenta, comovido, em outro lugar:

> As palavras não conseguem acompanhar o coração, que se emociona perante a bondade de Deus. Diz-nos: *Tu és meu filho*. Não um estranho, não um servo benevolamente tratado, não um amigo, que já seria muito. Filho! Concede-nos livre trânsito para vivermos com Ele a piedade de filhos e também — atrevo-me a afirmar — a desvergonha de filhos de um Pai que é incapaz de lhes negar seja o que for.[5]

Como já indiquei no prólogo, a contemplação reflexiva de textos e experiências de santos como os que acabamos de mencionar, nos conduz a uma primeira convicção, que considero fundamental e que proponho como ideia-chave de tudo o que virá a seguir: o que faz um santo reagir, com essa admirável generosidade de amor não é tanto o conhecimento de ser filho de Deus, mas sim a compreensão cada vez mais profunda e vívida do que significa "Deus é meu Pai"; e, consequentemente, a descoberta do infinito Amor divino derramado nele: a constatação viva e prática do "quanto Deus me ama" e das comoventes consequências da participação na intimidade divina que brotam dessa realidade.

Não se trata de algo original, estranho ou especial, peculiar a algumas almas seletas; mas algo que deveria ocorrer em cada um de nós, se apenas compreendêssemos mais profundamente e nos permitíssemos ser verdadeiramente movidos pelas palavras do Apóstolo João em sua primeira epístola: "Deus é Amor" (1Jo 4, 8); "Vede que grande amor nos mostrou o Pai: sermos chamados filhos de Deus. E nós o somos!" (1Jo 3, 1).

Com relação ao primeiro desses textos, Santo Agostinho diz: "Mesmo que nada mais fosse dito nas páginas das

---

4 São Josemaria Escrivá, *Caminho*, n. 267.
5 São Josemaria Escrivá, *É Cristo que passa*, n. 185.

Sagradas Escrituras, e apenas ouvíssemos da boca do Espírito Santo que Deus é Amor, isso nos bastaria"...[6] E o segundo texto de São João apenas confirma esta impressão.

Deus é meu Pai e me ama como tal: descobre, pois, a alma, comovida ante essa revelação. Mais ainda, sua própria essência é Amar; de forma que ninguém pode amar como Ele; e esse Amor infinito e paternal não o reserva para a intimidade de sua vida trinitária, mas o derrama sobre cada um de nós como verdadeiros filhos seus.

Deixemos claro desde o início que, no sentido adequado, a filiação divina é fruto da incorporação a Cristo e, portanto, algo característico da condição cristã. Entretanto, como pessoa criada à imagem e semelhança de Deus, qualquer ser humano pode ser chamado de filho de Deus, no sentido mais amplo, e qualquer homem ou mulher é amado por Deus como Pai. Isso já foi expresso, por exemplo, por Santo Irineu, talvez o primeiro teólogo espiritual da história: "Portanto, de acordo com a condição natural, podemos dizer que todos somos filhos de Deus, já que todos fomos criados por Ele. Mas segundo a obediência e o ensinamento seguido, nem todos são filhos de Deus, senão somente aqueles que creem n'Ele e fazem a Sua vontade. Aqueles que não creem n'Ele nem fazem a sua vontade são filhos do diabo, pois fazem as obras do diabo. Isaías declara que esse é o caso: "Gerei filhos e os criei, mas eles me desprezaram" (Is 1, 2). E em outro lugar os chama também filhos estrangeiros: 'Filhos estrangeiros me defraudaram' (Sl 17, 46)".[7]

Também teremos a oportunidade de abordar o problema desses "filhos estrangeiros" quando falarmos da misericórdia de Deus: filhos indignos, até mesmo perversos, mas sempre filhos e filhas, pois Deus é sempre Pai, sempre Amor.

---

6   Santo Agostinho de Hipona, *Comentário à Primeira Epístola de São João*, 7.

7   Santo Irineu de Lyon, *Contra as Heresias*, IV, 41.

Ou seja, a maior parte das reflexões aqui apresentadas, apoiadas nos escritos dos santos, refere-se aos cristãos como filhos de Deus, mas haverá ocasiões em que os próprios santos estenderão o conceito a qualquer ser humano — por exemplo, ao falar da caridade fraterna, como veremos no último capítulo —, e então seguiremos o mesmo caminho. Parece-me que o contexto ajuda a garantir que não haja nenhuma confusão possível, mas tentarei esclarecer isso em cada caso, se necessário.

Mas voltemos a São João Evangelista, para que ele possa nos ajudar a compreender melhor o significado do amor paternal de Deus por nós e como este se manifesta. O apóstolo acrescenta, logo após o decisivo e transcendental "Deus é amor": "Nisto se manifestou a Caridade de Deus para conosco, em que Deus enviou o seu Filho unigênito ao mundo, para que por ele tenhamos a vida (da graça). A Caridade (de Deus) consiste nisto: em não termos sido nós os que amamos a Deus, mas em ter sido Ele que nos amou e enviou o seu Filho, como vítima de propiciação pelos nossos pecados". (1Jo 4, 9-10).

E insiste ainda mais: "Reconhecemos o amor que Deus tem por nós e cremos nele. Deus é Amor; quem permanece no amor, permanece em Deus, e Deus nele [...] Nós amamos porque Ele nos amou primeiro" (1Jo 4, 16.19).

Este "nos amou primeiro" provoca novamente uma glosa luminosa de Santo Agostinho: "Ouve como foste amado quando não eras amável; ouve como foste amado quando eras torpe e feio; antes, enfim, de que houvesse em ti algo digno de amor. Foste amado primeiro para que te tornasses digno de ser amado".[8]

Além disso, não faltam outras expressões divinas semelhantes ao longo das Sagradas Escrituras, já no Antigo Testamento: "Não temas, porque eu te remi e te chamei pelo

---

8   Santo Agostinho de Hipona, *Sermones*, n. 142.

teu nome; tu és meu [...] és precioso a meus olhos, porque eu te aprecio e te amo" (Is 43, 1-4).

Não é um exagero, mas uma profunda compreensão de uma verdade tão verdadeira quanto comovente, a maneira como os santos se expressam em sua oração pessoal:

> Ó inestimável, dulcíssimo amor, quem não se inflama com tal amor? Que coração pode resistir sem desmaiar? Tu, abismo de caridade, pareces enlouquecer por vossas criaturas, como se não pudesses viver sem elas, embora sejas um Deus que não precisa de nós. Por nossas boas obras não cresce tua grandeza, porque não pode sofrer mutação; de nosso mal te ocorre nenhum dano, porque és o sumo e eterno Bem. Quem te move a tanta misericórdia? O amor não forçado nem necessário que tem por nós, já que somos devedores culpados e perversos.[9]

Haverá ocasião de voltar a um outro tema que Santa Catarina de Sena aponta aqui: o abismo que se abre entre a nossa miséria pessoal e a grandeza de Deus, e que a misericórdia divina salva; mas é justamente a partir desse contraste que a generosidade do Amor divino derramado na alma é ainda mais comovente; de tal modo que somente a partir de uma verdadeira humildade se pode intuir a autêntica transcendência do "Deus é Amor".

A iniciativa do amor, portanto, é nitidamente divina, não nossa; e a forma de se entregar a Deus, por Amor, é total: desde a infinita riqueza de Sua essência e em uma trindade de pessoas: "Assim como o Pai me amou também eu vos amei. Permanecei em meu Amor" (Jo 15, 9).

"Eu neles e Tu em mim, para que sejam perfeitos na unidade, e para que o mundo reconheça que Tu me enviaste e os amaste como amaste a mim" (Jo 17, 23).

---

9   Santa Catarina de Sena, *O Diálogo*, n. 25.

"Deus, que é rico em misericórdia, pelo grande amor com que nos amou, mesmo quando estávamos mortos em nossos pecados, nos vivificou em Cristo" (Ef 2, 4-5).

"Mas a todos os que o receberam, deu poder de se tornarem filhos de Deus, àqueles que creem no seu nome; os quais não nasceram do sangue, nem da vontade da carne, nem da vontade do homem, mas de Deus. E o Verbo se fez carne, e habitou entre nós" (Jo 1, 12-14).

"Porque o amor de Deus foi derramado em nossos corações pelo Espírito Santo que nos foi dado" (Rm 5, 5).

Há muita riqueza nesta série de textos sagrados que muito pode nos ajudar a realmente nos apaixonarmos pelo Senhor. Vamos tentar provar e saborear pelo menos um pouco deste tesouro:

Deus Pai nos demonstra seu Amor precisamente ao nos dar seu Filho, e n'Ele e com Ele, seu Espírito comum.

Jesus nos ama com o Amor que recebeu do Pai e do qual procede o Espírito Santo.

O Paráclito nos ama como Amor pessoal, soprado pelo Pai e pelo Filho.

Assim, em Jesus Cristo e no Espírito Santo, descobrimos e vivenciamos o que significa a paternidade de Deus e, acima de tudo, o fato de Ele ser um Pai profunda e intimamente enamorado de Seus filhos.

Em resumo:

> O Deus da nossa fé não é um ser distante, que contemple com indiferença a sorte dos homens, seus anseios, suas lutas, suas angústias. É um Pai que ama seus filhos até o extremo de lhes enviar o Verbo, a Segunda Pessoa da Santíssima Trindade, para que, pela sua encarnação, morra por eles e os redima; o mesmo Pai amoroso que agora nos atrai suavemente a Si, mediante a ação do Espírito Santo que habita em nossos corações.[10]

---

10   São Josemaria Escrivá, *É Cristo que passa*, n. 84.

Isto que poderíamos chamar de "desdobramento trinitário" do Amor divino também nos leva à convicção de que é algo vivo. O Seu Amor não é "essencial" no sentido estático do termo "essência", mas em um sentido vivo (caso contrário não seria amor verdadeiro): Deus — cada uma das três pessoas e as três em unidade — manifesta continuamente o seu Amor por nós; e além disso, Ele está nos dando a capacidade de amar como Ele nos ama, tornando-nos partícipes de Seu Amor.

Deus ama seus filhos

Voltemos agora à afirmação de que a iniciativa do amor é divina. Visto a partir da realidade de nossa filiação divina, o raciocínio é claro: se somos filhos é porque temos um Pai, que é Deus; e, do ponto de vista vivo e espiritual, que é o que nos interessa nestas páginas, se somos capazes de amar a Deus como filhos é porque Ele nos amou primeiro como Pai, porque Ele realmente tem um "coração de Pai", para usar a expressão antropomórfica aplicada a Deus.

Ouçamos novamente o apóstolo São João: "Vede que manifestação de amor nos deu o Pai: sermos chamados filhos de Deus. E nós o somos!" (1Jo 3,1). Ele diz isso com exclamação, enfaticamente: "e nós o somos!" Somos verdadeiros filhos de Deus como fruto do amor de Deus por nós.

Esta verdade radical que brota do próprio Deus é a raiz da grandeza do ser humano, como recorda São Josemaria Escrivá com admiração e gratidão:

> A verdade vos fará livres. Que verdade é essa, que inicia e consuma em toda a nossa vida o caminho da liberdade? Eu vo-la resumirei, com a alegria e com a certeza que procedem da relação entre Deus e as suas criaturas: saber que saímos das mãos de Deus, que somos objeto

da predileção da Trindade Beatíssima, que somos filhos de tão grande Pai. [...] Aquele que não se sabe filho de Deus desconhece a sua verdade mais íntima e, na sua atuação, não possui o domínio e o senhorio próprios dos que amam o Senhor acima de todas as coisas.[11]

Santa Elisabete da Trindade se expressa de modo muito semelhante, acrescentando o fator fundamental da humildade, ao qual teremos ocasião de voltar: "A alma que tem consciência de sua grandeza goza daquela 'santa liberdade dos filhos de Deus' de que fala o apóstolo (Rm 8, 21). Isso quer dizer que ela transcende todas as coisas e se eleva acima de si mesma. A alma que mais se esquece de si mesma é a que desfruta de mais liberdade".[12]

Na constatação da grandeza da filiação divina, a ordem das ideias delineadas nestas primeiras páginas me parece fundamental, seguindo as Escrituras e os santos, para evitar o perigo de um excesso de psicologismo na vida espiritual: partindo do próprio ser de Deus como Pai e de seu Amor por nós, e depois passando ao nosso relacionamento com Ele como filhos, evitamos nos fechar em uma pura análise de nossa interioridade, mesmo que seja uma interioridade "religiosa". Pode-se objetar que muitos santos parecem falar apenas de si mesmos, mas verificamos aqui precisamente o contrário: eles falam acima de tudo de Deus, de Seu Amor, e continuamente "puxam" a si mesmos e a nós em direção a Ele, embora por meio de sua experiência pessoal, por meio do que o próprio Deus lhes deu.

Mas voltemos ao ponto central: Deus é totalmente Pai e realmente nos ama como Pai, com toda a riqueza e grandeza do que significa amar. Apliquemos o método que sempre usamos em Teologia quando nos referimos a Deus com a nossa limitada linguagem humana: tudo o que há de bom no

---

11 São Josemaria Escrivá, *Amigos de Deus*, n. 26.

12 Santa Elisabete da Trindade, *Cartas*, n. 276.

O AMOR DE DEUS POR SEUS FILHOS

amor humano e, em particular, no amor paterno e materno do melhor pai e da melhor mãe, pode e deve ser aplicado a Deus; tudo o que há de negativo e imperfeito nesse amor paterno e materno nós tiramos de Deus; e, finalmente, toda essa riqueza, já maravilhosa em si mesma, nós a elevamos à eminência própria de um Ser que é infinito e, portanto, infinito no Amor, infinitamente Pai.

É por isso que não é tão fácil, como em qualquer outro assunto teológico, entender realmente o que significa Deus ser meu Pai e o que significa que Ele me ame como tal. Entretanto, é precisamente por meio da imagem dos bons pais e mães na terra que somos capazes, se não de entender, pelo menos de intuir em nossos corações, afetivamente, o que significa e como é a afeição paterna de Deus por mim.[13]

Diria ainda mais: devemos fomentar uma grande capacidade de espanto e surpresa face a esta realidade; que reflete as palavras dos santos que serviram de ponto de partida para a nossa reflexão. Permitam-me insistir: a cada dia estou mais e mais convencido de que um santo não é apenas aquele que foi capaz de amar a Deus com todo o seu ser — o que também é verdade — mas aquele que foi capaz de descobrir o quanto Deus o ama, de sentir isso, de se deixar preencher por Seu Amor e, ao fazê-lo, de ser movido de tal forma que não lhe resta opção senão responder ao Amor divino com todo o seu ser.

Mais ainda, somente por esse caminho me parece possível uma resposta plena de amor a Deus: somente aquele que se enamora e se deixa enamorar pode amar de verdade.

---

13   Neste momento da história, infelizmente, muitas pessoas não experimentaram o verdadeiro amor paterno e, às vezes, nem mesmo o amor materno. Para que compreendam algo do que significa o amor divino, temos de recorrer a qualquer forma de amor que elas possam ter experimentado (um amigo de verdade, por exemplo); e se esse nem sequer foi o caso, se são pessoas que ninguém amou ou realmente ama, devemos começar amando-as nós mesmos, mostrando em nosso amor humano e cristão a face do amor de Jesus, do amor de Deus (veja o último capítulo e, em particular, a experiência de Santa Teresa de Calcutá).

Por outro lado, muitos dos nossos contemporâneos têm uma ideia bem diferente de Deus (e também do amor). Daí a importância de apresentar bem a verdadeira imagem paterna de Deus, como fazem os santos: com todos os seus atrativos, com tudo o que significa este Amor divino que estamos analisando; e insistindo precisamente no que é mais comovente para o ser humano. Não se trata de exagerar ou manipular a Deus: é a verdade sobre Ele.

Além disso, ao apresentar a imagem correta de Deus, a verdadeira imagem do homem também é mostrada. Uma imagem baseada em nossa filiação divina, sim, mas vai além do que significa ser filho para qualquer homem. Para mim, ser filho está na compreensão de quem é meu Pai. Aplica-se aqui a expressão coloquial, no seu sentido mais genuíno: que Pai incrível tenho! Vale muito a pena ser filho d'Ele!

"Estava pensando no que o senhor me falou..., que sou filho de Deus! E me surpreendi, pela rua, de nariz "empinado" e soberbo por dentro... Filho de Deus!" Aconselhei-o, com a consciência tranquila, a fomentar esta "soberba".[14]

É uma soberba entre aspas que São Josemaria promove, precisamente porque não estou olhando com vaidade para mim mesmo, mas contemplando o que Deus fez comigo, sem que eu o mereça, por pura bondade.

Amor paterno-filial, amor esponsal e amor de amizade

Estamos, portanto, perante um amor verdadeiro e um verdadeiro enamoramento, com todas as suas consequências. Mais ainda: o enamoramento mais intenso que pode existir; pois o Amor de Deus é o mais atraente que há: o mais sedutor. Através da realidade da filiação divina e da íntima relação com

---

14   São Josemaria Escrivá, *Caminho*, n. 274.

Deus que dela brota, esse enamoramento se manifesta de forma claríssima; talvez apenas comparável a outra expressão dessa realidade, clássica na espiritualidade cristã: o amor esponsal, que também é muito gráfico na hora de refletir o amor de Deus por mim e o meu por Ele.

Deixarei para outra ocasião uma análise mais detalhada dessa outra perspectiva — a esponsal —, mas parece-me oportuno citar, pelo menos, as reflexões de São Bernardo de Claraval, um dos santos e teólogos que melhor soube mostrar os traços esponsais da relação de amor entre a alma cristã e Deus, em um raciocínio que abunda diretamente no que estamos considerando:

> O amor do esposo, ou melhor, o esposo-Amor só quer em troca a correspondência e a fidelidade do amor, para assim poder novamente corresponder à amada com amor. Como não O amaria a esposa, e mais, a esposa do Amor? Como não há de amar o Amor? Ela, com razão, renunciando a todas as outras afeições, consagra-se exclusivamente ao amor total, pois deve corresponder ao Amor retribuindo-Lhe amor. Pois mesmo que ela se entregue totalmente ao amor, poderá ela se comparar à manancial perene da fonte?

> Certamente que não com igual abundância fluem aquele que ama e o Amor, a alma e o Verbo, a esposa e o Esposo, a criatura e o Criador, o sedento e a Fonte. E então? Haverá ressentir-se por isso e anular completamente o anseio daquela que quer se desposar? Haverá de perecer o desejo da que suspira, o ardor da que ama, a confiança da que presume, porque não é capaz de correr ao mesmo passo de um gigante, de competir em doçura com o mel, em mansidão com o cordeiro, em candor com o lírio, em claridade com o sol, em caridade com quem é a Caridade? Não. Pois ainda que a criatura ame menos porque é menor, se ela amar com todo o seu ser, nada falta naquilo que é tudo. Portanto, como disse, amar assim é estar desposada; porque não pode amar assim e

INTIMIDADE DE AMOR COM DEUS

ser pouco amada, de tal modo que, pelo consentimento dos dois, se apoia a fé conjugal íntegra e perfeita.[15]

São Bernardo baseia-se, é claro, no *Cântico dos Cânticos*, o grande poema bíblico de amor que tem sido usado abundantemente, já desde Orígenes, para expressar a relação entre a alma e Deus.[16]

O estatuto teológico da filiação divina e do amor esponsal é diferente, mas ambos têm uma mesma origem na ação de Deus em nossas almas. Essas duas realidades se manifestam de forma similar na espiritualidade cristã e convergem para um mesmo objetivo espiritual: a santidade, que é a união íntima e amorosa com Deus.

Um estudo mais detalhado deste tópico está além do escopo destas páginas; mas quero salientar que, na minha opinião, a consideração do amor conjugal como uma simples metáfora mística, mais ou menos feliz e apropriada, não corresponde à transcendência teológico-espiritual que lhe foi concedida por São Bernardo, São Boaventura, Santa Teresa de Jesus, São João da Cruz etc.[17]

Vejamos, por exemplo, o grande teólogo e mestre franciscano, quando fala da graça santificante:

> É, além disso, um dom pelo qual a alma é aperfeiçoada e torna-se esposa de Cristo, filha do Pai eterno e templo do Espírito Santo, o que não pode de modo algum ser

---

15 São Bernardo de Claraval, *Sermões sobre o Cântico dos Cânticos*, 83, 5-6.

16 O *Cântico dos Cânticos* também tem sido usado para expressar o relacionamento entre Jesus e sua Igreja, e em um tom mariano, mas com muito menos frequência, profundidade e desenvolvimento do que na chave místico--espiritual.

17 O grande teólogo do século XIX Mathias Joseph Scheeben, em uma de suas obras fundamentais, *As maravilhas da graça divina* (livro 2), analisa esta questão em detalhes, mostrando como a filiação divina, o relacionamento conjugal e o relacionamento de amizade com Deus são três realidades que se complementam para expressar a riqueza infinita da união com Deus da alma divinizada pela graça.

O AMOR DE DEUS POR SEUS FILHOS

> alcançado a não ser pela condescendência e dignidade da majestade eterna, que se digna a condescender e se rebaixar ao nível da alma humana através do dom de sua graça [...].
>
> Uma vez que ninguém possui Deus sem, por sua vez, ser mais essencialmente possuído por Ele, e ninguém O possui ou é possuído por Ele sem principal e incomparavelmente amá-Lo e ser amado por Ele como uma noiva por seu marido, mas ninguém é amado assim sem ser adotado como um filho com direito à herança eterna, devemos concluir que a graça *gratum faciens* torna a alma um templo de Deus, uma noiva de Cristo e uma filha do Pai eterno.
>
> E como tal efeito não pode resultar senão da suprema dignidade e condescendência de Deus, não é devido, portanto, a algum hábito conatural ou naturalmente inserido na alma, mas a um dom divinamente infundido por Deus, que aparece mais expressamente quando se considera o que significa ser templo de Deus, filho de Deus e estar unido a Deus indissoluvelmente e de forma quase matrimonial pelos vínculos do amor e da graça.[18]

Temos assim três formas de expressar a intimidade que se estabelece entre a alma divinizada e o próprio Deus: ser templo, ser filho, ser esposa. As três expressam a mesma realidade, e as três se complementam e se enriquecem mutuamente, pois nenhuma noção teológica é capaz de esgotar a infinitude deste mistério: o mistério da vida espiritual, que sempre nos leva de volta ao mistério do próprio Deus uno e trino.

Voltando ao amor esponsal, São João da Cruz, por sua vez, também o vincula à cruz redentora de Cristo, como veremos mais de perto do ponto de vista da filiação divina:

---

18 São Boaventura, *Breviloquio*, parte v, c. 1, 2.5; cf. *Itinerarium mentis in Deum* (*Itinerário da mente a Deus*), c. iv, 8.

INTIMIDADE DE AMOR COM DEUS

"O Filho de Deus redimiu e, consequentemente, desposou para si a natureza humana e, por conseguinte, cada alma, dando-lhe graça e penhores, para este fim, na cruz".[19]

Se é fruto da cruz de Cristo e da obra da graça, esse amor esponsal, esse "quase matrimônio", é aplicável a qualquer cristão, assim como o são os santos mencionados e muitos outros. Embora também seja verdade que, em outros momentos da história da Igreja, a linguagem esponsal foi utilizada para falar de uma experiência vocacional específica: a das virgens consagradas (especialmente na vida religiosa feminina de tipo contemplativo), ou para se referir aos graus mais elevados da vida mística.[20] É necessário, portanto, em cada caso, estar atento ao contexto, a fim de fazer um bom discernimento teológico desta linguagem esponsal.

Há ainda outra analogia com o amor humano que ajuda a expressar a riqueza daquela intimidade de amor com Deus, complementando e enriquecendo as perspectivas filial e conjugal: a amizade. O próprio Jesus a utiliza: "Não mais vos chamarei servos, porque o servo não sabe o que faz o seu senhor; mas chamo-vos amigos, porque vos dei a conhecer tudo o que ouvi de meu Pai" (Jo 15, 15).

Santo Tomás de Aquino, sem ir mais longe, é um dos santos e teólogos que mais e melhor explica o que isso significa para o relacionamento com Deus, aplicando oportunamente o conceito clássico do amor de amizade. Recordemos algumas de suas declarações mais emblemáticas a este respeito:

"A amizade, e principalmente o amor de caridade, fazem de dois um só".[21]

"Os amigos têm um só coração e uma só alma".[22]

---

19 São João da Cruz, *Cântico espiritual B*, 23, 3.

20 Sobre o tema do misticismo, refiro-me à parte final do livro anunciado sobre oração: *Diálogo de amor com Deus*.

21 Santo Tomás de Aquino, *Suma contra os Gentios*, 3, c. 158.

22 Santo Tomás de Aquino, *Comentário a São João*, 15, lec. 3; *Suma contra os Gentios*, 4, c. 21.

O AMOR DE DEUS POR SEUS FILHOS

"No amor de amizade, o amante está no amado, na medida em que considera o bem ou o mal do amigo como seu e a vontade do amigo como sua, de sorte que parece como se ele mesmo recebesse os bens e os males e fosse afetado no amigo".[23]

"Aquele que possui perfeitamente a caridade é totalmente transformado em Deus".[24]

"Com o amor da caridade, o homem, em certo sentido, torna-se um com Deus, como diz São João: 'Quem permanece no amor permanece em Deus e Deus permanece nele' (1Jo 4, 16). Por meio desse amor, o homem se torna um só espírito com Deus (1Cor 6, 17)".[25]

> A caridade é um amor de amizade, uma amizade de predileção, um amor de preferência, de fato, de preferência incomparável, soberana e sobrenatural; é como um sol que brilha em toda a alma para embelezá-la com seus raios, em todas as faculdades espirituais para aperfeiçoá-las, em todas as potências para moderá-las; mas reside, acima de tudo, na vontade, como em seu próprio centro, para fazê-la amar seu Deus acima de todas as coisas. Oh! Bendito seja o espírito no qual repousa este santo amor, porque com ele todas as coisas boas se reúnem.[26]

O Beato Raimundo Lúlio, por sua vez, cria uma interessante e sugestiva simbiose entre o amor da amizade e o amor esponsal, aplicado à relação entre a alma santa e Deus, em seu brilhante e clássico poema místico *O livro do amigo e do amado*, que encerra seu livro mais conhecido e valorizado: *Blanquerna*.[27]

---

23   Santo Tomás de Aquino, *Suma Teológica*, I-II, q. 28, a. 2.

24   Santo Tomás de Aquino, *Quaestiones Quodlibetales*, 3, a. 17; cfr. *Suma Teológica*, I-II, q.62, a.3.

25   Santo Tomás de Aquino, *Compêndio de teologia*, 214.

26   São Francisco de Sales, *Tratado do Amor de Deus*, livro II, cap. 22.

27   Esse livro também é a principal joia da literatura medieval catalã.

INTIMIDADE DE AMOR COM DEUS

De fato, o mais importante, em minha opinião, é como todas essas realidades e conceitos são grandemente enriquecidos e nos ajudam a apreciar ainda mais o imenso Amor que Deus tem por nós, a grandeza da condição cristã e as maravilhas da intimidade com a Trindade que a alma que corresponde a esse Amor pode alcançar: é isso que pretendo mostrar e desenvolver nestas páginas, além das diferenças de nuances ou acentos no uso da terminologia clássica e das respectivas analogias.

Os tesouros do amor paterno-maternal de Deus

Procuremos, então, aprofundar ainda mais os testemunhos deste Amor divino por nós. Esta união de amor entre Deus e cada um dos seus filhos, com toda sua intimidade e ternura, nós a vimos refletida, do ponto de vista divino, nos dois textos de Isaías citados no início pela boca de vários santos: "Seus filhinhos serão carregados ao colo, e acariciados no regaço. Como uma mãe acaricia o seu filhinho, assim eu vos consolarei, e em Jerusalém sereis consolados" (Is 66, 12-13); e ainda mais vigorosamente: Porventura pode uma mulher esquecer-se do seu menino de peito, não ter compaixão do filho das suas entranhas? Porém, ainda que ela se esquecesse dele, eu não me esqueceria de ti" (Is 49, 15).

Muito significativo dos traços do Amor divino que queremos sublinhar é o fato de que o Senhor fale não só de uma relação materno-filial, mas entre uma mãe e seu filho recém-nascido: dos momentos em que essa intimidade é ainda maior, se possível; um momento em que, por um lado, o filho precisa completamente de sua mãe e, por outro, a ternura da mãe para com ele é demonstrada com maior intensidade e também com maior afeto e sensibilidade.

Mas os textos de Isaías também nos dizem que o Amor de Deus por cada um de nós não é apenas comparável ao da melhor das mães por seu filho, e por seu filho recém--nascido, mas vai muito além: à eminência a que nos referimos acima. Tomemos o exemplo das mães que mais amaram seus filhos..., juntemos todos..., somemos todos..., e o Amor de Deus — paterno e materno, autenticamente paterno e autenticamente materno — é superior a tudo isso... Superior em intensidade, superior em intimidade, superior em ternura, superior em obras e atos de afeto.

E digo paternal e maternal porque em Deus há, de fato, multiplicado ao infinito, tudo o que há de bom no amor de uma mãe e de um pai; sem, além disso, nenhuma das limitações e imperfeições que possam estar presentes no amor humano masculino ou feminino.

Sabemos bem que não faz sentido falar de sexo em Deus (o uso mais comum da palavra pai, e não mãe, não tem conotação sexual); e sabemos como é difícil expressar o mistério divino em palavras e conceitos humanos. Portanto, o recurso à analogia com o amor paterno e materno nos ajuda, pelo menos, a intuir algo do que significa esta intimidade de amor entre a alma cristã e Deus; mas muito mais permanece na obscuridade do mistério do que nos é revelado; o que, por sua vez, nos permite redescobrir continuamente as maravilhas do Amor divino e sonhar com algo ainda maior.

A audácia de Deus em nos amar, em se entregar a nós, nunca deixa de nos surpreender. De fato, nesse modo de lidar intimamente conosco, Deus realiza um ato misterioso, mas verdadeiro, não apenas de amor, mas também de humildade e doação para conosco, talvez precisamente porque estas três realidades não podem ser separadas:

INTIMIDADE DE AMOR COM DEUS

amor, doação e humildade.[28] Assim se exprime São João da Cruz, comentando um desses textos do profeta Isaías, em uma reflexão da qual já citei um fragmento no início deste capítulo, mas que vale a pena ler na íntegra:

> Comunica-se Deus à alma com tantas verdades de amor, nesta união interior, que não há afeto de mãe acariciando seu filhinho com tanta ternura, nem amor de irmão, nem amizade de amigo, que se lhe possa comparar. A tanto chega, com efeito, a ternura e verdade do amor com que o imenso Pai regala e engrandece esta humilde e amorosa alma. Oh! coisa maravilhosa e digna de todo o espanto e admiração: sujeitar-se Deus à alma, verdadeiramente, para exaltá-la, como se fora seu servo, e ela fora o seu senhor! E está tão solícito em regalá-la como se ele fora seu escravo e ela seu Deus, — tão profunda é a humildade e mansidão de Deus!

> Nesta comunicação de amor, o Senhor exercita, de certo modo, aquele ofício a que se refere no Evangelho, dizendo que no céu Ele "se cingirá e servirá os seus escolhidos, passando de um a outro" (Lc 12, 37). Está ocupado aqui em festejar e acariciar a alma, tal como faz a mãe em servir e mimar o filhinho, criando-o aos seus mesmos peitos. Nisto experimenta a alma a verdade das palavras de Isaías: "Aos peitos de Deus sereis levados, e acariciados sobre o seu regaço" (Is 66, 12).[29]

Com efeito, Deus Pai, pessoalmente e através do seu Filho e do seu Espírito, mostrou-nos um Amor ousado, audacioso e humilde, até o ponto da "loucura" da cruz, à qual voltaremos mais tarde em nossa reflexão.

---

28 Essa relação me parece ser uma das principais questões da teologia espiritual, embora este não seja o momento de desenvolvê-la; falaremos mais sobre ela nos capítulos seguintes. É claro que, da parte de Deus, não podemos falar de um ato indigente, mas podemos falar do verdadeiro amor e da verdadeira doação, de algo vivo e eficaz que causa a bondade da criatura amada por Ele.

29 São João da Cruz, *Cântico Espiritual* B, 27, 1.

Amar no amor

Porém, o fato de enfatizarmos o quanto Deus nos ama não é para que esqueçamos de nossa correspondência, mas justamente para encorajá-la ainda mais. São Bernardo expressou-o magnificamente, acima, na linguagem esponsal; e o Beato João de Ruysbroeck também o apresenta com grande força, e até com certa ousadia na linguagem, visto da perspectiva da paternidade divina:

> Nosso Pai celeste é ao mesmo tempo avaro e generoso. Ele dá generosamente sua graça, seus dons e dádivas àqueles que ama, àqueles que cresceram espiritualmente, àqueles que andam em sua presença. Exige que cada indivíduo responda-Lhe com gratidão, com louvor e com todos os tipos de boas obras, de acordo com sua capacidade interior e corporal. A graça de Deus não é concedida em vão, inutilmente. Se nos valermos dela, ela fluirá incessantemente, será dada a nós sempre que precisarmos e exigirá de nós total correspondência. Este dom recíproco dá origem ao exercício de todas as virtudes sem medo de errar.
>
> Acima de todas as boas obras e da prática de virtudes, nosso Pai Celestial ensina a cada um de seus amados que Ele não é apenas avaro e generoso ao exigir e dar, mas que Ele é a própria avareza e generosidade. Quer nos dar a Si mesmo com tudo o que Ele é. Quer que nós nos entreguemos a Ele com todo nosso ser. Quer ao mesmo tempo ser nosso e que nós sejamos seus. Não podemos ser Deus, mas estamos unidos a Ele com ou sem meios. Estamos unidos a Ele por meio de sua graça e de nossas boas obras. Ele vive em nós e nós vivemos n'Ele com amor recíproco, ou seja: sua graça e nossas obras.[30]

---

30 Beato João Ruysbroeck, *Os Sete Degraus da Escada do Amor Espiritual*, c. 12. A expressão "com meios e sem meios" é muito característica desse profundo autor místico e contém uma explicação teológica complexa que nos afastaria, neste ponto, do tema central de nossa reflexão.

INTIMIDADE DE AMOR COM DEUS

Deus é Amor: por isso Ele é a própria generosidade... e a própria "avareza". Um verdadeiro amante é um amante ciumento..., e Deus o é: "O Senhor — Mestre de Amor — é um amante ciumento que pede tudo o que é nosso, todo o nosso querer",[31] como também nos diz São Josemaria Escrivá. Mas nunca um tirano: Deus espera ansiosamente o nosso amor, mas nunca nos obrigará a amá-lo... a não ser com a suave coerção do seu próprio Amor.

"Esta é a primeira coisa na intenção do amante: que ele possa ser correspondido pela pessoa amada. Este, de fato, é o objetivo de todos os esforços do amante, atrair o amor do amado para si",[32] ensina Santo Tomás de Aquino.

Ora, o nosso amor a Deus, a nossa correspondência ao Amor divino, como apontam os textos de São Bernardo e do Beato João Ruysbroeck que citamos acima, também vem do próprio Deus. Santo Tomás de Aquino e São João da Cruz expressam-no em frases breves, mas plenas de profundidade teológica:

"A caridade é uma participação na caridade infinita que é o Espírito Santo".[33]

"A alma ama a Deus, não por si mesma, mas por Ele mesmo; o que é uma coisa maravilhosa, porque ama por meio do Espírito Santo, como o Pai e o Filho se amam".[34]

A iniciativa divina do amor torna-se, portanto, imprescindível: "Se ele, por sua grande misericórdia, não nos tivesse olhado e amado primeiro, segundo a palavra de São João (1Jo 4, 10), e não descesse até nós, de modo algum o voo do

---

31 São Josemaria Escrivá, *Forja*, n. 45: "O amor de Deus é ciumento; não se satisfaz se comparecemos com condições ao encontro marcado: espera com impaciência que nos entreguemos por inteiro, que não guardemos no coração recantos obscuros, a que não conseguem chegar a felicidade e a alegria da graça e dos dons sobrenaturais". (Idem, *Amigos de Deus*, n. 28.)

32 Santo Tomás de Aquino, *Suma contra os Gentios*, III, 151.

33 Santo Tomás de Aquino, *Suma Teológica*, II-II, q. 24, a. 7.

34 São João da Cruz, *Chama viva de amor*, 3, 82.

O AMOR DE DEUS POR SEUS FILHOS

cabelo de nosso rasteiro amor faria nele presa",[35] continua a ensinar o doutor místico.

Não há outra possibilidade de amar a Deus, de poder corresponder verdadeiramente ao Amor divino: "Para amar-te como tu me amas, preciso tomar emprestado o teu próprio Amor", exclamou Santa Teresinha, quando percebeu que o seu amor, comparado ao de Deus, "não é nem mesmo uma gota de orvalho perdida no oceano".[36]

> Esta pretensão da alma é a igualdade de amor com Deus, natural e sobrenaturalmente apetecida por ela; porque o amante não pode estar satisfeito se não sente que ama tanto quanto é amado. E como a alma vê que na sua transformação em Deus, a que chegou nesta vida, embora seja o amor imenso, não pode este igualar na perfeição ao amor com que Deus a ama, deseja a clara transformação da glória, em que chegará à igualdade do amor.
>
> Porque a vontade da alma, convertida na vontade de Deus, é agora toda a vontade de Deus e a vontade da alma não está perdida, mas tornou-se a vontade de Deus; e assim a alma ama a Deus com a vontade de Deus, que é também a sua vontade; e assim ela o amará tanto quanto é amada por Deus, pois o ama com a vontade do próprio Deus, no mesmo Amor com que Ele a ama, que é o Espírito Santo, que é dado à alma.[37]

É admirável o equilíbrio com que São João da Cruz nos mostra aqui toda a força do que significa participar do mesmo Amor divino: toda a radicalidade da unidade no amor, sem cair em uma interpretação panteísta. Mais ainda: o Eu da alma e o Tu de Deus são ainda mais reforçados nesta troca de

---

35 São João da Cruz, *Cântico Espiritual* B, 31, 8.

36 Santa Teresa do Menino Jesus, *Manuscritos Autobiográficos*, Ms. C, 35r.

37 São João da Cruz, *Cântico Espiritual* A, 37, 3.

INTIMIDADE DE AMOR COM DEUS

amor, justamente porque estão mais unidos do que nunca, por mais paradoxal que isso possa parecer.[38]

Voltemos a São Bernardo, para admirar as maravilhas dessa troca de amor, que Deus tornou possível por sua generosidade paterna:

> O amor exclui qualquer outro motivo e qualquer outro fruto que não seja ele mesmo. Seu fruto é sua experiência. Eu amo porque amo; eu amo para amar. Grande coisa é o amor, desde que retorne à sua fonte e retorne à sua origem, se ele desaguar em sua fonte, recuperando sempre seu fluxo abundante. O amor é o único de todos os movimentos, sentidos e afetos da alma com o qual a criatura pode responder ao seu autor, não com total igualdade, mas de maneira muito semelhante.
>
> Por exemplo, se Deus estiver irado comigo, poderia eu me zangar com Ele da mesma forma? De forma alguma; eu me faria pequeno, estremeceria e pediria perdão. Se Ele me repreender, eu não o repreenderei, mas concordarei com Ele. Se ele me julgar, não o julgarei, mas o adorarei. Quando Ele me salva, não espera que eu o salve; nem por sua vez precisa ser libertado, quando é Ele que liberta a todos. Se Ele é o mestre, devo servi-Lo; se Ele me ordena, devo obedecê-Lo e não exigir Seu serviço e obediência. Mas observe a diferença que isso faz quando se trata de amor. Pois quando Deus ama, Ele não deseja outra coisa senão que O amemos; pois Ele não ama por outra coisa senão para ser amado, sabendo que o amor é suficiente para fazer felizes aqueles que se amam.[39]

---

38 Estamos aqui diante de um dos temas teologicamente mais delicados da mística cristã. Neste sentido, a comparação entre o texto de São João da Cruz que acabamos de citar e a sua variante correspondente no Cântico B é significativa: parece indicar que algumas mentes da época interpretaram as palavras do santo num sentido panteísta, e o levaram a "amenizar" as expressões, na segunda versão da obra.

39 São Bernardo de Claraval, *Sermões sobre o Cântico dos Cânticos*, 83, 4.

A proximidade de um Deus que é Pai

Acabamos de falar sobre a troca de amor e correspondência com o Amor divino. Mas voltemos agora, para continuar avançando, para orientar a nossa contemplação teológico-espiritual a partir do Amor paterno que Deus tem por nós.

Especificamente, à luz do Amor divino, conforme captado pelos santos, gostaria agora de lançar alguma luz sobre certos atributos divinos, que ajudam a esclarecer qual é a verdadeira imagem paterna de Deus.

A *imensidade* de Deus e sua *onipresença*, por exemplo, devem ser concebidas como uma presença ativa, viva e efetiva de Deus em cada um de seus filhos; como uma realidade concreta, amorosa e íntima para a alma; como a presença de um Pai "interessado" e "ocupado" com as coisas de seu filho, pequenas e grandes, transcendentes e anedóticas.

A alma realmente sente que Deus, seu Pai, só tem olhos para ela; e sua vida em Cristo e a presença ativa do Espírito dentro dela nunca deixam de lembrá-la disso e de levá-la a agir de acordo: agir com o prazer e a segurança de quem sempre se sente acompanhado pela pessoa amada.

Pode-se então tirar conclusões práticas maravilhosas, como foi o caso de Santa Genoveva Torres Morales: "É muito bom encontrar a Deus em todas as partes e particularmente para os corações que não se satisfazem com nada mais que possuí-lo. Com esta posse, em todas as partes se sentem bem".[40]

De fato, os amantes se sentem bem em todos os lugares, se estão juntos. Temos a garantia de que Deus está em toda parte: se realmente nos deixarmos acompanhar por seu Amor, estaremos bem em toda parte e em todos os momentos: que amor humano pode garantir isso?

---

40 Santa Genoveva Torres Morales, *Cartas*, n. 61.

INTIMIDADE DE AMOR COM DEUS

Que diferença em relação àqueles que insistem em ver na onipresença divina um "irmão mais velho" sempre vigilante, sempre à espreita para nos pegar em um descuido e nos punir! Esse não é Deus! Esse Deus não existe!

Da mesma forma, a *eternidade* divina é experimentada — pela alma santa, enamorada — como a plenitude da presença amorosa de Deus e o dom de si mesmo a cada um em cada momento, derramando na alma toda a riqueza de seu ser divino: uma participação na eterna doação do Pai ao Filho e ao Espírito Santo.

Não é uma eternidade à parte do meu tempo, mas uma eternidade derramada em meu tempo, que passa a ter o valor da eternidade; e em tudo isso, a encarnação do Verbo desempenha um papel decisivo, pois a alma descobre ali até que ponto Deus está realmente interessado em tudo o que é humano e temporal.

"Não sabes que Eu sou a memória eterna de meu Pai celestial, que nunca se esquece de nada e em quem o passado e o futuro são como o presente?", disse Jesus a Santa Margarida Maria Alacoque em resposta à sua queixa.[41]

Toda essa realidade — essa presença e essa eternidade viva, ativa, amorosa — é o que está também subjacente ao que foi expresso neste ponto de *Caminho*, de São Josemaria Escrivá, do qual já reproduzimos algumas palavras no início:

> É preciso convencer-se de que Deus está junto de nós continuamente. Vivemos como se o Senhor estivesse longe, onde brilham as estrelas, e não consideramos que também está sempre ao nosso lado. E está como um Pai amoroso — quer mais a cada um de nós do que todas as mães do mundo podem querer a seus filhos —, ajudando-nos, inspirando-nos, abençoando... e perdoando. [...]

---

41 Santa Margarida Maria Alacoque, *Autobiografia*, n. 10. De fato, como é bom queixar-se filialmente a Deus! Quando há amor verdadeiro, há confiança: tudo é dito... e tudo é corrigido. Voltarei a este assunto em meu livro sobre a oração.

Necessário é que nos embebamos, que nos saturemos de que Pai — e muito Pai nosso — é o Senhor que está junto de nós e nos céus.[42]

Ou a estas outras considerações e recomendações de Santa Teresa de Jesus:

> Sem dúvida, podeis crer que, onde está Sua Majestade, está toda a glória. Vede que Santo Agostinho diz que O buscava em muitas partes e O veio a encontrar dentro de si mesmo.[43] Pensais que importa pouco a uma alma distraída entender esta verdade e ver que, para falar a seu Eterno Pai, não precisa de ir ao Céu, nem para se consolar com Ele é mister falar em voz alta? Por muito baixo que fale, está tão perto que nos ouvirá; nem é preciso asas para ir em busca d'Ele; basta pôr-se em recolhimento e olhá-Lo dentro de si mesma, e não espantar-se de tão bom Hóspede; mas falar-Lhe com grande humildade, como a um pai; pedir-lhe como a um pai, contar-Lhe os seus trabalhos, pedir-Lhe remédio para eles, entendendo que não é digna de ser Sua filha.[44]

Mais uma vez, as consequências práticas — para a oração, para as dificuldades, para os acontecimentos comuns da vida — são muito importantes. Mudam sensivelmente o "estilo", o modo de se comportar e de agir, que se torna verdadeiramente "filial", se Deus for contemplado desta forma: tão Pai quanto Ele é na realidade; tão enamorado quanto Ele está na realidade.

De outra perspectiva, a eternidade de Deus como a ausência de começo e fim também comove a alma santa por causa do prolongamento infinito do amor de Deus por ela e por cada um de nós. Assim o expressa São Francisco de Sales:

---

42 São Josemaria Escrivá, *Caminho*, n. 267.

43 Cf. Santo Agostinho de Hipona, *Confissões*, x, 27.

44 Santa Teresa de Jesus, *Caminho de Perfeição*, c. 28, 2.

INTIMIDADE DE AMOR COM DEUS

> Considera o amor eterno que Deus tem tido por nós. Antes da encarnação e da morte de Jesus Cristo a Majestade divina te amava infinitamente e te predestinava para o Seu amor. Mas quando é que Ele começou a te amar? Começou a fazê-lo quando começou a ser Deus. E quando começou a ser Deus? Nunca, porque sempre o foi sem começo nem fim; e seu amor por ti, que nunca teve começo, preparou-te desde toda a eternidade as graças e favores que tens recebido.[45]

A mera consideração deste fato é realmente "vertiginosa"... Embora nós, seres humanos, frequentemente usemos expressões como "amor eterno" entre nós, isso só é radicalmente verdadeiro em relação a Deus. Para nós, "sempre" significa, no máximo, "daqui em diante"; para Deus, significa, ademais, "para sempre" e significa, acima de tudo, "eternamente presente": em todos os momentos, de uma só vez e com total intensidade... Como eu disse: é vertiginoso...

Os cuidados de um pai com seus filhos

Em estreita relação com a onipresença e a eternidade, a imutabilidade deixa de ser um atributo fundamentalmente negativo, que parece distanciar Deus de nós, e se revela antes como uma *vida* cheia de intensa atividade, rica e perfeita, que transforma em cada alma o verdadeiro Amor paterno. A tal ponto que, nesta *intimidade* filial, a alma sente, por exemplo, que Deus se "move" ao ritmo das suas experiências pessoais, como todo bom pai reage com amor paterno aos sentimentos, necessidades e preocupações de seu filho.

Certamente, Deus não é movido no sentido de sofrer uma mudança; mas é movido na medida em que vive Seu relacionamento conosco com toda a intensidade de

---

45 São Francisco de Sales, *Filoteia: introdução à vida devota*, v, c. 14.

Seu infinito Amor, assim como os relacionamentos no seio da Trindade, são vivos e intensos. Ou seja, Deus realmente ama e "vive" Seu amor por cada filho e cada filha; e, portanto, Ele realmente participa de todas as vicissitudes deles, mesmo que não as "sofra", no sentido em que essa expressão possa significar imperfeição.

Mesmo assim, o santo costuma ir ainda mais longe; porque, através da humanidade de Jesus Cristo, compreende que Deus quis aproximar-se também dos aspectos passivos das experiências de seus filhos: quis "humanizar" o seu Amor, sem deixar de ser divino. E isso O comove profundamente por dois motivos: porque Deus se torna assim mais próximo deles, sem dúvida; mas também porque não deixa de ser Deus: porque o grandioso e comovente é, acima de tudo, que Ele é meu Pai e meu Deus inseparavelmente; e que Jesus é o Deus-Homem que me abre os segredos da intimidade divina, sem diminuir nem um pouco toda Sua grandeza, ao entregá-la a nós.

Vejamos por outro ângulo: ter consciência da paternidade de Deus significa descobrir que Deus tem verdadeiros "sentimentos paternos", naquilo que têm de perfeição de Amor; ações divinas que a alma enamorada realmente sente como "novas", "diferentes", a cada momento de sua relação íntima com Deus, na medida em que se sabe amada como um filho concreto, diferente dos outros filhos, e a quem acontecem coisas diferentes a cada dia e a cada hora, que não são indiferentes a um Amor verdadeiramente paterno e materno.

As seguintes palavras de São Bernardo resumem todas estas ideias e nos levam ao pano de fundo metafísico que as sustenta:

> Ele não é um ser distante para cada um de nós, já que todos recebem o ser Dele e, sem Ele, tudo se reduz a puro nada. Mais ainda: nada é tão presente ou tão incompreensível

INTIMIDADE DE AMOR COM DEUS

> quanto Ele. Existe alguém tão presente para cada criatura?
> E, ainda assim, existe alguém mais incompreensível do
> que o ser de todas as coisas? Eu diria que Deus é o Ser
> de todos os seres, não porque eles são o que Ele é, mas
> "porque d'Ele, por Ele e para Ele são todas as coisas" (Rm
> 11, 36). Ele é, portanto, o Ser e o criador de todas as coisas
> criadas, mas causal, não material. Assim, Sua majestade
> se digna a ser para todas as Suas criaturas o que elas são:
> vida para todo ser vivo, luz para toda razão, força para
> toda pessoa virtuosa, glória para todo vencedor.[46]

Observemos também — embora tenhamos que falar disso mais tarde — como a *onipotência* de Deus assume outra perspectiva a partir da intimidade filial com Ele: não é um poder que me domina e me subjuga, mas está "a meu serviço", do qual eu até participo, porque sou Seu filho e herdeiro, com todas as suas consequências.

Sua *providência* não é a de um vigia ou controlador, como já apontamos, nem — pior ainda — a de um titereiro que move os fios da minha vida como se fosse uma marionete; mas aquilo que reflete os esforços de um Pai amoroso, contínua e intensamente preocupado com o bem dos seus filhos; incluindo, sobretudo, a sua liberdade: dada na criação e reconquistada para nós por Jesus Cristo na Cruz.

É claro, ademais, como a infinitude de Deus nos fala de um amor incomensurável, sem limites de espécie alguma e cheio de riquezas. Deixemo-nos convencer por Santa Teresa dos Andes, como ela tentou fazer com uma amiga sua:

> Quem pode nos amar como nosso Senhor? Ninguém no
> mundo. Nem mesmo nossas próprias mães. Seu amor é
> infinito. Se amamos aqueles que nos amam, se muitos
> entregam-se àqueles que mais os amam, não é natural
> que nós, que compreendemos o Amor de Deus, nos en-
> treguemos a Ele? Ele supera todas as criaturas em beleza,

---

46   São Bernardo de Claraval, *Sermões sobre o Cântico dos Cânticos*, 4, 4.

em bondade, em sabedoria, em santidade, em poder, em justiça, em amor. Se amamos os seres que têm qualidades extraordinárias, por que não amá-Lo, que reúne todas elas em uma perfeição infinita?[47]

Portanto, mais ainda: ao nos amar, Deus nos torna participantes da infinitude de suas perfeições, como verdadeiros filhos e herdeiros que somos, como objetos de seu Amor. Gostaria, portanto, de perguntar: temos consciência do que realmente significa o termo "infinito"? Refiro-me ao seu sentido positivo, à sua riqueza; por exemplo, com todos os componentes e aspectos que esta santa enumera (beleza, bondade, sabedoria, santidade, poder, justiça, amor), e tantos outros que poderiam ser enumerados? E mais ainda, se buscarmos o contraste com as limitações do ser humano, do amor humano...

O "céu na terra"

Em suma, a transcendência divina, para uma alma plenamente consciente do que significa ser filho de Deus, não é afastamento e desinteresse, mas proximidade e intimidade: o conhecimento de que toda a grandeza de Deus, que em si mesma parece inatingível e inalcançável, é colocada ao alcance do filho; não porque o filho a alcança, mas porque Ele a dá ao filho como um verdadeiro Pai e amoroso. Essa é a convicção subjacente a estas frases extraídas de outra carta de Santa Teresa dos Andes a uma amiga:

> Acredite em mim. Eu te digo francamente, eu achava impossível me enamorar por um Deus que eu não podia ver, que eu não podia acariciar. Mas hoje afirmo com meu coração na mão que Deus compensa totalmente esse

---

47 Santa Teresa dos Andes, *Cartas*, n. 65.

INTIMIDADE DE AMOR COM DEUS

> sacrifício. De tal forma sentimos esse amor, essas carícias de nosso Senhor, que parece que o temos ao nosso lado. Eu O sinto tão intimamente unido a mim que não posso desejar mais nada, exceto a visão beatífica no céu. Estou repleta d'Ele e, neste momento, tenho-O junto ao meu coração, pedindo-Lhe que me dê a conhecer os fins do Seu Amor. Não há separação entre nós. Onde quer que eu vá, Ele está comigo em meu pobre coração. É Sua pequena casa onde moro; é meu céu aqui na Terra.[48]

Essa última expressão ("céu na terra"), referente à alma, foi extraída pela santa chilena dos escritos de Santa Elisabete da Trindade, que a utiliza com grande frequência e a explica assim:

> "Pai nosso que estais nos céus" (Mt 6, 9). É nesse pequeno céu que Ele fez para Si mesmo no centro de nossa alma que devemos buscá-Lo e, acima de tudo, habitá-Lo [...] 'Adoremo-Lo em espírito e em verdade' (cf. Jo 4, 23). Ou seja, por meio de Jesus Cristo e com Jesus Cristo, porque somente Ele é o verdadeiro adorador em espírito e em verdade. Seremos então filhas de Deus e conheceremos por experiência própria a verdade destas palavras de Isaías: "Serão carregados ao colo, e acariciados no regaço" (Is 66, 12)
>
> Na verdade, a única ocupação de Deus parece consistir em encher a alma de carícias e de provas de amor, como uma mãe cria o seu filho e alimenta-o com o seu leite. Oh! Permaneçamos na escuta da voz misteriosa do nosso Pai. "Meu filho, dá-me o teu coração" (cf. Pr 23, 26).[49]

Convém sublinhar como Santa Elisabete da Trindade tira a sua ideia luminosa da oração filial por excelência: o Pai Nosso; que assume assim uma dimensão nova e sugestiva, perfeitamente compatível com a outra interpretação

---

48   Santa Teresa dos Andes, *Cartas*, n. 40.

49   Santa Elisabete da Trindade, *Céu na Terra*, Nono Dia.

da palavra "céu". O céu divino e o céu da alma tornam-se um, porque em ambos habita o mesmo Ser maravilhoso: nosso Deus Pai.

Desta ideia surge também uma reafirmação da grandeza do ser humano, no qual o próprio Deus quer ter a sua morada, e cuja contemplação renova o nosso espanto e a nossa gratidão perante o Amor divino. Assim o expressou Santa Clara de Assis muitos séculos antes dos dois santos antes mencionados:

> É evidente que a alma do homem fiel, a mais digna de todas as criaturas, é, pela graça de Deus, maior do que o próprio céu. Enquanto o céu e todas as outras coisas criadas não podem conter o criador, a alma fiel, por outro lado, e somente ela, é sua morada e descanso, e isso somente por causa da caridade, que falta aos ímpios. É o que afirma a própria Verdade: "Aquele que me ama será amado por meu Pai, e eu o amarei [...], e viremos a ele e faremos nele a nossa morada" (Jo 14, 21 e 24).[50]

A mesma ideia de "céu na terra" pode ser vista a partir de outra perspectiva enriquecedora: a de São Josemaria Escrivá, no emblemático discurso que pronunciou no campus da Universidade de Navarra em 1967:

> Eu lhes asseguro, meus filhos, que quando um cristão desempenha com amor a mais intranscendente das ações diárias, está desempenhando algo donde transborda a transcendência de Deus. Por isso tenho repetido, com insistente martelar, que a vocação cristã consiste em transformar em poesia heroica a prosa de cada dia. Na linha do horizonte, meus filhos, parecem unir-se o céu e a terra. Mas não: onde de verdade se juntam é no coração, quando se vive santamente a vida diária.[51]

---

50 Santa Clara de Assis, *Terceira Carta a Santa Inês de Praga*.

51 São Josemaria Escrivá, *Conversações*, n. 116.

INTIMIDADE DE AMOR COM DEUS

A intimidade da relação paterno-filial com Deus é, portanto, projetada do céu, que é o centro da alma, do coração, para toda a realidade que envolve a vida do cristão: para o mundo, visto a partir da bondade de seu criador, que é nosso Pai e que nos deu o mundo como herança. Isso explica o título que o próprio autor deu à homilia citada acima: "Amar o mundo apaixonadamente"; tão apaixonadamente quanto amamos nosso Deus Pai.[52]

Transcendência divina e intimidade filial

Insistimos muito na proximidade e intimidade de Deus com cada um dos seus filhos; mas, procurando o desejável e difícil ponto de equilíbrio em tudo o que se refere ao Ser supremo, não podemos esquecer — como nos lembrou um pouco acima São Bernardo — a incompreensibilidade e a inacessibilidade inerentes à transcendência de Deus em relação ao mundo: só Seu Amor por nós e a Sua generosidade permite-nos penetrar nas maravilhas do Seu Ser e da sua vida, que, de outra forma, nos seriam veladas e proibidas. Se não fosse por Sua iniciativa, nunca teríamos sido capazes de vislumbrar ou mesmo saborear tal intimidade... E tudo isso se deve à pura liberalidade divina: devemos insistir — e muito — na gratuidade do dom da filiação divina, da graça, da participação em Seu Amor, de todos os dons que o acompanham...

Visto de outra perspectiva, que reflete, além disso, algo profundamente sentido pelos santos, mas nem sempre bem compreendido em algumas reflexões especulativas sobre

---

52 Uma reflexão completa e sistemática sobre a relação entre a filiação divina e a santificação do mundo está além do escopo deste livro, embora apareçam algumas de suas manifestações. Deve-se notar também que esse é um ponto--chave no ensinamento de São Josemaria Escrivá.

nosso tema: a transcendência divina significa verdadeira intimidade, sim, mas com "outro". Mais ainda: a coisa mais maravilhosa para o santo é que, sendo Deus quem é, Ele é meu Pai, unido a mim; e que, unido a mim, Ele continua sendo quem é. É um amor e uma união de dois: o Pai não é o filho e o filho não é o Pai; e, além disso, sou filho porque Ele quis livremente constituir-me como tal.

É uma divinização que não é confusão; além disso, a alma santa sente que, se houvesse algum tipo de mistura ou confusão, não seria mais amor genuíno, porque não receberia mais tanto, merecendo tão pouco: não seria mais o Todo que se derrama no nada; e ele também sente que, se houvesse igualdade de "condições" com Deus, esse amor perderia o seu encanto.

Pessoalmente, apesar da pobreza de qualquer comparação deste estilo, ajuda-me a compreender e explicar aquele sentimento íntimo dos santos diante do Amor de Deus, que supera o abismo aberto pela condição humana e pela sua miséria pessoal, a imagem, repetida de várias formas na literatura — e no cinema — da pobre donzela por quem um grande príncipe se apaixona, ou do mendigo desprezado por todos que descobre um dia, para seu grande espanto, que o seu verdadeiro pai é o rei.[53]

A dificuldade de entender e expressar todas essas ideias vem do fato de que, como já apontei no prólogo, nos encontramos diante do próprio núcleo do mistério de Deus e da vida divina em nossas almas. A fé é necessária não apenas para o que poderíamos chamar de verdades "teóricas" sobre Deus, mas também para as verdades "práticas", para nossa intimidade diária com Ele. Em outras palavras: a inefabilidade de Deus é transferida para a inefabilidade da experiência espiritual. Por isso, no caso particular que nos interessa, São Josemaria Escrivá pode dizer: "Ainda não

---

53 São Josemaria Escrivá alude a esta segunda imagem em *Forja*, n. 334.

INTIMIDADE DE AMOR COM DEUS

se inventaram palavras para expressar o que se sente — no coração e na vontade — ao saber-se filho de Deus".[54]

Mas, mesmo assim, em sua ânsia de amar mais a Deus e de dar a conhecer a todos as delícias do Amor divino, os santos nunca deixaram de buscar novas formas de expressar o que sentem e vivem. O objetivo destas páginas é refazer, teologicamente, alguns desses caminhos.

---

54 São Josemaria Escrivá, *Sulco*, n. 61.

Capítulo 2

FILHOS NO FILHO PELO ESPÍRITO

Filiação divina e participação na vida trinitária

Pudemos verificar, no capítulo anterior, com textos escritos por vários santos, como eles são particularmente conscientes do que o amor paterno divino causa em seu próprio ser e em sua vida, e estão verdadeiramente gratos por isso. Mas também sublinhamos que, mais do que centrarem-se em si mesmos, se centram em Deus: cada uma destas almas enamoradas contempla com admiração a infinita grandeza divina, e descobre com surpresa que todo aquele esplendor não permanece estático e alheio diante de seus olhos, mas inclina-se a ela, entrega-se a ela, torna-se seu, apenas pela pura liberalidade do seu Amor divino... E, com espanto ainda maior, descobre que Deus se entrega a ela abrindo sua própria intimidade e introduzindo-a nela: na vida eterna do Amor Trinitário.

Esses sentimentos estão presentes em muitos dos textos já citados, mas vamos retomar algumas palavras importantes, neste caso, as de Santa Teresa dos Andes, para nos ajudar a dar mais alguns passos em nossa reflexão contemplativa:

> Nosso Senhor me disse que queria que eu vivesse com Ele em comunhão perpétua, porque me amava muito [...] Depois me disse que a Santíssima Trindade estava em

INTIMIDADE DE AMOR COM DEUS

> minha alma; que eu deveria adorá-la [...] Minha alma ficou estupefata. Vi Sua infinita grandeza e como Ele desceu para unir-se a mim, nada miserável. Ele, a imensidão, com a pequenez; a sabedoria, com a ignorância; o eterno, com a criatura limitada; mas, acima de tudo, a beleza, com a feiura; a santidade, com o pecado. Então, no íntimo da minha alma, de maneira rápida, me fez entender o Amor que O fazia sair de si mesmo para me buscar [...] Vi que [...] quer se unir a uma criatura tão miserável; quer identificá-la com Seu próprio ser, tirando-a de suas misérias para divinizá-la de tal forma que ela possa vir a possuir Suas infinitas perfeições.[1]

De fato, é o Deus todo-poderoso, imenso, eterno, infinito, imutável etc., que é nosso Pai e que nos ama assim, com toda a comovente ternura paterna e materna que já recordamos; e é, ao mesmo tempo, o Deus trino que assim se entrega a nós, não só porque nos revela os segredos de sua intimidade trinitária, mas porque introduz a alma nesta mesma intimidade.

Com isso, não me refiro à simples dedução de que o que foi dito deve ser assim porque assim é Deus; mas que a consciência viva que os santos têm desse Amor paterno divino que se derrama na alma, e que os comove até as entranhas, inclui inseparavelmente três aspectos, cuja combinação provoca precisamente a intensidade e a profundidade de sua reação interior:

O Amor de Deus por mim é tão próximo e íntimo quanto o de uma mãe por seu filho recém-nascido (primeiro aspecto); não porque Ele se digna a me dar algumas migalhas de Seu infinito Amor, mas porque Ele realmente se dá a mim como Ele é, em Sua grandeza e infinitude (segundo aspecto); e a prova irrefutável disso é o fato de que Deus se entrega a mim como Ele se entrega a Seu Filho (terceiro aspecto): é meu Pai como é o Pai de Jesus; minha filiação é a participação na

---

1   Santa Teresa dos Andes, *Diário*, n. 51.

mesma filiação de Seu Filho; e Seu Amor por mim é como o amor com que Ele ama Seu Filho: Ele me entrega Seu próprio Amor paterno-filial, que é o Espírito Santo.

Em outras palavras: a experiência e o ensinamento dos santos — ecoando o que está manifesto nas Escrituras — nos mostram, por um lado, que somente a partir do seio da própria Trindade, e porque ela toma a iniciativa de se abrir e se doar, pode haver verdadeira intimidade com Deus, verdadeira troca de amor, verdadeira relação paterno-filial; e, por outro lado — ou melhor, como consequência —, que somente assim Deus é realmente meu e tudo o que é dele é meu, sem deixar de ser Deus.

O santo entende profundamente e ensina, por meio daquelas palavras cheias de admiração e ousadia, de amor e humildade, maravilhosamente combinadas, que se Deus me amasse "desde fora de si", ou seja, não trinitariamente, não seria realmente Pai: seria, no máximo, apenas analógica ou limitadamente Pai; um Deus bom, isso sim; capaz até mesmo de nos inundar com uma infinidade de dons e sinais de afeto, tentando conquistar nosso coração; mas sem nunca entrar de fato nele: porque a alma sentiria, no fundo, que se trata de um amor indireto, até mesmo interessado, que não é um verdadeiro amor de pai.

No entanto, a encarnação de Jesus Cristo, Sua morte por nós, a dádiva de Seu Espírito, a vida trinitária na alma, estão nos dizendo que Deus é verdadeiramente Pai, que Ele me ama pessoalmente (tri-pessoalmente, poderíamos dizer); além de dons e dádivas concretos, por mais maravilhosos que sejam... E são! A alma que entende e sente isso transcende profundamente os dons e dádivas concretas, porque, acima de tudo, sabe que sempre O tem, com todos os tesouros de Sua própria vida divino-trinitária.

Isso é expresso de forma muito clara e evidente nesta confidência de Santa Margarida Maria Alacoque: "Me faz esquecer todas as suas graças, para que eu possa me preocupar somente com Ele, que vale dez milhões de vezes mais do que todos os seus dons, que só devem ser estimados como fruto de seu Amor".[2]

Não é esse, aliás, o sentimento de toda pessoa que está verdadeiramente enamorada? Se o amor é verdadeiro, o que me interessa é o ser amado em si mesmo; e, somente a partir dele, eu me interesso por tudo o que é dele, precisamente porque é dele.

E quem é a pessoa amada neste caso? Quem é Deus? "Pai, Filho e Espírito Santo", aprendemos nas primeiras perguntas do catecismo. Se Deus é assim, também é Seu Amor: trinitário e uno ao mesmo tempo... Assim é a vida divina em nós: trinitária e una... Assim é nossa correspondência ao amor, participando do Amor: trinitária e una....

Filhos de Deus: do Pai, no Filho, pelo Espírito Santo

Insistamos nesta importante doutrina — que brota do próprio núcleo do mistério central da nossa fé: a Santíssima Trindade — reproduzindo uma fiel síntese teológica da pluma de Santa Edith Stein:

> A alma, na qual Deus habita pela graça, não é simplesmente uma tela impessoal na qual a vida divina se reflete, mas está ela mesma dentro desta vida. A vida divina é uma vida trinitária, tri-pessoal: é o Amor transbordante com o qual o Pai gera o Filho e lhe dá o seu ser, e com o qual o Filho recebe esse ser e o devolve ao Pai, o Amor no qual o Pai e o Filho são uma e a mesma coisa e que é exalado por ambos como seu Espírito comum. Por meio da graça este Espírito é, por sua vez, derramado sobre as almas. Assim, segue-se que a alma vive sua vida da graça

2   Santa Margarida Maria Alacoque, *Cartas*, n. 132.

por meio do Espírito Santo, ama n'Ele o Pai com o Amor do Filho e o Filho com o Amor do Pai.[3]

De forma mais sucinta, e visto do ponto de vista da adoção que dá origem à nossa filiação divina, Santo Tomás de Aquino a expressa da seguinte forma: "A adoção, embora comum a toda a Trindade, apropria-se, no entanto, do Pai como seu autor, do Filho como seu modelo, do Espírito Santo como aquele que imprime em nós a semelhança a esse modelo".[4]

Tudo isso nos leva a uma fórmula trinitária fundamental para entender a realidade da filiação divina: *o cristão é filho de Deus (Pai, Filho e Espírito Santo): filho do Pai, no Filho, por meio do Espírito Santo.*

Não é minha intenção aqui entrar em detalhes na questão — mais própria da teologia dogmática — se nossa filiação deve ser expressa mais adequadamente em relação às três pessoas divinas em sua unidade, ou melhor, em relação à primeira pessoa, por meio da mediação das outras duas. Deixando de lado outras possíveis considerações teológicas, e de acordo com o ensinamento e a experiência pessoal de muitos santos, estou pessoalmente inclinado a usar a fórmula acima mencionada, que agora elaborarei um pouco mais.

Somos filhos de Deus, enquanto Deus; e, portanto, de cada uma das três pessoas divinas, na medida em que cada uma é Deus... E, ao mesmo tempo e inseparavelmente (como é inseparável o mistério da unidade e da trindade em Deus), filhos do Pai, no Filho, pelo Espírito Santo. Parece-me que

---

3   Santa Edith Stein, *Ciencia de la Cruz*, Burgos 1989, pp. 207-208. Gostaria de destacar a profundidade e a riqueza particulares do parágrafo desta grande santa, filósofa e teóloga, e o número de consequências teológicas e práticas que podem ser extraídas dele. Isso se aplica à maioria, se não a todos, os textos que citei, mas este me parece particularmente bem-sucedido.

4   Santo Tomás de Aquino, *Suma Teológica*, III, q. 23, a. 2.

INTIMIDADE DE AMOR COM DEUS

assim se capta com maior precisão a realidade mesma do mistério de Deus e a nossa participação n'Ele.

De fato, no decorrer destas páginas, citarei vários textos de santos nos quais Jesus Cristo ou o Espírito Santo são expressamente chamados de "Pai". Basta recordar agora dois casos bem conhecidos da piedade da Igreja: : o ato de contrição que começa com as palavras "Senhor meu Jesus Cristo", e depois acrescenta "Criador, Pai e Redentor meu"; e o hino *"Veni, Sancte Spiritus"*, que inclui as palavras *"veni Pater pauperum"* [Vinde, Pai dos pobres]... E alguns exemplos, entre outros que, como digo, aparecerão mais tarde, extraídos de algumas orações de Santa Gemma Galgani (que, ademais, contêm muitas outras riquezas espirituais, que devem ser saboreadas):

> A quem confiarei eu minhas pequenezas? Deixe-me chamar-te Pai... Quanto me consola tua presença, teu amor, teu sorriso!... Com todos os que te amam, Tu agis assim, Jesus, não é verdade? Será possível?... Oh, que cadeia teria que se fazer da terra ao céu para alcançar tão grande mistério! Meus lamentos encontram sempre um eco em Teu coração, mas mais ainda em Teu amor... Deixa, deixa, Jesus, que Te chame Pai. Sim, porque Tu és comigo demasiadamente generoso e sublime. Deixa que Te chame Pai, porque ninguém perdoa minhas fraquezas, minhas desconsiderações, como Tu o fazes... És um abismo de amor, Jesus, e eu um abismo de maldade [...].[5]

> Como és bondoso, Jesus, meu Pai! Permite-me dizer-te, Jesus, pois ninguém me ouve: por que me ocultas teus belos olhos? Façamos um pacto: esconde-me teu rosto, mas não me retires tua amizade, pois eu morreria; não me retires jamais um só instante de estar contigo. Que feliz sou de ter-te por Pai! É verdade, Jesus, que eu serei sempre tua filha? Meu Pai, único em beleza, alegria

---

5   Santa Gemma Galgani, *Êxtase*, n. 66.

verdadeira de todo coração que Te ama! Que lindos dias estás me dando, Jesus![6]

Afinal de contas, em algumas ocasiões — das quais temos conhecimento — o próprio Jesus tratou seus discípulos como filhinhos" (Jo 13, 33) ou como "filhos" (Mc 10, 24). Posso dizer, então, com propriedade, que Jesus é meu Pai e tratá-lo como tal? Sim, na medida em que Ele é Deus, mas não na medida em que Ele é Filho. Como Deus, Ele é meu Pai, porque me deu a participação na Sua vida divina, comum com as outras duas pessoas. Mas, como Filho, me dá uma participação em sua filiação que me relaciona, como Ele, com a primeira pessoa da Trindade, que é o único Pai no seio da intimidade divina.

Posso dizer que o Espírito Santo é meu Pai e tratá-Lo como tal? Sim, enquanto Deus; não enquanto um Espírito que procede do Pai e do Filho. Como Deus, Ele é meu Pai, porque me torna participante da única natureza divina comum às três pessoas. Mas, como Espírito Santo, sua presença em minha alma me dá uma participação no Amor paterno-filial que une as duas primeiras pessoas da Trindade e, assim, faz com que eu me relacione com o Pai como o Filho se relaciona com Ele, e com o Filho como o Pai se relaciona com Ele.

Lembremos, aliás, que o referido texto de Santa Edith Stein diz expressamente que amamos não apenas o Pai com o amor do Filho, mas o Filho com o amor do Pai. Isso não significa que sejamos "pais de Jesus" como Deus Pai o é, paralelamente ao modo como somos filhos do Pai, em Jesus Cristo: não pode ser assim, porque foi o Filho, e não o Pai, que se encarnou, nos redimiu e nos incorporou a si; é por meio do Filho que entramos na intimidade trinitária. Mas, uma vez que tenhamos entrado nessa intimidade, no Filho

---

6   Santa Gemma Galgani, *Êxtase*, n. 74.

por meio do Espírito Santo, participamos de alguma forma de toda a riqueza íntima de Deus, de todo esse maravilhoso mundo de trocas de amor entre as pessoas divinas: também da maneira como o Pai trata seu Filho.

Não é, portanto, radicalmente inapropriado falar de uma certa paternidade nossa em relação a Deus, nem tratá-Lo como "meu filho"; especialmente Jesus Cristo. Entre outras coisas, porque Ele mesmo usou aquela expressão num determinado contexto: "Porque quem faz a vontade de meu Pai que está nos céus é meu irmão, minha irmã e minha mãe" (Mt 12, 50). Mas esta forma de se expressar, chamando Jesus de "meu filho" — que não é frequente, mas existe na piedade de alguns santos — não responde a uma realidade teológica fundamental do mesmo nível da filiação divina: através do Batismo, de fato, somos feitos filhos de Deus, de modo adotivo, mas real; por outro lado, não somos feitos "pais de Deus" no mesmo sentido.

São Francisco de Assis, por exemplo, fala de uma "maternidade" com relação a Jesus Cristo, com base na passagem do Evangelho mencionada acima; e ele o faz de uma forma muito sugestiva do ponto de vista espiritual, e que complementa muito bem, além disso, o que significa ser filho, irmão, esposo ou templo de Deus:

> Porque "sobre ele repousará o Espírito do Senhor" (Is 11, 2) e neles fará morada; e são filhos do Pai celestial, cujas obras realizam; e são esposos, irmãos e mães de nosso Senhor Jesus Cristo.
>
> Somos esposos quando a alma fiel está unida, pelo Espírito Santo, a Nosso Senhor Jesus Cristo. Somos irmãos quando cumprimos "a vontade do Pai que está nos céus" (Mt 12, 50). Mãe, quando O levamos no coração e no corpo através do amor divino e de uma consciência pura e sincera, e a iluminamos através de obras santas, que devem ser luz para servir de exemplo para outros.

FILHOS NO FILHO PELO ESPÍRITO

Oh, quão glorioso é ter um Pai grande e santo no céu! Oh, como é sagrado ter um esposo assim, reconfortante, pulcro e admirável! Oh, quão santo e quão amado é ter um irmão e um filho assim, agradável, humilde, pacífico, doce, amável e, acima de tudo, desejável, nosso Senhor Jesus Cristo![7]

Aliás, é evidente em tudo isso a referência explícita à Bem-aventurada Virgem Maria, "causante" da citada frase de Jesus, naquela ocasião em que ela foi vê-lo acompanhada de alguns parentes. A tal ponto que podemos nos atrever a fazer a seguinte dedução, abundante na ideia de São Francisco: como filhos de Maria, Mãe de Jesus, Mãe de Deus, recebemos de nossa Mãe uma certa participação espiritual em seu coração materno: um modo confiante de tratar seu Filho como ela tratou: "maternalmente".

Intimidade das três pessoas divinas

Mas voltemos à fórmula trinitária que aplicamos à realidade de nossa filiação. Insisto que me parece que, desta forma, nos aproximamos um pouco mais do que significa nossa filiação, como participação na vida trina e divina, sempre dentro da pobreza de nossa reflexão e de nossa linguagem. Parece-me que seria tão inadequado enfatizar demais a Trindade de pessoas em Deus — o que nos levaria a falar exclusivamente de filiação "ao Pai, no Filho, por meio do Espírito Santo" —, quanto seria enfocar demasiado na unidade e falar apenas de filiação "a Deus", "ao Pai, ao Filho e ao Espírito Santo", igualmente e no mesmo sentido.

Tentando manter este equilíbrio, como penso que mantêm os santos aqui mencionados, sejam eles teólogos profissionais ou não, continuemos a fixar nosso olhar na experiência

---

7   São Francisco de Assis, *Carta a todos os fiéis*.

INTIMIDADE DE AMOR COM DEUS

viva do Amor divino-trinitário que a alma do filho de Deus experimenta.

Na medida em que o cristão apura a sua consciência da filiação divina, vai descobrindo e apreciando as maravilhas do infinito Amor divino, comum às três pessoas; mas aprende também a distinguir o amor do Pai, o amor do Filho e o amor do Espírito Santo, cada um com o que lhe é próprio na Trindade e na sua relação conosco.

Podemos dizer, assim, que a verdadeira consciência da filiação divina é a consciência de que Ele não é apenas meu Pai e meu Deus, mas meu Deus-Pai, que me entrega Seu Filho e, com Ele, Seu Espírito como se fossem meus; em outras palavras, há uma compreensão cada vez mais profunda da unidade na Trindade e da Trindade na unidade; e, com isso, adquirimos uma nova perspectiva do equilíbrio entre a transcendência e a proximidade de Deus, entre sua grandeza e sua surpreendente abnegação para ser meu e nosso.

É o que expressa, entre outros possíveis testemunhos, um dos parágrafos mais conhecidos das *Moradas* de Santa Teresa de Jesus, que vale a pena recordar neste momento:

> Entende [a alma que chega às *sétimas moradas*, e que pode e deve ser qualquer um de nós, chamados à santidade] com grandíssima verdade serem estas Pessoas distintas todas Três uma substância, um poder, um saber e um só Deus [...] Aqui se lhe comunicam todas as Três Pessoas e lhe falam, e lhe dão a entender aquelas palavras que diz o Evangelho que disse o Senhor: que viria Ele e o Pai e o Espírito Santo a morar com a alma que O ama e guarda Seus mandamentos (cf. Jo 14, 23). Oh! valha-me Deus! Quão diferente coisa é ouvir estas palavras e crer nelas, ou entender por este modo quão verdadeiras são! E cada dia se espanta mais esta alma".[8]

---

8 Santa Teresa de Jesus, Moradas, VII, c. 1, 6-7. Mais adiante, quando falarmos dos dons do Espírito Santo, vamos nos deter um pouco mais no significado desse "entendimento" a que a santa se refere.

É o que também explica São João da Cruz na sua *Chama Viva de Amor*, logo no prólogo:

> Não é de se admirar que Deus faça tão altas e peregrinas mercês às almas que lhe apraz regalar. Na verdade, se considerarmos que é Deus, e que as concede como Deus, com infinito amor e bondade, não nos há de parecer fora de razão. Suas próprias palavras nos afirmam que se alguém o amar, o Pai, o Filho e o Espírito Santo virão fazer nele sua morada (Jo 16, 23). E isto se realiza quando Deus leva quem o ama a viver e habitar no Pai e no Filho e no Espírito Santo, com vida divina.[9]

Notemos, entre os muitos outros ensinamentos contidos nesses textos profundos, que há uma espécie de dupla direção na relação com a Trindade: as pessoas divinas que passam a habitar na alma, e a alma que "habita" em cada uma das pessoas divinas, "na vida de Deus". Esse é o *inhærere Deo*[10] do qual Santo Tomás de Aquino fala quando estuda as virtudes teologais.

Não vamos nos aprofundar nessas virtudes agora, embora elas constituam outro caminho teológico sugestivo para abordar muitas das questões desenvolvidas aqui. Mas vamos pelo menos enfatizar como esse morar em Deus e Deus em nós, esse participar na vida trinitária, significa, em particular, participar do conhecimento e do Amor divinos: no caminho pelo qual Deus Pai engendra o Verbo, por meio do conhecimento, e no caminho pelo qual o Pai e o Filho exalam o Espírito Santo por meio do Amor.

Por isso, também as virtudes teologais são três, e cada uma delas pode ser relacionada mais diretamente a uma das pessoas divinas: a fé à verdade, que é Jesus Cristo; a caridade ao Amor, que é o Espírito Santo; e a esperança ao

---

9 São João da Cruz, *Chama Viva de Amor*, prólogo, n. 2.

10 Cf. Santo Tomás de Aquino, *Suma Teológica*, ii-ii, q. 17, a. 6.

INTIMIDADE DE AMOR COM DEUS

Pai, para cuja casa estamos indo. Vejamos a explicação de São Boaventura:

> É necessário que a face superior da alma, na qual está a imagem da Trindade eterna, seja retificada pelas três virtudes teologais, de modo que, assim como a imagem da criação consiste na trindade de potências com unidade de essência, da mesma forma a imagem da recriação se manifesta na trindade de hábitos com unidade de graça, hábitos pelos quais a alma é corretamente conduzida à Trindade suprema de acordo com as três apropriações que correspondem às três pessoas; assim, a fé nos conduz, crendo e assentindo, ao que é sumamente verdadeiro; a esperança nos conduz, nos apoiando e esperando, ao que é sumamente árduo; a caridade, desejando e amando, nos conduz ao que é sumamente bom.[11]

Em suma, graças às virtudes teologais, o homem entra em um relacionamento de conhecimento e amor com as três pessoas divinas: um relacionamento íntimo, ativo, dinâmico e pessoal, que estamos contemplando aqui do ponto de vista da filiação divina. E o crescimento nas três virtudes significará, precisamente, um crescimento nessa intimidade, enquanto una e trinitária ao mesmo tempo, aproximando-nos dos cumes que os grandes místicos tentam nos ajudar a vislumbrar.

O itinerário trinitário da filiação

Mas a riqueza do mistério de Deus Uno e Trino e do seu Amor por nós admite muitas outras nuances que ajudam a alimentar a nossa piedade. Vejamos agora como São Bernardo nos apresenta uma espécie de gradação nessa relação

---

11 São Boaventura, *Breviloquio*, v, c. 4, 4.

da alma com as três pessoas divinas, gradação que culmina precisamente na intimidade própria da filiação divina:

> Vês como aos que primeiro o Filho faz humildes com sua palavra e seu exemplo, o Espírito depois derrama sobre eles a caridade, e o Pai os recebe na Glória? O Filho forma discípulos; o Paráclito consola os amigos; o Pai enaltece os filhos. Com efeito, Verdade não é o nome exclusivamente do Filho, senão que também o é do Pai e do Espírito Santo. Respeitada a propriedade de cada uma das Pessoas, uma é a Verdade que opera estas três coisas nos três graus: no primeiro, ensina como mestre; no segundo, consola como amigo e irmão; no terceiro, porém, abraça como um pai a seus filhos.[12]

Encontramos, mais uma vez, um primoroso exemplo de equilíbrio divino-trinitário: "respeitada a propriedade de cada uma das Pessoas, uma é..."; mas sem medo de entrar no mistério: entrar com a cabeça..., e mais ainda com o coração.

Assim, São Bernardo nos apresenta outro magnífico itinerário para o nosso crescimento nessa intimidade com Deus — perfeitamente compatível com o das virtudes teologais, é claro — e para o aprendizado de um autêntico comportamento de filhos: aprender com a doutrina e o exemplo do melhor mestre, que é o Filho de Deus por natureza; e deixar-se conduzir pelo melhor amigo, aquele que é o próprio Amor, o Espírito Santo.

De fato, Jesus Cristo é o enviado do Pai, do seio da Trindade, para que por meio d'Ele possamos nos aproximar do próprio Deus: foi Jesus quem nos revelou o mistério da intimidade divina, em particular seu relacionamento com o Pai, e nos abriu a possibilidade de nos introduzirmos

---

12 São Bernardo, *Tratado sobre os graus da humildade e da soberba*, VII.

nessa intimidade, configurando-nos com Ele, sendo filhos no Filho, outros Cristos.

O próprio Jesus Cristo, além disso, prometeu-nos um novo envio divino-trinitário: o do Espírito Santo, para iluminar nosso conhecimento com essas verdades reveladas e para completar em nossas almas a tarefa redentora realizada por Cristo; para que cada um de nós, pessoalmente, e a Igreja como um todo, possa alcançar o estado definitivo de glória e felicidade no seio de Deus Pai.

O Amor do Filho, imagem do Amor do Pai

Continuemos deslindando trinitariamente esta profunda experiência de intimidade amorosa que surge da realidade de nossa filiação divina.

Podemos dizer, em primeiro lugar, que a alma do Filho de Deus "sente" o amor paterno da primeira pessoa divina, como fonte e origem de todo amor, como dom completo de sua divindade ao Filho e ao Espírito: Amor que me torna participante, a mim e a cada cristão, ao me dar precisamente Seu Filho e Seu Espírito, e dando-Se a Si mesmo n'Eles e com Eles!

Toda a ternura, a generosidade, a intensidade do Amor paterno-maternal a que nos referimos, e que continuará a preencher estas páginas em abundância, flui do Pai como o primeiro princípio sem princípio, e, por meio do Filho encarnado e do Espírito enviado, é derramado em cada um de nós, com mil detalhes de carinho e desvelo.

Mas se o caminho percorrido por Deus Pai para se aproximar de nós é a encarnação do seu Filho e o envio do seu Espírito, o nosso caminho até o Pai não pode ser outro senão Jesus e o Paráclito. Foi assim que Santa Teresa dos Andes viveu essa experiência durante um retiro espiritual:

FILHOS NO FILHO PELO ESPÍRITO

Nosso Senhor me disse para ir por Ele ao Pai. Que a única coisa que Ele queria que eu fizesse nesse retiro era me esconder e mergulhar na divindade a fim de conhecer mais a Deus e amá-Lo, e conhecer mais a mim mesma e me detestar. Queria que eu me deixasse guiar inteiramente pelo Espírito Santo. Que minha vida deveria ser um contínuo louvor de amor.[13]

Luzes "trinitárias" semelhantes também foram recebidas, por exemplo, por Santa Gema Galgani: "Um dia, depois da Santa Comunhão, pareceu-me ter como que um lampejo de luz sobre a Santíssima Trindade, ou seja, ver e conhecer a Santíssima Trindade consiste precisamente em ver Jesus com o rosto descoberto, isto é, o Verbo".[14]

De fato, o bom filho de Deus também percebe que Jesus Cristo, o Filho, é a imagem do Pai e, ao se encarnar, ao compartilhar nossa condição e nossa vida em obediência à vontade do Pai, traz essa imagem para mais perto de nós. Ele também a aproxima de nós no sentido de que podemos contemplar o Amor de Deus Pai "encarnado". Lembremo-nos do ensinamento do próprio Jesus, em sua última conversa com os apóstolos, antes da paixão:

"Eu sou o Caminho, a Verdade e a Vida; ninguém vai ao Pai senão por mim. Se me conhecêsseis, também certamente conheceríeis meu Pai; mas desde agora o conheceis e já o vistes". Filipe disse-lhe: "Senhor, mostra-nos o Pai, e isso nos basta". Jesus disse-lhe: "Há tanto tempo que estou convosco, e ainda não me conheceste, Filipe? Quem me viu, viu também o Pai. Como dizes pois: Mostra-nos o Pai? Não credes que eu estou no Pai, e que o Pai está em mim? As palavras que vos digo, não as digo de mim mesmo. O Pai, que está em mim, esse é que faz as obras". (Jo 14, 7-11)

---

13   Santa Teresa dos Andes, *Diário*, n. 56.
14   Santa Gema Galgani, *Escritos vários*, 7-ix-1900

INTIMIDADE DE AMOR COM DEUS

Traduzindo tudo isso para a linguagem do amor, podemos dizer que, em Jesus, vemos, sentimos e experimentamos o Amor divino, que Ele recebeu do Pai, e o experimentamos "humanizado"; e isso é decisivo tanto para nos aproximarmos intelectualmente — teologicamente — dessa realidade, quanto para experimentarmos mais intensamente as maravilhas do Amor divino, de modo que haja, de nossa parte, uma verdadeira resposta filial, que deve ser necessariamente humana.

Ou seja, no coração de Jesus, em suas ações divino--humanas, em suas manifestações de afeto, a alma cristã se torna mais consciente e sente mais vivamente o que significa o Amor paterno-maternal de Deus: como Deus me ama, como esse Amor é "traduzido" humanamente (corpórea e espiritualmente); além de descobrir as qualidades do verdadeiro amor filial, aprendidas daquele que é o Filho por natureza.

E em Cristo também vemos como Deus "gosta" do amor humano, como Ele quer que correspondamos ao amor divino com o verdadeiro amor humano, porque o próprio Jesus, seu Filho unigênito, o ama com amor humano, sempre unido ao seu amor divino.

Não nos esqueçamos, além disso, de como Jesus Cristo, no Evangelho, não faz outra coisa senão falar repetidamente do Pai, referindo tudo ao Pai, insistindo que Ele recebeu tudo do Pai, que quem O vê, vê o Pai etc. Isso diminui Sua própria personalidade? Isso minimiza Sua própria capacidade de nos amar? Não, muito pelo contrário: Ele é tão Deus quanto o Pai, tão pessoa quanto o Pai, tão amante quanto o Pai, precisamente porque recebeu tudo d'Ele: porque Ele é o Filho unigênito.

Ele recebeu tudo do Pai e tudo é d'Ele; portanto, Jesus, em certo sentido, também vem a nós por Sua própria iniciativa, porque quer livremente, porque realmente nos ama como o Pai, porque obedece livremente à vontade de Seu Pai. Sinteticamente, Santo Agostinho e, com expressivos detalhes, São João Crisóstomo, nos explicam isso: "Qual é a causa da vinda do Senhor, senão para nos mostrar o seu amor por nós?"[15]

> Não te peço nenhum pagamento pelo que te dou — nos diz —, antes Eu mesmo quero ser teu devedor, pela simples razão de que queiras beneficiar-te de tudo o que é meu. Com o que se pode comparar esta honra? Eu sou pai, eu sou irmão, eu sou esposo, eu sou casa, eu sou manjar, eu sou vestido, eu sou raiz, eu sou fundamento; tudo o que quiseres eu sou; não te vejas necessitado de coisa alguma. Até te servirei, "porque vim para servir e não para ser servido" (Mt 20, 28). Eu sou amigo, membro, cabeça, irmão, irmã e mãe; sou tudo, e só quero contigo intimidade. Eu, pobre por ti, mendigo por ti, crucificado por ti, sepultado por ti; no céu, por ti ante o Pai; e na terra sou Seu legado ante ti. Tudo o que és para mim: irmão e coerdeiro, amigo e membro. O que mais queres?[16]

Assim, Jesus, ao nos amar, nos entrega completamente a Si mesmo, verdadeiro Deus e verdadeiro Homem, e nos dá, ao mesmo tempo, Seu Pai e o Amor de Seu Pai: na unidade da natureza e na diversidade de pessoas.

Por outro lado, não apenas somos feitos filhos no Filho, recebendo assim todos esses tesouros de amor, mas a encarnação de Jesus Cristo aparece como uma garantia da verdade de nossa própria filiação divina, como explica São João de Ávila:

> Misericórdia inefável é o fato de Deus adotar como filhos os filhos dos homens, pequenos vermes da terra. Mas para que não duvidemos desta misericórdia, São João nos dá uma misericórdia maior, dizendo: "O Verbo de Deus se fez carne" (Jo 1, 14). Como quem diz: Não deixem de

---

15   Santo Agostinho de Hipona, *De catechizandis rudibus* (*Como Catequizar os Rudes*), 4.

16   São João Crisóstomo, *Homilias sobre São Mateus*, 76.

> crer que os homens nascem de Deus por adoção espiritual, mas tomem, além dessa maravilha, uma maravilha maior, que é o Filho de Deus se fazer homem, filho de uma mulher.[17]

E a encarnação também nos é apresentada como a grande prova do Amor que Deus tem por nós, como afirma Santo Tomás de Aquino: "Não há prova da caridade divina tão evidente como o fato de Deus, criador de todas as coisas, tornar-se criatura, de Nosso Senhor tornar-se nosso irmão, do Filho de Deus tornar-se filho do homem".[18]

Essa estreita relação entre o Amor de Deus, a encarnação do Verbo e nossa configuração a Cristo, nosso ser feito filho n'Ele, é, além disso, uma doutrina que brota das profundezas da tradição patrística, seguindo o ensinamento bíblico já meditado. Vamos agora retomar alguns textos dos Padres da Igreja, como conclusão e reafirmação dessas considerações:

"Cristo quis ser o que o homem é, para que o homem pudesse ser o que Cristo é".[19]

"Sendo Deus, se fez homem, para que nós, homens, pudéssemos nos tornar deuses".[20]

"Por uma maravilhosa condescendência, o Filho de Deus, o unigênito segundo a natureza, tornou-se o Filho do homem, para que nós, que somos filhos do homem por natureza, pudéssemos nos tornar filhos de Deus pela graça".[21]

> Amados, demos graças a Deus Pai, por meio de seu Filho, no Espírito Santo, o qual, pelo grande amor com que nos amou, teve misericórdia de nós e, estando nós mortos

---

17 São João de Ávila, *Audi, filia*, c. 19.

18 Santo Tomás de Aquino, *Sobre o Credo*, I, c. 59.

19 São Cipriano de Cartago, *Os Ídolos Não São Deuses*, 11.

20 Santo Atanásio, *Homilias contra os Arianos*, 1, 39.

21 Santo Agostinho de Hipona, *A Cidade de Deus*, 21, 15.

pelos nossos pecados, nos fez um com Cristo, para que nele nos tornássemos uma nova criatura, imagem sua. Despojemo-nos, pois, do velho homem com suas obras e, apegando-nos ao nascimento de Cristo, renunciemos às obras da carne. Reconhece, cristão, tua dignidade; foste feito partícipe da natureza divina: não queiras degradar--te com tua antiga vileza. Lembra-te de que cabeça e de que corpo és membro. Lembra-te de que, arrancado da potestade das trevas, foste trasladado para a luz e para o Reino de Deus.[22]

Amando o Pai como Jesus

O último texto citado, de São Leão Magno, fala-nos também de como a nossa correspondência a esse Amor de Deus, em Cristo, envolve sermos coerentes com a *cristificação*, com a filiação que recebemos participando na Sua. Jesus Cristo torna-se também nosso irmão mais velho, nosso modelo de filiação. Mas é importante ressaltar que não é imitando Jesus que um dia nos tornaremos semelhantes a Ele; já somos Cristo pelo Batismo, já somos filhos de Deus, embora essa realidade íntima deva enraizar-se e crescer cada vez mais na nossa alma, ao mesmo tempo que informa toda a nossa vida. A imitação surge da configuração e não o contrário.[23]

São Josemaria Escrivá nos ensina e encoraja:

> O cristão está obrigado a ser *alter Christus, ipse Christus*, outro Cristo, o próprio Cristo. Pelo Batismo, todos fomos

---

22 São Leão Magno, *Primeiro Sermão sobre o Nascimento do Senhor*, 3.

23 É claro que aqui estou simplesmente apontando algumas questões que mereceriam um tratamento específico muito mais detalhado, tanto do ponto de vista do fundamento teológico quanto do ponto de vista de suas consequências ascéticas para a vida espiritual; mas devo deixar isso para outra ocasião. Em todo caso, parece-me que há uma bibliografia muito mais abundante sobre a imitação de Jesus Cristo do que sobre a filiação divina, embora estejam tão intimamente relacionadas.

> constituídos sacerdotes da nossa própria existência, *para oferecer vítimas espirituais, que sejam agradáveis a Deus por Jesus Cristo* (1Pe 2, 5), para realizar cada uma de nossas ações em espírito de obediência à vontade de Deus, e assim perpetuarmos a missão do Deus-Homem.[24]

Toda a vida de Jesus, como Ele mesmo nos lembra repetidas vezes, é um ato contínuo de obediência ao Pai. Por isso, podemos e devemos centrar a nossa correspondência ao Amor paterno de Deus a partir daí: sempre unidos, como Jesus, à vontade do Pai; cumprindo em tudo a Sua vontade.

Mas da maneira como Ele mesmo o faz: por amor, com verdadeiro amor filial, não com a submissão temerosa de um escravo, um servo, um empregado, um estranho...

Um bom filho não se limita a cumprir mais ou menos bem a vontade do Pai, mas se empolga com os desejos do Pai, vibra com eles, se entusiasma e dá o melhor de si, por amor, a essa tarefa. Foi isso que Jesus fez, e é isso que devemos fazer se seguirmos seus passos; mas, para isso, precisamos nos deixar deslumbrar de verdade e ser arrastados pelo maravilhoso Amor divino.

Além disso, como Jesus, o cumprimento da vontade de nosso Deus Pai deve chegar às últimas consequências e a todos os aspectos de nossa vida filial. Santa Teresa dos Andes agora nos convida a "[...] imitar Jesus Cristo que se tornou obediente até a morte e morte de cruz. Ele fez a vontade de seu Pai em todos os momentos de sua vida. Eis-me aqui, ó Pai, para fazer a tua vontade", também devemos dizer com Ele a cada momento; e isso através do cumprimento exato de nosso dever".[25]

Esta obediência, que é abandono total, encontra-se, de fato, no centro do mistério do Filho de Deus encarnado; é como uma expressão da mesma processão eterna do Verbo,

---

24 São Josemaria Escrivá, *É Cristo que passa*, n. 96.
25 Santa Teresa dos Andes, *Cartas*, n. 13.

da mesma relação íntima entre o Pai e o Filho dentro da Trindade: assim como o Filho recebe tudo do Pai, uma vez encarnado, todo o seu alimento é fazer a vontade d'Ele. Daí a importância da obediência para os filhos de Deus que seguem os passos do unigênito e primogênito do Pai: ela não é apenas mais uma virtude, mas se conecta diretamente com as profundezas da condição cristã... E o grande momento daquela obediência de Jesus ao Pai está na cruz. Daí também a importância da cruz na vida dos filhos de Deus, como teremos ocasião de desenvolver mais tarde.

Observemos outra aplicação decisiva de tudo isso, novamente no ensinamento de Santa Teresa dos Andes, apoiada pela oração filial por excelência, o *Pai Nosso*:

> No céu, a vontade de Deus é sempre feita, pois nosso Senhor nos ensinou a dizer: "Seja feita a Vossa vontade, assim na terra como no céu". Queres que te diga francamente que — sei por experiência — se há algo que agrada a Deus é que nos abandonemos, mas completamente, à sua vontade divina; mas de tal maneira, querida irmãzinha, que não possamos dizer "*quero*", porque entregamos o nosso querer a Deus?"[26]

Notemos que isso é o que acontece com Jesus, o Filho de Deus por natureza: o seu "quero" é o mesmo "quero" do Pai... Não de forma mecânica ou forçada, mas livremente expressa em unidade com o Pai... É assim que nossa vontade também deve ser: uma com a de nosso Deus Pai. É isso que São Bernardo nos convida a fazer:

> Que nossa alegria seja a Vossa vontade realizada em nós e por nós. Todos os dias, pedimos a Ele em oração: "Seja feita a Vossa vontade, assim na terra como no céu" [...] Assim como uma gota de água que cai no vinho perde sua natureza e assume a cor e o sabor do vinho; assim

---

26 Santa Teresa dos Andes, *Cartas*, n. 65.

INTIMIDADE DE AMOR COM DEUS

> como o ferro em brasa parece se transformar em fogo vivo, esquecendo-se de sua própria natureza; ou assim como o ar, banhado pelos raios do sol, se transforma em luz e parece ser a própria luz, em vez de ser iluminado. O mesmo acontece com os santos. Todas as afeições humanas são inefavelmente fundidas e se confundem com a vontade de Deus.[27]

Mas podemos dizer ainda mais, sempre dentro desta correspondência filial, referindo-nos agora especificamente à relação com Deus: esse caminho que Deus Pai e Deus Filho escolheram percorrer para se aproximar de nós, coerente com o que Eles mesmos são no seio da Trindade, leva-nos a compreender que a intimidade com Jesus não é apenas intimidade com o Verbo encarnado, mas necessariamente também com o Pai, de quem Ele provém e que o enviou a nós: *a mim*, descobre cada um de nós, na perspectiva íntima e singular que estamos sublinhando. Assim, a intimidade com o Pai e a intimidade com o Filho crescem ao mesmo tempo; e a "distinção" no trato com eles cresce ao mesmo tempo, justamente na medida em que cresce a consciência viva de que sou filho do Pai no Filho, de que sou mais Cristo...

Isso é resumido em um conhecido texto de São Josemaria Escrivá, muito semelhante aos citados acima por Santa Teresa de Jesus e São João da Cruz, e também nos leva ao outro componente desse itinerário e dessa experiência íntima de filiação, que São Bernardo e Santa Teresa dos Andes já nos haviam anunciado: A ação do Espírito:

> Se amamos Cristo assim, se com divino atrevimento nos refugiamos na abertura que a lança lhe deixou no Lado, cumpre-se a promessa do Mestre: Se alguém me ama, guardará a minha doutrina, e meu Pai o amará, e viremos a ele, e nele faremos morada. O coração necessita então de distinguir e adorar cada uma das Pessoas divinas. De

---

27 São Bernardo de Claraval, *Tratado do Amor de Deus*, IX, 28.

certa maneira, o que a alma realiza na vida sobrenatural é uma descoberta semelhante às de uma criaturinha que vai abrindo os olhos à existência. E entretém-se amorosamente com o Pai e com o Filho e com o Espírito Santo; e submete-se facilmente à atividade do Paráclito vivificador...[28]

O Espírito Santo, Amor paterno-filial em Deus e fonte de nossa filiação

São Basílio nos ensina:

> Pelo Espírito Santo somos restaurados ao paraíso, por Ele podemos ascender ao reino dos céus, por Ele obtemos a adoção filial, por Ele recebemos a confiança de chamar Deus pelo nome de Pai, a participação na graça de Cristo, o direito de sermos chamados filhos da luz, de sermos participantes da glória eterna e, para dizer tudo de uma vez, a plenitude de toda bênção, tanto na vida presente quanto na vida futura.[29]

Com efeito, por sua vez — e este é outro aspecto da experiência do Amor divino na alma, inseparável dos anteriores, como é inseparável o mistério trinitário —, o Espírito Santo é o Amor paterno-filial do Pai e do Filho, pelo qual sou feito filho de Deus em Jesus Cristo. O Paráclito não só me faz filho, me ensina a ser filho e me leva a viver como filho, mas, acima de tudo e como causa de tudo, me faz participar do mesmo Amor paterno-filial divino em Cristo; e nesta participação Ele me mostra, de modo vivo e experimental, como é o Amor paterno de Deus em Jesus, porque Ele mesmo — o Espírito do Pai e do Filho — é esse Amor.

---

28 São Josemaria Escrivá, *Amigos de Deus*, n. 306.

29 São Basílio de Cesareia, *O Espírito Santo*, c. 15, 35-36.

INTIMIDADE DE AMOR COM DEUS

Ou seja, até mesmo no Paráclito, quando é enviado aos nossos corações, às nossas almas, encontramos e experimentamos o Amor paterno de Deus. Somos realmente a própria experiência do Amor paterno-filial de Deus em nós, porque aquele que é o Amor do Pai e do Filho habita em nós.

> Qual dentre vós já ouviu o Espírito do Filho gemer no fundo de sua consciência: "*Abbá*, Pai" (Gl 4, 6)? Essa é a alma que deve presumir ser amada pela ternura do Pai, que é afetada pelo mesmo Espírito de amor do Filho. Tu, quem quer que sejas, tem confiança e não duvides. No Espírito do Filho, reconhece que és filha do Pai e esposa ou irmã do Filho. Descobrirás como alguém que está nesse estado é designado por um desses dois nomes. E não é difícil provar isso, pois as palavras do noivo estão próximas: "Eu vim para o meu jardim, minha irmã e esposa" (Ct 5,1). É irmã porque vem do mesmo Pai; e esposa porque estão unidos em um só e mesmo Espírito. Se o matrimônio carnal constitui dois numa só carne, por que, com maior razão, o matrimônio espiritual não unirá dois em um só espírito? "Estar unido ao Senhor é ser um só espírito com ele" (1Cor 6, 17). Mas o Pai também a chama de filha, e até mesmo, como se fosse sua própria nora, a convida para o abraço afetuoso de seu Filho: "Ouve, filha, olha; Inclina o teu ouvido, esquece o teu povo e a casa de teu pai; o rei está encantado com a tua beleza (Sl 44, 11-12).[30]

Observe, além disso, nesse texto de São Bernardo, como a condição filial e a condição esponsal estão ligadas e se complementam em perfeita e sugestiva harmonia.

Por tudo isso, a intimidade que a alma busca e obtém com o Espírito Santo é necessariamente intimidade com o Pai e com o Filho, na medida em que são e se amam como Pai e Filho, e na medida em que os três são Deus; e a intimidade do cristão com o Espírito Santo cresce, como

---

30   São Bernardo de Claraval, *Sermões sobre o Cântico dos Cânticos*, 8, 9.

pessoa distinta, mas igualmente divina, na medida em que se torna mais consciente do que significa ser filho do Pai no Filho por meio do Espírito Santo. São Josemaria nos mostra novamente:

> A vida cristã requer um diálogo constante com Deus Uno e Trino, e é a essa intimidade que o Espírito Santo nos conduz. "Quem sabe das coisas do homem, senão o espírito do homem, que está dentro dele? Assim, as coisas de Deus, ninguém as conheceu a não ser o Espírito de Deus" (1Cor 2, 11). Se mantivermos uma relação assídua com o Espírito Santo, também nós nos faremos espirituais, nos sentiremos irmãos de Cristo e filhos de Deus, e saberemos invocá-lo sem hesitação, como Pai que é de cada um de nós.[31]

Ouçamos também, sobre este ponto, Santa Catarina de Sena em sua oração, completando um pouco mais (vale a pena ler e saborear toda a oração) um texto citado em parte no final do prólogo:

> Ó Trindade eterna, ó deidade! Tua natureza divina deu valor ao preço do sangue de teu Filho. Tu, Trindade eterna, és um mar profundo. Quanto mais me submerjo, mais encontro; e quanto mais encontro, mais te busco. És insaciável, pois ao encher-se a alma em teu abismo, não se sacia, porque sempre há fome de ti, Trindade eterna, desejando ver-te com luz em tua luz [...]
>
> Ó Trindade eterna, fogo e abismo de caridade! [...] Por ter experimentado e visto com a luz do entendimento a luz do teu abismo e a beleza da criatura. Trindade eterna, por isso, olhando-me em ti, vi que sou imagem tua, partícipe do teu poder, Pai eterno, e de tua sabedoria no entendimento. Esta sabedoria se atribui a teu Filho unigênito. O Espírito Santo, que procede de ti e de teu Filho, concedeu-me a vontade com que sou capaz de

---

31 São Josemaria Escrivá, *É Cristo que passa*, n. 136.

amar. Tu, Trindade eterna, és o Criador, e eu, a criatura. Me mostraste, ó Pai, que estás enamorado da beleza de tua obra ao recriar-me por meio do sangue de teu Filho. Ó abismo, ó deidade eterna, ó mar profundo! Que mais podias conceder-me além de ti mesmo?[32]

Que exemplo maravilhoso do que é fazer uma oração "trinitária", simples e teológica, espontânea e profunda ao mesmo tempo!

Com efeito, através da jubilosa realidade da sua filiação, do seu estar em Cristo, da presença e da ação do Espírito, o filho de Deus descobre e, sobretudo, vive naquela intimidade de amor com Deus: com Deus Pai, com Deus Filho e com Deus Espírito Santo; e com cada pessoa divina como ela é: com o Pai como Pai, com o Filho como Filho, e com o Espírito Santo como Amor do Pai e do Filho... e com os Três como um só Deus.

O amor filial do cristão, em Cristo, movido pelo Espírito Santo

Mas há mais: se não fosse pelo simples fato de que a presença divina na alma, fruto da encarnação de Jesus Cristo e do envio do Espírito Santo, é o que nos ajuda e nos leva a responder ao Amor com amor, ao Amor do Pai com o amor de uma criança, toda essa maravilha divina na pequenez da criatura poderia nos subjugar.

No primeiro capítulo, já destacamos como amamos no Amor. Mas vamos agora retomar essas ideias em sua perspectiva mais trinitária. Vamos fazer isso com base em dois textos bem conhecidos de São Paulo, indispensáveis em qualquer reflexão sobre a filiação divina e que, de fato,

---

32 Santa Catarina de Sena, *O Diálogo*, n. 167.

estão subjacentes a tudo o que foi dito até agora: *Romanos* 8 e *Gálatas* 4.

"Mas, quando chegou a plenitude do tempo, Deus enviou seu Filho, feito da mulher, feito sob a lei, a fim de que remisse aqueles que estavam sob a lei, para que recebêssemos a adoção de filhos" (Gl 4, 4-5). Isto é, se somos filhos, é em Cristo, no Filho de Deus, o Filho unigênito; mas também, do ponto de vista espiritual, toda realização prática da vida cotidiana na qual manifestamos a Deus nosso amor filial cumpre-se em Cristo; e somente em Cristo somos capazes de retornar a Deus amor por Amor. Nós não apenas O imitamos — insisto — mas o fazemos n'Ele, com Ele e por Ele.

Da mesma forma, com relação ao Espírito Santo (e volto ao texto de Romanos): "Porque todos aqueles que são conduzidos pelo Espírito de Deus, são filhos de Deus [...] O mesmo Espírito dá testemunho ao nosso espírito, de que somos filhos de Deus" (Rm 8, 14-16). O Espírito Santo é aquele que nos torna filhos de Deus, mas também aquele que dá testemunho. É o Espírito Santo que está nos lembrando, que está nos dando a consciência de nossa filiação divina.

Mais ainda: se somos capazes de nos dirigir a Deus como Pai, é porque o Espírito Santo nos leva a fazê-lo (e voltamos à Epístola aos *Gálatas*): "E, porque vós sois filhos, Deus mandou aos vossos corações o Espírito de seu Filho, que clama: *Abbá*, Pai!" (Gl 4, 6).

Lembremos, embora seja bem conhecido, que *Abbá* equivale ao nosso "pai"; é a maneira afetuosa, íntima e filial de se dirigir ao Pai que o próprio Jesus usou. Pois bem, mesmo aquelas expressões de carinho, muito íntimas, que podemos ter com Deus, explicam-se porque o Espírito Santo nos move... E voltamos novamente a *Romanos*: "recebestes o espírito de adoção pelo qual clamamos: 'Abbá, Pai'! O mesmo Espírito dá testemunho ao nosso espírito, de que somos filhos de Deus" (Rm 8, 15-16).

INTIMIDADE DE AMOR COM DEUS

Portanto, nosso amor filial por Deus se deve ao fato de que Ele nos amou primeiro e nos santificou, mas também porque temos em nós o amor filial com o qual amá-Lo: porque somos incorporados a Cristo e porque o Espírito Santo não apenas nos torna filhos de Deus, mas nos lembra continuamente Dele e nos leva continuamente a sentir, viver, agir e tratá-Lo como tal.

Não apenas somos feitos filhos do Pai no Filho pelo Espírito, mas, como consequência dessa transformação íntima e como prolongamento da presença e da ação divinas na alma, toda manifestação dessa filiação divina, concretizada e vivida em atos de amor, também é realizada em Cristo, movida pelo Espírito.

A chave de nossa resposta de amor filial ao Amor paterno, portanto, está na docilidade a essa ação divina e, em particular, à configuração a Jesus Cristo e às moções do Paráclito. Se as almas santas que mencionamos, e tantas outras que poderíamos mencionar, alcançam essa delicadeza e audácia em suas relações com Deus, é porque fixam seus olhos somente n'Ele e porque se deixam conduzir somente por Ele; e se deixam conduzir de acordo com esse desdobramento trinitário. Em suma, porque se permitem enamorar-se por Deus como Deus é: Pai, Filho e Espírito Santo.

Vale a pena repetir agora as frases sintéticas, mas decisivas, de Santo Tomás de Aquino e de São João da Cruz, já citadas: "A caridade é uma participação na caridade infinita que é o Espírito Santo".[33] "A alma ama a Deus, não por si mesma, mas por Ele mesmo; o que é uma maravilha admirável, porque ama por meio do Espírito Santo, como o Pai e o Filho se amam".[34]

Amamos a Deus porque participamos do mesmo Amor com o qual Deus Pai e Deus Filho se amam, e do qual procede

---

33 Santo Tomás de Aquino, *Suma Teológica*, II-II, q. 24, a. 7.

34 São João da Cruz, *Chama Viva de Amor*, 3, 82.

o Espírito Santo; caso contrário, não seríamos capazes de retribuir Amor com Amor. Ou, visto em termos de filiação divina: somos filhos, agimos como filhos, amamos como filhos, porque participamos d'Aquele que procede do Pai e do Filho, enviado por Eles; caso contrário, não poderíamos sequer vislumbrar o que significa filiação em relação a Deus.

Novamente chegamos à mesma coisa por outro caminho (e cada vez mais agradecidos, maravilhados e emocionados, como os santos): participamos da parte mais íntima de Deus. Ele mesmo quer abrir-nos a sua intimidade, apresentar-nos a ela, para que dela vivamos, como filhos caríssimos, e permitir-nos amá-lo como Ele nos ama, apesar das nossas misérias, que a sua misericórdia (grande manifestação da sua paternidade) se dispõe continuamente a limpar e perdoar.

Evidentemente, o amor filial com que respondemos ao Amor paterno é nosso. É cada um, pessoalmente, que ama a Deus, que é filho de Deus e manifesta na sua vida o seu amor a Deus. Mas esse amor só é compreendido e vivido em Cristo e pelo Espírito Santo.

Intimidade com Deus no centro da alma

Embora eu considere que este não é o lugar para estudar o assunto em profundidade, parece-me uma boa oportunidade para enfatizar as luzes que o conceito de "centro da alma", conforme explicado por muitos místicos, pode oferecer como uma forma de compreender um pouco melhor o que significa essa intimidade trinitária da alma com Deus, fazendo a ponte entre o difícil equilíbrio entre a transcendência divina e a transformação da alma em Deus. Já nos aproximamos um pouco mais deste importante conceito quando falamos do "céu na terra" no primeiro capítulo. Vamos agora buscar novas percepções.

INTIMIDADE DE AMOR COM DEUS

Nesse "centro" se encontraria, por um lado, a plenitude do eu e do exercício de sua liberdade; por outro lado, seria o lugar próprio da inabitação divina; e assim, nesse centro, se realizaria a mais íntima união com a Trindade, precisamente porque "ali" o eu é mais eu (mais filho) e Deus é mais Deus (mais Pai), e não pela confusão dos dois. Em particular, nesse centro da alma, de acordo com a doutrina de tantos místicos, haveria também a mais plena e vívida "consciência" e "experiência" do divino e, portanto, da condição filial, em uma síntese harmoniosa de conhecimento e amor.

É assim que, por exemplo, Santa Elisabete da Trindade se expressa: "É lá, nas profundezas, que o encontro divino se realizará, onde o abismo de nosso nada, de nossa miséria, se confrontará com o abismo da misericórdia, da imensidão, do todo de Deus. É lá que ganharemos a força necessária para morrer para nós mesmos e onde, perdendo nosso modo pessoal de ser, seremos transformados em amor".[35]

O paradoxo é forte, mas necessário para expressar em toda a sua radicalidade o que significa o encontro entre o Tudo e o nada, o Criador e a criatura, a Misericórdia e o pecado... É útil reter essas ideias para quando falarmos mais tarde sobre a misericórdia divina e também sobre a cruz.

Precisamente em sua *Ciência da Cruz*, Santa Edith Stein nos oferece mais luzes sobre o assunto, embora me limite a reproduzir aqui apenas um pequeno fragmento do seu rico e profundo raciocínio:

> Deus toca as profundezas da alma com sua própria divindade. A divindade nada mais é do que a própria essência divina; é o próprio Deus em pessoa; seu ser em um ser pessoal; e a profundidade ou centro da alma é, ao mesmo tempo, o centro e o princípio da atividade pessoal da alma e, ao mesmo tempo, o ponto de seu contato com outra vida pessoal. Um contato de pessoa para pessoa

---

35 Santa Elisabete da Trindade, *Céu na Terra*, Dia Primeiro.

só é possível nas profundezas mais íntimas; é com esse contato que uma pessoa dá a outra a sensação de sua própria presença [...]

Se o centro ou a substância da alma é, em princípio, o ponto onde ocorrem a união e o contato de pessoa a pessoa, é compreensível, na medida em que se pode falar de compreensão quando se fala dos mistérios da divindade, que Deus tenha escolhido esse centro como o lugar de sua morte [...] É também compreensível que esse centro mais profundo da alma esteja ao alcance e à livre disposição da alma, uma vez que a doação de amor só é possível entre seres livres".[36]

Deus e eu, portanto, em maravilhosa união, intimidade e intercâmbio de amor; mas um Deus que é plenamente Deus: plenamente trino, plenamente Pai; e um eu que, longe de desaparecer, alcança seu máximo desenvolvimento: porque aquele que foi feito filho de Deus, à imagem e semelhança de Deus, somente em união com Ele, vivendo d'Ele, com Ele e para Ele, é um autêntico eu humano com todas as suas consequências... E nesta vida estamos apenas começando a trilhar esse caminho: "Caríssimos, desde agora somos filhos de Deus, mas não se manifestou ainda o que havemos de ser. Sabemos que, quando isso se manifestar, seremos semelhantes a Deus, porquanto o veremos como Ele é" (1Jo 3, 2).

Filiação Divina como fundamento e como fim

De fato, as palavras da Epístola de São João, que acabamos de citar mais uma vez, nos convidam a ver a filiação divina tanto como uma realidade já possuída, que é o fundamento

---

36   Santa Edith Stein, *Ciência de la Cruz*, Burgos 1989, pp. 220-222.

INTIMIDADE DE AMOR COM DEUS

de toda a nossa vida, quanto como algo que, por sua vez, deve crescer em direção a uma meta ainda insuspeitada.

As conhecidas palavras de São Paulo apontam na mesma direção:

> Bendito seja Deus, Pai de nosso Senhor Jesus Cristo, que do alto do céu nos abençoou com toda a bênção espiritual em Cristo, escolhendo-nos nele, antes da criação do mundo, para sermos santos e imaculados, a seus olhos, o qual nos predestinou, no seu amor, para sermos seus filhos adotivos por meio de Jesus Cristo, por sua livre vontade (Ef 1, 3-5).

A filiação divina é, acima de tudo, o fundamento da vida espiritual, de acordo com aquela realidade divina em nossa alma que já estudamos e contemplamos em detalhes. Isso não significa apenas que é o fundamento ou o primeiro elemento que foi colocado em nosso edifício espiritual, mas também que deve informar todo o ser e agir cristão, desde seus elementos essenciais até cada pequena ação. Este é um ensinamento particularmente destacado por São Josemaria Escrivá:

> A piedade que nasce da filiação divina é uma atitude profunda da alma, que acaba por informar a existência inteira: está presente em todos os pensamentos, em todos os desejos, em todos os afetos. Porventura não observamos já que, nas famílias, os filhos, mesmo sem o perceberem, imitam seus pais, repetem os seus gestos, os seus costumes, adotam tantas vezes idêntico modo de comportar-se?

> O mesmo se passa na conduta do bom filho de Deus: consegue-se também — sem que se saiba como nem por que caminho — um endeusamento maravilhoso, que nos ajuda a focalizar os acontecimentos com o relevo sobrenatural da fé. Amam-se todos os homens como o nosso Pai do Céu os ama e — isto é o que mais conta — obtemos

um brio novo no nosso esforço diário por aproximar-nos do Senhor. Pouco importam as misérias, insisto, porque aí estão os braços amorosos do nosso Pai-Deus para nos levantarem.[37]

A razão subjacente à influência da filiação divina em tudo provém, mais uma vez, da própria condição paterna de Deus, de seu verdadeiro amor por nós, daquele interesse por nossas coisas que enfatizamos particularmente no primeiro capítulo:

> Quando queremos de verdade desafogar o coração, se somos francos e simples, procuramos o conselho das pessoas que nos amam, que nos compreendem: conversamos com o pai, com a mãe, com a esposa, com o marido, com o irmão, com o amigo. Isso já é diálogo, ainda que com frequência não desejemos tanto ouvir quanto espraiar-nos, contando o que se passa conosco. Comecemos a comportar-nos assim com Deus, na certeza de que Ele nos escuta e nos responde; e prestar-lhe-emos atenção, e abriremos a nossa consciência a uma conversa humilde, para lhe relatarmos confiadamente tudo o que nos palpita na cabeça e no coração: alegrias, tristezas, esperanças, dissabores, êxitos, malogros, e até os menores detalhes da nossa jornada. Porque teremos comprovado que tudo o que é nosso interessa ao nosso Pai Celestial.[38]

Além disso, esse caminho de relacionamento filial com Deus, em tudo e para tudo, é um caminho de santidade. Ou, dito de outra forma: podemos ver a santidade como a plenitude da filiação divina. É assim que o próprio Jesus Cristo nos diz: "Sede perfeitos como vosso Pai celeste é perfeito" (Mt 5, 48).

---

37 São Josemaria Escrivá, *Amigos de Deus*, n. 146.

38 São Josemaria Escrivá, *Amigos de Deus*, n. 245.

INTIMIDADE DE AMOR COM DEUS

Quando se fala do chamado universal à santidade, é comum recorrer a essa citação, entre outras referências bíblicas. No entanto, ao desenvolver o que esse chamado implica na vida cristã, a ênfase às vezes é colocada — corretamente, mas, em minha opinião, de forma muito unilateral — na imitação de Jesus Cristo. Por outro lado, parece-me que a referência explícita que o próprio Jesus faz ao Pai naquele momento abre outras perspectivas enriquecedoras sobre o que significa a santidade cristã que todos nós buscamos e sobre como alcançá-la: imitar também o Pai.

Imitar Jesus é, obviamente, imitar o Pai, pois "o Pai e eu somos um"; mas, ao mesmo tempo, o Pai não é o Filho e o Filho não é o Pai. Além disso, somente o Filho se encarnou; e ao se referir expressamente à perfeição do Pai, Jesus quer enfatizar o caráter não apenas humano, mas divino da perfeição à qual somos chamados. Jesus Cristo também é Deus, mas poderíamos nos limitar a imitá-lo apenas no que é humano, ou a enfatizar demais o que é humano, sem alcançar a verdadeira santidade.

Essa imitação expressa de Deus Pai foi proposta, por exemplo, por Santa Clara de Assis a Santa Inês de Praga, em uma das preciosas cartas que trocaram entre si:

> Dou graças ao autor da graça, de quem provém, como cremos firmemente, "todo dom abundante e todo dom perfeito" (Tg 1, 17), porque te adornou com tantas virtudes e te iluminou com sinais de tão alta perfeição, para que, fazendo-te diligente imitadora do Pai, que é perfeito (cf. Mt 5, 48), possas merecer tu também chegar a ser perfeita, e que assim Seus olhos não encontrem em ti nenhum sinal de imperfeição (cf. Sl 138, 16).[39]

São expressões verdadeiramente ousadas, mas que interpretam corretamente, a meu ver, as palavras de Jesus no

---

39 Santa Clara de Assis, *Segunda carta a Santa Inês de Praga*.

Sermão da Montanha e em outros ensinamentos das Escrituras; e que, sem dúvida, penetraram plenamente na alma da destinatária, que também chegou aos altares, seguindo as pegadas de sua santa fundadora: as pegadas de Cristo, que são as pegadas do Pai.

De fato, essas palavras do Senhor — "Sede perfeitos como vosso Pai celeste é perfeito" — nos falam da grandeza e da maravilha da meta, sem diminuí-la nem um pouco e, ao mesmo tempo, aumentam nossa confiança e desejo de alcançá-la: se não fosse meu Pai, sua perfeição seria inatingível; se não fosse Deus, minha confiança vacilaria e meu desejo não seria despertado, porque a meta não seria tão maravilhosa e desejável; a mais desejável de todas.

É um bom momento para recordar a citação que abre este livro:

> Pensas, Celina, que Santa Teresa recebeu mais graças do que tu...? Não te direi para aspirares à sua santidade, mas sim para seres perfeita como é perfeito teu Pai celestial... Nossos desejos infinitos não são sonhos nem quimeras, pois foi o próprio Jesus quem nos deu este mandamento.[40]

Gostaria de aproveitar esta oportunidade para insistir no que comentamos no prólogo, como resultado dessa citação teresiana: tendemos muito facilmente a ver os santos como seres extraordinários, especiais e, portanto, inalcançáveis. Coloquemos qualquer santo no lugar de Santa Teresa — qualquer santo — e a doutrina permanece igualmente válida. Se Jesus nos chamou para a santidade de nosso Pai celestial — e nos dá os meios para isso: Ele não pede o impossível —, como não pode nos chamar para a santidade de São Fulano ou de Santa Cicrana? O que acontece é que, com muita frequência, esquecemos o que é a verdadeira santidade e a confundimos,

---

40   Santa Teresa do Menino Jesus, *Cartas*, n. 107.

INTIMIDADE DE AMOR COM DEUS

como a irmã de Santa Teresinha, com adjetivos "seráficos" ou similares: aspectos ou eventos na vida de alguns santos que, por mais louváveis que sejam, não passam de uma anedota ou, no máximo, um sinal de verdadeira santidade; mas não constituem a santidade em si.... E os santos que os viveram são os primeiros a insistir nisso.

Mas voltemos à referência à santidade do Pai. Dizia que esse chamado de Jesus nos enche de desejo e confiança ao mesmo tempo. De fato, algo semelhante acontece quando refletimos sobre a imitação de Jesus Cristo, que não pode ser separado de seu Pai: se Ele não fosse um homem como eu, quão difícil seria segui-lo; e se não fosse Deus, quão pouco poder teria para me ajudar e quão pouco encorajamento eu encontraria em ser seu discípulo. E uma consideração semelhante pode ser feita ao meditarmos sobre o que significa sermos templos do Espírito Santo e sermos guiados por Ele em nossa busca pela santidade.

Mas, embora essas considerações sejam paralelas, parece-me que elas não devem levar uma à outra, sem que se tenha em conta a própria realidade do mistério trinitário e de nossa participação nele: sou realmente filho de Deus — do Pai, no Filho, pelo Espírito Santo — e minha santidade brota daí e deve crescer nessas mesmas coordenadas trinitárias, até uma meta que mal está sendo vislumbrada agora, mas que continuará sendo divino-trinitária.

Como nos diz o Apóstolo São João, no texto já citado várias vezes, com exceção da última frase, para a qual devemos agora voltar nossa atenção:

> Caríssimos, desde agora somos filhos de Deus, mas não se manifestou ainda o que havemos de ser. Sabemos que, quando isso se manifestar, seremos semelhantes a Deus, porque o veremos como Ele é. Todo o que tem esta esperança n'Ele se santifica para ser como Ele, que é santo (1Jo 3, 2-3).

Assim, na medida em que a consciência dessa relação paterno-filial com Deus cresce e é vivida, a alma cresce..., voa em direção à santidade... Santa Elisabete da Trindade escreve, depois de citar a passagem de São João que acabamos de reproduzir: "Este é o módulo da santidade dos filhos de Deus: ser santos como Deus é santo; ser santos com a santidade de Deus e isso vivendo intimamente com Ele nas profundezas do abismo sem fundo, *dentro do nosso ser*".[41]

Portanto, podemos afirmar com propriedade — especialmente do ponto de vista com o qual estamos lidando aqui, o da Teologia Espiritual — que a santidade é a plenitude da fé divina e, consequentemente, que o chamado à santidade implica um crescimento progressivo em nossa filiação divina e em agir de acordo com ela. Em outras palavras, o itinerário espiritual da alma também pode ser descrito, enquanto tal, a partir da filiação divina.

É verdade que ou se é filho, ou não se é; mas na medida em que estamos falando da filiação divina como participação na filiação do Filho por meio da ação santificadora do Espírito, como um relacionamento íntimo de amor com Deus, é claro que essa participação e essa intimidade podem ser cada vez maiores, que esse amor paterno-filial pode ser cada vez mais intenso, que nossa resposta a esse Amor infinito que Deus tem por nós pode ser cada vez melhor a cada dia. Nesse sentido, podemos de fato falar de um crescimento na filiação divina.

Dito de outra forma: a filiação divina é um dom e uma tarefa. Algo que recebemos de Deus, sem dúvida; mas algo que nos comprometemos com a responsabilidade de desenvolver ao máximo, a fim de corresponder ao dom que recebemos.

---

41 Santa Elisabete da Trindade, *Céu na Terra*, Dia Nono.

CAPÍTULO 3

A INTIMIDADE DO AMOR FILIAL

A singularidade do Amor paternal divino

Já contemplamos como Deus nos torna seus filhos e nos faz entrar em sua intimidade, derramando sobre nós a infinitude de seu Amor Trinitário. Mas é importante enfatizar que Deus, como muitos santos dizem, está totalmente no coração de cada filho e de cada filha — de mim — e que o Amor de Deus é singular e pessoal com cada um, como se cada um fosse seu único filho, porque ele torna cada um de nós pessoalmente participante da filiação de Jesus Cristo, o unigênito amado, enviando seu Espírito a cada alma individual.

O número não conta para a capacidade infinita do amor paternal divino. Além disso, nosso Deus Pai não apenas ama cada um com todo o Amor que é sua própria essência, mas cada um como é, com sua própria personalidade, recebida exclusivamente d'Ele como Pai, na criação natural e na recriação sobrenatural.

O Amor paterno-maternal de Deus é para cada um de nós: eu sou filho de Deus, e Deus me ama como filho, um filho singular, único e irrepetível..., e Deus me ama como eu sou. Ele amará os outros como eles são, mas me ama como eu sou; e essa consciência da singularidade de seu Amor, que me parece — repito — ser a chave da vida dos santos, é precisamente a consciência de que "Deus se enamorou de mim".

Como é possível que Deus tenha se enamorado de mim?... Não do homem como um todo, da criação, não! Ele o fez de forma singular, pessoal..., de mim!... Pois é exatamente a realidade da filiação divina que nos dá esta certeza, que evidencia esta singularidade.

Todos nós estamos cansados de dizer ou ouvir dizer isso por tantos bons pais e mães: que cada filho é único e amado como tal. Para uma boa mãe e um bom pai, mesmo que venham de muitas famílias, cada filha é única, cada filho é único; e o coração do pai e o coração da mãe são derramados em cada um deles de maneira muito singular. Isso é o mesmo que acontece com Deus... levado ao infinito! Deus, realmente, embora sejamos milhões de filhos e filhas, derrama todo o seu ser divino em cada um de nós de maneira única: o Pai o faz, Jesus Cristo o faz, o Espírito Santo o faz... Sem dúvida, e com todas as consequências.

Em todo o *Diálogo* de Santa Catarina de Sena, por exemplo, expressões como estas saem continuamente da boca de Deus Pai: "Ó, filha queridíssima"; "Ó, filha muito amada e querida"; "minha filha muito diletíssima"... Palavras ternas e afetuosas que, podemos ter certeza, Ele também dirige pessoalmente a cada um de nós, com a infinita variedade da linguagem divina do amor.

É certamente sugestivo, neste contexto, lembrar que a santa doutora de Sena, copadroeira da Europa, era a penúltima de uma família de vinte e cinco irmãos, filhos do mesmo pai e da mesma mãe; e que sua mãe ainda lhe sobreviveu: ela sabia muito bem o que é o amor paterno e materno, multiplicado e especificado em muitos filhos![1]

Essa forma de Deus tratar todos os seus filhos sem fazer acepção de pessoas é um ensinamento fundamental

---

1 Outra das copadroeiras da Europa, Santa Brígida, era mãe de oito filhos e também sobreviveu à maioria deles. Isso é apenas uma coincidência ou é um dos fatos que também foram levados em consideração nesta nomeação, dada a importância da família e da vida nos ensinamentos de São João Paulo II?

A INTIMIDADE DO AMOR FILIAL

na famosa *História de uma Alma* de Santa Teresinha, desde o início; ademais, ela compreende bem, e nos faz ver, que a grandeza do Amor de Deus se manifesta melhor no seu amor pelos "pequenos" do que pelos "grandes", segundo a linguagem característica desta doutora:

> Compreendi que todas as flores que Ele criou são belas e que o esplendor da rosa e a brancura do lírio não roubam à humilde violeta seu perfume nem à margarida sua encantadora simplicidade... Compreendi que se todas as flores quisessem ser rosas, a natureza perderia sua elegância primaveril e os campos não seriam mais esmaltados de florezinhas... O mesmo acontece no mundo das almas, que é o jardim de Jesus. Ele quis criar grandes santos, que podem ser comparados aos lírios e às rosas; mas também criou os mais pequenos, e estes devem contentar-se em ser margaridas ou violetas destinadas a deleitar os olhos de Deus quando Ele os abaixa para os Seus pés. [Mas cuidado, ambos são "santos": não há duas categorias] A perfeição consiste em fazer a Sua vontade, em ser o que Ele quer que sejamos...
>
> Compreendi também que o amor de Nosso Senhor se revela tanto na alma mais simples, que não oferece resistência à Sua graça, quanto na alma mais sublime. E, como é da natureza do amor se rebaixar, se todas as almas fossem como as dos santos doutores que iluminaram a Igreja com a luz de Sua doutrina, parece que Deus não teria que se rebaixar muito para entrar em seus corações. Mas Ele criou a criança, que nada sabe e só deixa ouvir gemidos fracos; e criou o pobre selvagem, que tem apenas a lei da natureza para guiá-lo. E Ele também quer descer aos seus corações! Estas são as suas flores do campo, cuja simplicidade O extasia...
>
> Ao se rebaixar dessa maneira, Deus mostra Sua infinita grandeza. Assim como o sol ilumina tanto os cedros quanto cada florzinha, como se só ela existisse sobre a terra, assim também nosso Senhor cuida de cada alma,

como se nada mais existisse. E assim como na natureza todas as estações são ordenadas de tal forma que, no momento certo, até a mais bela margarida se abre, assim também tudo é ordenado para o bem de cada alma.[2]

Detalharemos um pouco mais esta ideia fundamental, sempre à luz da experiência dos santos. A alma santa é particularmente consciente, insisto, não apenas de quanto Deus ama, de como Ele ama, mas da singularidade de Seu Amor: de quanto Ele *me* ama e como Ele *me* ama; de que Ele não é apenas Pai, mas *meu* Pai; não apenas Amor, mas *meu* Amor.

É por isso que se atreve a tratar Deus com as mesmas palavras de Jesus: "Meu Pai", "*Abbá*": Pai! No entanto, sabe muito bem que pode dizer isso, e o diz, movido pelo Espírito do Pai e do Filho que habita em sua alma, como nos lembra São Paulo (cf. Rm 8, 14-17 e Gl 4, 4-7) e como já comentamos... Mas diz isso! E o *Pai Nosso* atinge então o seu verdadeiro significado: meu Pai, teu Pai e o seu Pai..., de todos e de cada um de nós, pessoalmente, singularmente.

Nossa resposta de amor filial, portanto, deve ter também estes traços de singularidade e intimidade; deve ser muito direta e pessoal, como nos sugere São Josemaria Escrivá: "Temos que dizer-lhe com São Paulo: *Abbá, Pater*!, Pai, meu Pai!, porque, sendo Ele o Criador do universo, não se importa de que não o tratemos com títulos altissonantes, nem reclama a devida confissão do seu poder. Quer que lhe chamemos Pai, que saboreemos essa palavra, deixando a alma inundar-se de alegria".[3]

A singularidade desse relacionamento paterno-filial é, portanto, a chave para entender o escopo da realidade da filiação divina. Estamos diante de um amor paterno de Deus por cada um, como cada um é, com seus traços únicos e irrepetíveis, sempre dentro da identidade cristã comum;

---

2   Santa Teresa do Menino Jesus, *Manuscritos Autobiográficos*, Ms. A, 2r-3v.

3   São Josemaria Escrivá, *É Cristo que passa*, n. 64.

e daí nasce uma experiência íntima muito pessoal, própria de cada um: o Senhor ama cada um como um filho singular e único, e cada um deve amá-lo e tratá-lo como é e como sente. Porque meu Pai está interessado em mim, nessa filha ou filho concreto...; não em uma figura abstrata ou genérica de um filho..., que não existe.

Quanto maior for a consciência da alma sobre tudo isso, maior será sua capacidade de corresponder pessoalmente ao Amor de Deus. É aí que se encontra o salto da mera conformidade, do comportamento decente, do simples fato de ser um bom cristão, para o amar com todo o coração, com toda a alma, com toda a força, com todo o ser: parece-me que esse é o passo decisivo que os santos deram, e que talvez alguns de nós não tenham dado, e é por isso que não somos santos.

Quando, no prólogo, me referi a essa capacidade de descobrir o Amor de Deus e de se deixar enamorar como o grande segredo dos santos, estava me referindo precisamente, acima de tudo, à capacidade de descobrir e viver a singularidade desse Amor, a um autêntico enamoramento de um a um para com Deus... E isso está aberto a todos, porque Deus é o mesmo Pai para todos, Jesus é o mesmo Jesus, e o Espírito Santo é o mesmo santificador que habita de forma única em cada alma.

Confiança e abandono filial

Mas vamos dar alguns passos adiante, detalhando as principais características da intimidade do amor que flui de nosso relacionamento filial com Deus.

Deus é meu Pai, muito próximo, muito íntimo..., mas Ele ainda é meu Deus; e isso tem consequências importantes: todo o seu poder, glória e majestade, sua infinita e divina bondade, verdade e beleza estão à disposição de seus filhos... São para mim, em particular! Meus por direito de filho. Não merecido, não ganho ou conquistado, é claro; mas não simplesmente dado gratuitamente por um Senhor todo-poderoso que se digna a se aproximar desde Sua altura majestosa; mas recebidos como efeito irrefutável de que me fez verdadeiramente Seu filho, com todas as suas consequências... E isso é, sem dúvida, muito maior e mais comovente, embora os resultados práticos pareçam os mesmos.

Digo "pareçam", porque, de fato, os resultados não são os mesmos: muitas das audácias — por exemplo, apostólicas — que contemplamos na vida dos santos, penso que só são explicáveis porque eles "usam" o poder de Deus — se me permitem a expressão — como um filho, como um herdeiro de pleno direito. Melhor ainda, como um poder que brota do próprio Deus, agindo a partir das profundezas da alma; e não simplesmente como um dom recebido de fora para ser usado, por mais liberal que a dádiva possa ter sido e por mais liberdade de uso que o doador possa ter concedido. Além disso, é somente a partir dessa perspectiva que se pode manter o equilíbrio — como fazem os santos — entre audácia e humildade.

Falaremos em breve sobre essa combinação de audácia e humildade; mas, primeiro, vejamos a confiança filial, da qual a audácia se origina. De fato, entre os traços da intimidade paterno-filial que os santos descobrem na esteira deste Amor divino, a confiança e o abandono costumam ser muito enfatizados, mas, seguindo a linha traçada no início de nossa reflexão, gostaria de insistir que o santo olha acima de tudo para o modo como Deus o ama e o trata, de tal forma que ele não tem outra escolha a não ser confiar e abandonar-se a si mesmo.

Ou seja, essa atitude não é tanto o fruto de um esforço ascético pessoal — embora tal esforço também exista —, mas, acima de tudo, de se deixar conduzir por Deus: é por isso que falamos de *abandono*! Mesmo que seja sempre um abandono ativo, livre e consciente por parte do filho.

A INTIMIDADE DO AMOR FILIAL

Isso é expresso, por exemplo, por São Francisco de Sales, comentando um texto-chave do Evangelho que ainda não tivemos a oportunidade de citar, mas que fundamentará muito do que se segue:

> "Se não vos tornardes como criancinhas, não entrareis no reino de meu Pai" (Mt 18, 3). Enquanto a criança é pequena, ela se mantém em grande simplicidade; conhece apenas sua mãe; tem apenas um amor, sua mãe; uma única aspiração, o colo de sua mãe; não deseja outra coisa senão recostar-se em um descanso tão amável. A alma completamente simples tem apenas um amor, Deus; e nesse único amor, uma aspiração, descansar no seio do Pai celestial, e aqui estabelecer seu descanso, como uma criança amorosa, deixando todo o cuidado inteiramente para Ele, não buscando nada além de permanecer nessa santa confiança".[4]

E uma discípula notável do santo bispo de Genebra, Santa Margarida Maria Alacoque, insiste:

> O Senhor quer que recorramos a ele em todas as nossas necessidades com humilde e respeitosa, mas sempre filial confiança; que nos abandonemos completamente aos seus cuidados amorosos como crianças nos braços de seu pai; que, tendo nos dado à luz na cruz, em meio a mil dores, não pode de forma alguma esquecer sua ternura, com a qual deseja atender a todas as nossas necessidades.[5]

Observe, de acordo com o que dissemos no capítulo anterior, que esta santa está chamando Jesus Cristo de "pai".

Portanto, a chave está, mais uma vez, na docilidade à ação do Espírito Santo em nossa alma. Se permitirmos

---

4   São Francisco de Sales, *Conversações Espirituais*, 16, 7.

5   Santa Margarida Maria Alacoque, *Cartas*, n. 132.

INTIMIDADE DE AMOR COM DEUS

que Ele aja, Ele não apenas nos torna filhos — já insistimos nisso —, mas nos dá o "estilo" próprio dos filhos, e também o "estilo" de confiança e abandono próprio do filho pequeno, da criança. É o ensinamento muito claro de São Josemaria Escrivá, que aborda também possíveis interpretações errôneas:

> Se formos dóceis ao Espírito Santo, a imagem de Cristo ir-se-á formando cada vez mais em nós e assim nos iremos aproximando cada dia mais de Deus Pai. "Os que são conduzidos pelo Espírito de Deus, esses são filhos de Deus" (Rm 8, 14).
>
> Se nos deixarmos guiar por esse princípio de vida presente em nós, que é o Espírito Santo, nossa vitalidade espiritual crescerá e nos abandonaremos nas mãos de nosso Deus Pai, com a mesma espontaneidade e confiança com que uma criança se joga nos braços do pai. Se não vos tornardes como crianças, não entrareis no reino dos céus", disse o Senhor (Mt 18, 3). Antigo caminho interior da infância, sempre atual, que não é suavidade, Essa é uma antiga e sempre presente jornada interior da infância, que não é infantilismo nem falta de maturidade humana: é maturidade sobrenatural, que nos faz aprofundar nossa compreensão das maravilhas do amor divino, reconhecer nossa pequenez e identificar plenamente nossa vontade com a de Deus.[6]

Insistimos que é a "combinação" de divindade-paternidade-amor, presente no dom trinitário à alma, que traz consigo a realidade da filiação divina, que realmente provoca nos santos uma profunda resposta de amor filial, um entusiasmo, uma verdadeira "loucura" de amor; e esse entusiasmo e essa loucura incluem necessariamente uma confiança sem limites: "Deixa-me, no excesso de minha gratidão, dizer-te que teu amor chega até a loucura... Diante desta loucura, como

---

6   São Josemaria Escrivá, *É Cristo que passa*, n. 135.

queres que meu coração não se lance para ti? Como poderia ter limites minha confiança?"[7]

Se voltarmos aos textos de São Paulo citados acima, seremos fortalecidos nestas ideias: "Portanto já não és servo, mas filho" (Gl 4, 7). A comparação servo-filho tem, de fato, grande significado e, em particular, nos leva a esta consequência: o servo não é uma pessoa de confiança, daquela confiança íntima que é própria de um relacionamento familiar; o filho é. Na epístola aos Romanos, o apóstolo explica isso um pouco mais: "Com efeito, não recebestes o espírito de escravidão para estardes novamente com temor, mas recebestes o espírito de adopção pelo qual clamamos: *Abbá*! Pai!" (Rm 8, 15).

Confiança porque é meu Pai, com todos os traços paterno-maternais comoventes que já explicamos e aqueles que ainda temos de contemplar. Um verdadeiro Pai, no sentido mais pleno. Mas não apenas confiança porque é meu Pai e, portanto, próximo, familiar, querido, íntimo, mas também porque... que Pai ele é! Meu Pai é o Deus todo-poderoso, meu Pai é o criador, meu Pai é o Senhor, meu Pai é aquele que é a suprema verdade, a suprema bondade, a suprema beleza, a suprema santidade.... E é meu Pai: a coisa mais próxima que tenho e, ao mesmo tempo, a coisa mais grandiosa com que posso sonhar.

Isso enche a alma de uma confiança impressionante; porque se Ele é tão grande e maravilhoso e é meu Pai, vai derramar toda essa grandeza em mim, porque sou Seu filho: tenho o direito! E não apenas tenho o direito, mas Ele é o primeiro interessado em derramar toda essa realidade em mim, porque Ele me ama verdadeiramente.

É por isso que a confiança, como eu disse, leva ao abandono: Um abandono no sentido filial, que é, portanto, um abandono ativo, porque o filho, sobretudo se olharmos para a

---

7   Santa Teresa do Menino Jesus, *Manuscritos Autobiográficos*, Ma. B, 5v.

INTIMIDADE DE AMOR COM DEUS

imagem do filho pequeno que São Francisco de Sales e Santa Margarida Maria nos apresentaram anteriormente, e à qual se referem continuamente Santa Teresa do Menino Jesus e São Josemaria Escrivá, é alguém que confia totalmente em seus pais, que se abandona totalmente a eles, porque sabe que precisa deles, mas, ao mesmo tempo, não pode ficar sem eles: não pode ficar sem Deus.

> *"Quasi modo geniti infantes"* (1Pe 2, 2), como crianças recém-nascidas... Pensei que esse convite da Igreja vem mesmo a calhar para todos os que sentem a realidade da filiação divina. Convém-nos, sem dúvida, ser muito rijos, muito sólidos, com uma têmpera capaz de influir no ambiente em que nos encontramos. E, no entanto, diante de Deus, é tão bom que nos consideremos filhos pequenos![8]

> Jesus se compraz em me mostrar o único caminho que conduz a esta Fornalha divina. Este caminho é o *abandono* da criancinha que adormece, sem medo, nos braços de seu pai... "Se alguém for *pequenino*, venha a mim" disse o Espírito Santo pela boca de Salomão (Pv 9, 4), E este mesmo Espírito de amor também disse que "a Misericórdia é concedida aos pequenos" (Sb 6,7). E, em seu nome, o profeta Isaías nos revela que, no último dia, "o Senhor apascentará o seu rebanho como um pastor, recolherá os cordeiros e os abraçará junto ao peito" (Is 40, 11). E como se todas essas promessas não fossem suficientes, o mesmo profeta, cujo olhar inspirado já estava afundando nas profundezas da eternidade, exclama em nome do Senhor: "Como uma mãe acaricia seu filho, assim eu te consolarei, te carregarei em meus braços e te acariciarei sobre meus joelhos" (Is 66, 13, 12). Sim, querida Madrinha, diante de uma linguagem como essa, só podemos nos calar e chorar de gratidão e amor.[9]

---

8 São Josemaria Escrivá, *Amigos de Deus*, n. 142.

9 Santa Teresa do Menino Jesus, *Manuscritos Autobiográficos*, Ma. B, 1r-v. A "Madrinha" é sua irmã mais velha, Maria, a quem o Manuscrito B é dirigido.

A INTIMIDADE DO AMOR FILIAL

"Só Deus basta"

Da confiança em meu Pai como tal, como Deus, nasce a confiança nos meios: tudo de meu Pai é meu, porque Ele é meu Pai: tudo de Deus é meu! Isso dá uma perspectiva nova e decisiva à luta interior e ao apostolado: a graça, as virtudes e os dons, os sacramentos e a oração, os instrumentos apostólicos etc., não são simplesmente meios eficazes, técnicas úteis, comprovadas e recomendadas... são os "tesouros" de meu Pai: queridíssimos para mim, porque meu Pai é o mais querido; e mais eficazes, porque recebem todo o poder infinito de Deus, desse Pai tão bom e tão poderoso.

Este é um bom momento para recordar o conhecido e importantíssimo lema teresiano: "Só Deus basta", inserido no contexto dessa sua poesia simples e envolvente:

> Nada te perturbe
> nada te espante,
> tudo passa
> Deus não muda,
> a paciência
> tudo alcança;
> quem tem a Deus
> nada lhe falta:
> só Deus basta.[10]

Uma santa fundadora espanhola do século xx, boa discípula da grande doutora carmelita, Santa Genoveva Torres Morales, sempre teve este lema em seus lábios e em sua pena, e descreveu o ensinamento teresiano simplesmente como "colossal":

---

10 Santa Teresa de Jesus, *Poesias* (geralmente aparece como o primeiro em quase todas as edições).

INTIMIDADE DE AMOR COM DEUS

> Está muito bem que se ocupe de sua santificação, sinal seguro de que ama a Deus. Que essa preocupação seja sem inquietudes, com paz, examinando ao lado ou aos pés do Mestre os assuntos de suas obrigações e tirando sempre de Santa Teresa aquela coisa colossal: "Nada te perturbe... quem tem a Deus nada lhe falta". Ter a Deus através do cumprimento do dever; ter a Deus para ter paz de espírito; ter a Deus pela pureza de intenção em todas as minhas obras, tornando-as Suas pela Sua presença.[11]

> Todas as graças são prometidas à oração. Lembre-se daquelas palavras: "pedi e recebereis; batei e a porta vos será aberta!" (Mt 7, 7). Tenha em mente aquelas palavras encorajadoras dos Serafins do Carmelo: "Nada te perturbe — nada te espante, — tudo passa — Deus não muda, — a paciência — tudo alcança; — quem tem a Deus — nada lhe falta: — só Deus basta". Essas palavras, madre, encorajam e dão paz.[12]

O ensinamento evangélico e o ensinamento teresiano estão unidos, para o bom filho, em uma firme convicção de fé, de confiança, de abandono em Deus: é Ele que quer, é Ele que pode, é Ele que faz; o resto não conta: nós não contamos — humildade — só Deus e nada mais que Deus.

O impressionante trabalho de evangelização realizado, por exemplo, por São Francisco Xavier, baseou-se radicalmente nessa convicção e nessa atitude de confiança e humildade: desconfiar de si mesmo e confiar somente em Deus. Foi assim que ele se expressou em uma de suas cartas, encontrando o significado mais profundo e sobrenatural nas dificuldades de sua tarefa missionária:

> Pela suprema bondade de Deus nosso Senhor, as nossas esperanças de alcançar a vitória, com tanto favor e ajuda, são maiores do que os obstáculos que o inimigo coloca

---

11   Santa Genoveva Torres Morales, *Cartas*, n. 326.

12   Santa Genoveva Torres Morales, *Cartas*, n. 264.

A INTIMIDADE DO AMOR FILIAL

> à nossa frente para que voltemos atrás, embora sejam muitos e grandes; e não tenho dúvidas de que eles nos causariam uma grande impressão, se tivéssemos algum fundamento em nosso poder ou saber. Deus nosso Senhor, por sua grande misericórdia, permite que o inimigo coloque diante de nós tantos medos, trabalhos e perigos, para nos humilhar e nos rebaixar, para que nunca confiemos em nossa força e poder, mas somente n'Ele e naqueles que participam de Sua bondade.
>
> Bem Ele nos mostra nesta parte a sua infinita clemência e a memória particular que tem de nós, fazendo-nos saber e sentir na alma o quão pequenos somos, pois permite que sejamos perseguidos por pequenos trabalhos e poucos perigos, para que não descuidemos d'Ele como sendo o fundamento em nós; pois, ao contrário, as pequenas tentações e perseguições, naqueles que se fundamentam em si mesmos, são mais incômodas em espírito e mais difíceis de suportar do que os muitos e grandes perigos e trabalhos naqueles que, desconfiando totalmente de si mesmos, confiam grandemente em Deus.[13]

Historicamente, não faltaram problemas com os conceitos de confiança e abandono, pois alguns aproximam estas ideias de tendências quietistas... São Francisco Xavier, um quietista? Alguém que abriu civilizações inteiras à fé e batizou pessoalmente milhares de pessoas, superando dificuldades de todos os tipos, não pode ser quietista. Santa Teresa, uma quietista? Esse "terremoto" em ação — em ação contemplativa — é o que há de mais distante do que se pode imaginar de uma mulher quietista, de alguém que cruza os braços, esperando que Deus aja... E três quartos do mesmo pode ser afirmar Santa Genoveva Torres e todos os santos que aparecem nestas páginas.

Sua ação — a dos santos — era uma ação firmemente ancorada em Deus, e somente em Deus. O que poderia

---

13 São Francisco Xavier, *Cartas e Escritos*, 90, n. 50.

INTIMIDADE DE AMOR COM DEUS

esperar, por exemplo, Santa Genoveva de sua orfandade e de sua claudicação? Aquelas muletas tão queridas, que pareciam uma parte a mais de seu corpo maltratado, não eram mais que um reflexo das verdadeiras "muletas" com as quais ela caminhava para a santidade, com as quais ela servia os outros: o próprio Deus. Somente nosso Pai Deus santifica, e o faz plenamente.

"Só Deus basta" parece ser um resumo de grande parte do ensinamento e da vida de tantos santos; de todos: é um ato filial, é um ato de humildade e de confiança; e é um apelo a doar mais, a amar mais: "Tudo deve ser feito pensando nisto: só Deus basta. O homem é sempre impotente. Promovamos a confiança em Deus, em nós mesmos, e nos outros".[14] "Por que o cuidado material? Eu não preciso de nada. Para o homem, só a graça de Deus é suficiente. Grande paz, produzida pelo abandono. Deus é meu Pai. Tentarei atendê-lo; pois Ele cuida de mim como o melhor dos pais".[15]

Se, às vezes, parece que as dificuldades são maiores, é simplesmente porque nos esquecemos dessa doutrina; e a solução é voltar a ela: "Se cambaleia o teu edifício espiritual, se tens a impressão de que tudo está no ar..., apoia-te na confiança filial em Jesus e em Maria, pedra firme e segura sobre a qual devias ter edificado desde o princípio"[16] (note-se que também aqui São Josemaria está falando da confiança em Jesus).

"Só Deus basta" implica a maior alegria e paz possíveis: "Só Deus basta. Ao ouvir estas palavras, vejo tudo consumido [Santa Genoveva se refere às dificuldades] e sinto uma grande alegria".[17] Nesse sentido, o contraste entre o Senhor e o que não é Deus é muito claro:

---

14   Santa Genoveva Torres Morales, *Apuntes*, n. 6.

15   Idem.

16   São Josemaria Escrivá, *Caminho*, n. 721.

17   Santa Genoveva Torres Morales, *Apuntes*, n. 1.

A INTIMIDADE DO AMOR FILIAL

> Quando minha alma busca descanso com algo daqui de baixo, ela encontra escuridão, ansiedade, confusão, tristeza. Será que não busco Deus nisso? Não quero dizer que não, mas não encontro solução; não há descanso para minha alma. Só encontro paz e descanso quando, em meio a minhas muitas ocupações [...], digo tudo como uma criança a seus pais. O ditado de Santa Teresa: "Só Deus basta". Aquele que confia em Deus e se entrega a Ele, põe n'Ele a paz de seu coração [...].[18]

> Felicidade! Conto com a sabedoria incriada; com o poder infinito; com o Amor eterno. Minha miséria e meu nada me elevam a Deus, encontrando ali tudo e o perdão de meus pecados. E como eu sinto que os vazios deixados pelas criaturas são preenchidos, os quais nunca poderão ser alcançados, mesmo que todos busquem Deus juntos! Meu Deus, somente Vós![19]

Fundamental aqui é a referência ao perdão dos pecados. Neste caso o "só Deus basta" torna-se, se possível, ainda mais verdadeiro. Só Deus pode perdoar pecados; só Deus, de fato, os perdoa; só Ele tem as profundezas da misericórdia infinita, porque só Ele é Pai em plenitude: em breve o contemplaremos detalhadamente.

Acrescentemos outro raciocínio de Santa Genoveva Torres sobre nosso tema; breve — não poderia ser mais breve — e simples, mas de grande profundidade e transcendência, pois reflete muito bem o que pode significar o abandono total e real nas mãos de Deus: "Estou bem, graças a Deus. Pois está bem aquele que está como Deus quer".[20] Isso está sendo dito por um inválida desde a infância, continuamente afligida por doenças e enfermidades dolorosas, cercado por várias pessoas de caráter insuportável e assediada por frequentes mal-entendidos e contradições de todos os tipos! Não, isso não

---

18 Santa Genoveva Torres Morales, *Apuntes*, n. 14.

19 Santa Genoveva Torres Morales, *Apuntes*, n. 10.

20 Santa Genoveva Torres Morales, *Cartas*, n. 210.

INTIMIDADE DE AMOR COM DEUS

é uma mera "resignação cristã"... É o verdadeiro abandono, é amar a Deus e sua vontade acima de tudo.

E esse deve ser o estilo de nossas relações filiais com Deus, com qualquer uma das três pessoas:

> Jesus, meu Pai, vem a mim [ela está se referindo à Eucaristia]. Que alegria! Eu Lhe contarei tudo. E como Ele se alegra ao ver seu filhinho que Lhe conta tudo, que Lhe pede remédio para tudo! Quem é mais poderoso do que meu Pai? Confio tudo à sua santa vontade e poder. Que alegria! Ele é meu Pai [...] Meu Jesus, ampara-me com Tua graça, pois sem ela, nem mesmo Jesus posso dizer.[21]

Amor e temor filial

É claro que, como expressam os textos anteriores e tantos outros dos santos, a confiança de que falamos é uma confiança que se baseia no amor, não no temor; pois somos filhos, não escravos. Recordemos, mais uma vez, com São Paulo: "Portanto já não és servo, mas filho" (Gl 4, 7). "Com efeito, não recebestes o espírito de escravidão para estardes novamente com temor, mas recebestes o espírito de adoção pelo qual clamamos: "*Abbá*, Pai" (Rm 8, 15).

De fato, a palavra temor é ambivalente, pois há um temor filial saudável que não só não entra em conflito com esse amor e confiança de que falamos, mas que flui dele e é até mesmo um dos sete dons do Espírito Santo.[22] Assim explica São João da Cruz:

> Quando a alma chega a possuir em perfeição o espírito de temor, tem igualmente em perfeição o espírito de amor, pois esse temor, que é o ultimo dos sete dons, é

---

21   Santa Genoveva Torres Morales, *Apuntes*, n. 12.

22   O dom de temor, em particular, será discutido no capítulo seis, retomando algumas das ideias mencionadas aqui.

A INTIMIDADE DO AMOR FILIAL

filial, e sendo temor perfeito de filho, procede do amor perfeito do Pai. Vemos que a Sagrada Escritura, quando quer dizer que alguém é perfeito na caridade, chama-o temente a Deus.[23]

Devemos destacar, acima de tudo, a frase "o perfeito temor de um filho vem do perfeito amor de um pai", que é certamente lapidar. Temor filial, portanto, e não servil: isto é, amor e confiança, porque Deus é meu Pai, com todas as características de proximidade e intimidade já mencionadas, e as que se seguirão..., e pelo Pai que Ele é: o Deus todo-poderoso, criador e Senhor, suprema verdade, bondade, santidade e beleza etc.

Essa confiança e esse verdadeiro temor, que é amor, levam — repetimos intencionalmente — ao abandono: abandono ativo, como é próprio de um filho pequeno, que confia tudo a seus pais, mas que, ao mesmo tempo, "não pode ficar parado", não pode deixar de manifestar essa confiança e segurança. Tudo isso, como exercício pleno de uma liberdade que, longe de desaparecer, alcança seu verdadeiro sentido e força na realidade da filiação divina. Assim explica Santo Tomás de Aquino, com sua habitual precisão e clareza:

> Deve-se ter em mente que os filhos de Deus são movidos pelo Espírito Santo não como servos, mas como livres, pois, sendo livre "aquele que é senhor de si mesmo",[24] fazemos livremente o que fazemos por nossa própria conta e por nossa própria razão. E isso é o que fazemos voluntariamente; mas o que fazemos contra nossa vontade não o fazemos livremente, e sim servilmente, quer haja violência absoluta, como "quando o princípio é totalmente extrínseco, o paciente não coopera em nada",[25] por exemplo, quando alguém é impelido pela

---

23   São João da Cruz, *Cântico Espiritual* B, 26, 3.

24   Referência a Aristóteles, I *Metafísica*, 2.

25   Novamente referência a Aristóteles, III *Ética a Nicômaco* 1.

INTIMIDADE DE AMOR COM DEUS

> força ao movimento; ou se há violência misturada com voluntariedade, como quando alguém deseja fazer ou sofrer o que é menos contrário à sua vontade a fim de evitar o que é mais contrário a ela.
>
> Ora, o Espírito Santo nos inclina a agir de tal forma que nos faz agir voluntariamente, tornando-nos amantes de Deus. Por isso, os filhos de Deus são movidos pelo Espírito Santo livremente, por amor; não servilmente, por temor. É por isso que o apóstolo diz: "Não recebestes o Espírito de escravidão para cair novamente no temor, mas recebestes o Espírito de adoção como filhos de Deus" (Rm 8, 15).[26]

A profunda e fundamentada reflexão tomista (cuja chave está neste "tornando-nos amantes de Deus") nos leva ao delicado problema da relação entre graça e liberdade, ação divina e cooperação humana; um tema que ultrapassa em muito o âmbito destas considerações. Mas queremos aproveitar esta oportunidade para enfatizar que toda a reflexão sobre a filiação divina, sobre o verdadeiro significado do temor e do amor etc., é uma excelente maneira de aprofundar esta espinhosa questão teológica, evitando os frequentes excessos especulativos pelos quais a reflexão sobre o assunto tem sido desviada.

Permitam-me retornar por um momento ao amor esponsal, nas mãos de São Bernardo, para sublinhar ainda mais o quanto estamos longe do temor servil. Assim, o doutor melífluo comenta o conhecido início do Cântico dos Cânticos:

> "Beija-me com os beijos de tua boca!" (Ct 1, 2) [...] Um servo teme o semblante de seu senhor; um mercenário espera pelo pagamento de seu amo; um discípulo ouve seu mestre; um filho honra seu pai; mas aquele que pede um beijo é porque ama. Esse afeto do amor é superior a todos os bens da natureza, especialmente se voltar ao

---

26   Santo Tomás de Aquino, *Suma contra os gentios*, IV, 22.

seu princípio: Deus [...] E ama quem pede um beijo. Ele não pede liberdade, nem recompensa, nem herança, nem doutrina, mas um beijo; assim como a esposa mais casta exala amor e é incapaz de esconder o fogo que a consome [...]

Na realidade, ama desinteressadamente, porque quer apenas aquele que ama e nada mais. Ama com retidão, sem concupiscência carnal e com pureza de espírito. Ama com ardor, tão embriagada por seu próprio amor que nem sequer pensa em sua majestade. A quem ela pede? "Àquele que olha para a terra e ela estremece" (Sl 103, 32). E ela pede-lhe um beijo, mas não está embriagada? Sim, e completamente. Não seria estranho se, quando ela fosse pedir o beijo, saísse do porão, e mais tarde não se gabasse de ter sido levada para lá? Davi também disse o seguinte sobre os outros: "Eles se embriagam com as coisas saborosas da tua casa, tu os dás a beber da torrente das tuas delícias" (Sl 35, 9). Quão grande é a violência do amor! Que confiança o espírito de liberdade instila! O perfeito amor lança fora o temor; há algo mais evidente?[27]

E note que esse marido não é apenas um amante, ele é o Amor. Isso é honra? Quem quiser que discuta: eu não li isso. Li que "Deus é Amor", e nunca vi a palavra honra. Não porque Deus não queira ser honrado, pois Ele diz: "Se eu sou pai, onde está a honra?" (Ml 1, 6) [...] Em outro lugar, diz: "Se eu sou Senhor, onde está o temor?" (Ml 1, 6) Portanto, Deus exige o temor como senhor, a honra como pai e o amor como esposo. Qual deles prevalece? O amor. Sem amor, o temor traz tristeza e a honra carece de graça. O temor é servil enquanto não for liberado pelo amor. E a honra que não vem do amor é bajulação. A Deus seja a honra e a glória" (1Tm 1, 17); mas Deus não aceitará nenhuma delas a menos que as adoce com o mel do amor. Ele se basta por si mesmo, agrada por si mesmo e por sua causa. Ele é seu próprio mérito e sua própria recompensa.[28]

---

27 São Bernardo de Claraval, *Sermões sobre o Cântico dos Cânticos*, 7, 2.

28 São Bernardo de Claraval, *Sermões sobre o Cântico dos Cânticos*, 83, 4.

INTIMIDADE DE AMOR COM DEUS

A humildade do filho

Em tudo o que vimos até agora, comprovamos a importância de que o filho, o bom filho, tenha plena consciência de quem é e, acima de tudo, de quem é seu Pai; e, consequentemente, de como é o relacionamento entre Pai e filho. Pois isso, precisamente, é a humildade: agir de acordo com quem é Deus e quem eu sou. Poucos textos são tão citados a esse respeito, com toda a justiça, como este de Santa Teresa de Jesus:

> Uma vez estava eu considerando por que razão era Nosso Senhor tão amigo desta virtude da humildade, e logo se me pôs diante — a meu parecer sem eu considerar nisso, mas de repente — isto: é porque Deus é a suma Verdade, e a humildade é andar na verdade. E é muito grande verdade não termos coisa boa de nós mesmos, senão a miséria e sermos nada; e, quem isto não entende, anda em mentira. Quem melhor o entende, mais agrada à suma Verdade, porque anda nela. Rezem a Deus, irmãs, nos faça mercê de não sairmos nunca deste próprio conhecimento, amém.[29]

Uma das muitas santas que seguiram os passos da grande reformadora carmelita, Santa Teresa dos Andes, vai mais longe, se é possível, usando uma expressão frequentemente usada em sua pluma: o "nada criminoso":

> Ora, o que sou eu, Senhor, senão miséria, um nada criminoso? O que tenho, Senhor, que Tu não me tenhas dado? [...] Compreendi que o que mais me afasta de Deus é o meu orgulho. Sem a humildade, as outras virtudes são hipocrisia. Sem ela, as graças recebidas de Deus são

---

29 Santa Teresa de Jesus, *Moradas* vi, c. 10, 7. Como o leitor verá, não vou me deter aqui nesta virtude tão importante. Pretendo preparar um estudo específico sobre a humildade, semelhante a este livro. Limitar-me-ei agora a destacar os aspectos mais relacionados ao nosso tema.

dano e ruína. A humildade nos procura a semelhança de Cristo, a paz da alma, a santidade e a união íntima com Deus.[30]

Mas o caminho da humildade não é fácil de seguir: requer um longo aprendizado, uma luta intensa, muitas manifestações práticas. Ela é ensinada com maestria em uma das páginas mais importantes da história da espiritualidade sobre esta virtude: o sétimo capítulo da Regra de São Bento, ao qual pertencem estes parágrafos:

> A Escritura divina nos clama dizendo: "Todo aquele que se exalta será humilhado e todo aquele que se humilha será exaltado" (Lc 14,11). Indica-nos com isso que toda elevação é um gênero da soberba, da qual o Profeta mostra precaver-se quando diz: "Senhor, o meu coração não se exaltou, nem foram altivos meus olhos; não andei nas grandezas, nem em maravilhas acima de mim". Mas, que seria de mim se não me tivesse feito humilde, se tivesse exaltado minha alma? Como aquele que é desmamado de sua mãe, assim retribuirias a minha alma (Sl 130, 1-2).
>
> Se, portanto, irmãos, queremos atingir o cume da suma humildade e se queremos chegar rapidamente àquela exaltação celeste para a qual se sobe pela humildade da vida presente, deve ser erguida, pela ascensão de nossos atos, aquela escada que apareceu em sonho a Jacó, na qual lhe eram mostrados anjos que subiam e desciam. Essa descida e subida, sem dúvida, outra coisa não significa, para nós, senão que pela exaltação se desce e pela humildade se sobe. Essa escada ereta é a nossa vida no mundo, a qual é elevada ao céu pelo Senhor, se nosso coração se humilha. Quanto aos lados da escada, dizemos que são o nosso corpo e alma, e nesses lados a vocação divina inseriu, para serem galgados, os diversos graus da humildade e da disciplina.[31]

---

30   Santa Teresa de los Andes, *Diário*, n. 29

31   São Bento de Nursia, *Regra*, 7.

INTIMIDADE DE AMOR COM DEUS

A chave para a humildade é, como todos esses mestres nos ensinam, contemplar a si mesmo à luz de quem Deus é e do que Ele nos deu. Caso contrário, podemos interpretar mal este tipo de "paixão" que os santos têm por "falar mal de si mesmos". Não é exagero: santidade é verdade; é uma compreensão profunda da realidade divina e da nossa própria realidade; e uma expressão sincera da intimidade de amor entre os dois:

> Não ponhais, Criador meu, tão precioso licor em vaso tão quebrado, pois já tendes visto, de outras vezes, que o torno a derramar. Não ponhais tesouro semelhante onde ainda não está perdida de todo, como deveria estar, a cobiça das consolações da vida, pois o gastará mal gasto. Como confiais a defesa desta cidade e as chaves da fortaleza a alcaide tão covarde que, ao primeiro embate dos inimigos, os deixa entrar dentro? Não seja tão grande o Vosso amor, ó Rei Eterno, que ponhais em risco joias tão preciosas. Parece, Senhor meu, dar-se assim ocasião a que sejam tidas em pouca conta, pois as colocais em poder de criatura tão ruim, tão baixa, tão fraca e miserável e de tão pouco valor. Pois, se bem que trabalhe para não as perder com o Vosso favor — e não é necessário pouco favor, sendo como sou —, não posso com elas beneficiar a ninguém. Enfim, mulher, e não boa, mas ruim. Dir-se-ia que não só se escondem os talentos, mas que se sepultam, pondo-os em terra tão desprezível.[32]

> Bendito sejais, Senhor meu, que duma lama tão suja como eu, fazeis água tão clara que sirva para a Vossa mesa! Sede louvado, ó delícia dos Anjos, que assim quereis levantar um verme tão vil![33]

> Não esqueças que és... a lata do lixo. — Por isso, se porventura o Jardineiro divino lança mão de ti, e te esfrega e te limpa... e te enche de magníficas flores...,

---

32   Santa Teresa de Jesus, *Vida*, c. 18, 4.

33   Santa Teresa de Jesus, *Vida*, c. 19, 2.

A INTIMIDADE DO AMOR FILIAL

nem o aroma nem a cor que embelezam a tua fealdade devem envaidecer-te. — Humilha-te; não sabes que és o caixote do lixo?[34]

Considera, pois, de onde vieste, e conhecerás que foste feita da massa da perdição, do pó e barro da terra, e que viveste em pecados, e que és uma desterrada da bem-aventurança do paraíso. Esta consideração desterra o espírito de soberba e o exclui em tal grau, que começas a exclamar com os três jovens em Daniel: "Encontramo-nos hoje humilhados em toda a terra, por causa dos nossos pecados" (Dn 3, 37).

Considera também o segundo, para onde vais, e verás que te encaminhas para a corrupção, a converter-te em cinzas, porque "tu és pó, e em pó te hás de tornar (Gn 3, 19). "De que se orgulha quem é terra e cinza?" (Eclo 10, 9). Se hoje és, amanhã não serás; se hoje estás sã, talvez amanhã estejas enferma; se hoje és discreta, pode suceder que amanhã sejas néscia; se hoje és rica em virtudes, talvez amanhã te tornes mendiga e miserável. Por conseguinte, qual cristão, tão desventurado, teria a audácia de ensoberbecer-se, vendo-se em meio a tantas misérias e calamidades?[35]

Insisto: não é exagero, é a verdade; mas a verdade completa e, portanto, equilibrada com a verdade sobre Deus e o que Deus opera em nós. Precisamente o caminho que seguimos de mãos dadas com os santos — contemplar tudo a partir da paternidade divina e não a partir de nós mesmos — é a garantia de que essa humildade é a verdadeira:

> Parece-me que, se uma florzinha pudesse falar, ela diria simplesmente o que Deus fez por ela, sem tentar esconder seus dons. Ela não diria, sob o pretexto de falsa humildade, que é feia e sem perfume, que o sol lhe roubou o

---

34   São Josemaria Escrivá, *Caminho*, n. 592.

35   São Boaventura, *A vida perfeita para religiosas*, c. 2, 5.

esplendor e que as tempestades quebraram seu caule, quando está intimamente convencida do contrário.[36]

É verdade que Deus, nosso Pai, nos encheu de graças e dons, e é igualmente verdade que não somos nada diante Dele, e que estragamos esse nada com o pecado: o nada criminoso. A combinação dessas verdades não acabrunha a alma, muito pelo contrário: de seu nada e de sua miséria ela se eleva ao todo de Deus, por meio de Seu Amor e de Sua misericórdia.

Além disso, o exemplo de Jesus Cristo, na humilhação da Encarnação e da Cruz, que já recordamos, ajuda-nos a compreender melhor o que é a verdade da humildade. São Josemaria Escrivá recorda-nos:

> Bastam uns traços do Amor de Deus que se encarna, e logo a sua generosidade nos toca a alma, nos inflama, nos arrasta com suavidade a uma dor contrita pelo nosso comportamento, em tantas ocasiões mesquinho e egoísta. Jesus Cristo não tem inconveniente em rebaixar-se, para nos elevar da miséria à dignidade de filhos de Deus, de irmãos seus. Tu e eu, pelo contrário, com frequência nos orgulhamos nesciamente dos dons e talentos recebidos, até os convertermos em pedestal para nos impormos aos outros, como se o mérito de umas ações, acabadas com uma perfeição relativa, dependesse exclusivamente de nós: "Que tens tu que não hajas recebido de Deus? E, se o recebeste, por que te glorias como se não o tivesses recebido?" (1Cor 4,7)

> Ao considerarmos a entrega de Deus e o seu aniquilamento — digo-o para que o meditemos, pensando cada um em si mesmo —, a vanglória, a presunção do soberbo revela-se como um pecado horrendo, precisamente porque coloca a pessoa no extremo oposto ao modelo que Jesus Cristo nos apontou com a sua conduta. Pensemo-lo devagar. Ele se humilhou, sendo Deus. O homem,

---

36   Santa Teresa do Menino Jesus, *Manuscritos autobiográficos*, Ms A, 3v.

empertigado no seu próprio eu, pretende enaltecer-se a todo o custo, sem reconhecer que está feito de mau barro de moringa.[37]

Certamente não é um equilíbrio fácil o da humildade, da verdade de minhas misérias e o da grandeza que Deus realiza em mim. É por isso que a categoria dos grandes santos e doutores, como os que citamos até agora, ou como Santa Catarina de Sena, é particularmente evidente aqui:

> Ó bondade acima de toda a bondade! Só tu és sumamente bom! Enviaste-nos o Verbo, teu Filho Unigênito para que convivesse com os homens, que somos o fedor e a plenitude das trevas. Quem realizou tal coisa? O amor, pelo qual nos amaste antes de existirmos, ó bondade e grandeza eterna! Te fizeste pequeno e humilde para que o homem se tornasse grande. Para onde quer que me volte, não encontro senão o abismo e o fogo da tua caridade.

> Seria eu a miserável que pode corresponder às graças e à ardente caridade que tens manifestado e manifestas com tão ardente amor em particular, ademais da caridade comum e amor que manifestas às criaturas? Não, senão unicamente tu, dulcíssimo e amoroso Pai, serás o que pode te agradar em meu lugar, isto é, que o afeto da tua própria caridade te dê graças, pois eu sou aquela que não sou. Se eu dissesse que era algo por mim mesma, seria mentirosa e filha do demônio, que é o pai da mentira. Mas como tu és aquele que é, o meu ser, toda a graça que me deste, eu a recebi de ti e tu me deste por amor e não porque devias fazê-lo.

> Ó Pai dulcíssimo! Quando o gênero humano jazia doente por causa do pecado mortal, tu lhe enviaste o médico, o doce e amoroso Verbo. Agora, quando eu estava doente por negligência e muita ignorância, tu, médico suavíssimo e dulcíssimo, Deus eterno, deste-me um remédio suave, doce e amargo, para me curar e levantar da minha

---

37   São Josemaria Escrivá, *Amigos de Deus*, n. 112.

INTIMIDADE DE AMOR COM DEUS

doença. Suave és para mim, porque com suavidade e caridade te manifestaste a mim. É doce para mim acima de toda a doçura, porque iluminaste os olhos do meu entendimento com a luz da santíssima fé. Nessa luz, por tua vontade, conheci a graça e a excelência que concedeste ao gênero humano.[38]

Essas são as maravilhas da verdadeira humildade: nela se descobre a grandeza do verdadeiro Deus e, portanto, a grandeza do ser humano. Ninguém valoriza cada mulher e cada homem mais do que nosso Deus Pai; e depois d'Ele, ninguém os valoriza mais do que um santo, porque os valoriza desde Deus.

Humildade... e audácia

Precisamente porque a humildade me torna consciente de quem é Deus e de quem eu sou, não há verdadeira humildade sem audácia, até mesmo ousadia. Porque a humildade não é simplesmente saber que não sou nada, mas saber que não sou nada diante de Deus: isto é, diante de meu Pai, diante de alguém que, por um lado, pode fazer tudo e, ao mesmo tempo, é o mais próximo, o mais íntimo... Alguém que pode e quer verdadeiramente preencher o vazio que tenho, por não ser nada, com o Todo que Ele é; e limpar minhas misérias, meus crimes, com Seu infinito Amor misericordioso.

Este texto de São Josemaria Escrivá, citado no início reflete isso muito bem:

As palavras não conseguem acompanhar o coração, que se emociona perante a bondade de Deus. Diz-nos: Tu és meu filho. Não um estranho, não um servo benevolamente

---

38 Santa Catarina de Sena, *O Diálogo*, n. 134.

A INTIMIDADE DO AMOR FILIAL

tratado, não um amigo, que já seria muito. Filho! Concede-
-nos livre trânsito para vivermos com Ele a piedade de
filhos e também — atrevo-me a afirmar — a desvergonha
de filhos de um Pai que é incapaz de lhes negar seja o
que for.[39]

Insisto que essas palavras devem ser vistas do ponto de
vista de Deus. Insisto que estas palavras devem ser vistas
de Deus. Deus é realmente tão paternal que é incapaz de
negar qualquer coisa a um filho. O que vemos nesse texto
não é tanto como eu me dirijo a Deus, mas como Deus
me trata; e é isso que realmente me leva a tratá-lo como
um filho "desavergonhado": entender o que é um Deus
Pai e Mãe.

Além disso, do ponto de vista da infância espiritual,
da criança, do filho pequeno, isso se torna ainda mais
claro: "Ser pequeno. As grandes audácias são sempre das
crianças. — Quem pede... a lua? — Quem não repara nos
perigos, ao tratar de conseguir o seu desejo?"[40]

Ou seja, a humildade que nasce da filiação divina não
é uma humildade estática, parada, autoconsciente..., mas
muito pelo contrário: como a da criança, é uma humildade
ousada, atrevida, audaciosa; porque o filho pequeno não
pode conceber que seu pai não possa lhe conceder algo;
não pode conceber isso, porque confia totalmente em seu
Pai... Mas então, em nosso caso, sabemos objetivamente que
Deus pode conceder tudo e quer conceder tudo.

Em um livro sobre São Josemaria Escrivá, que acabo de
citar, encontrei uma formulação — que considero simplesmente genial — do que significa esta maravilhosa combinação
de humildade e audácia, característica dos santos. Utilizo-a
com frequência em minhas aulas e em minhas pregações, e
me permito reproduzi-la aqui, sem mais comentários do que

---

39 São Josemaria Escrivá, *É Cristo que passa*, n. 185

40 São Josemaria Escrivá, *Caminho*, n. 185

INTIMIDADE DE AMOR COM DEUS

uma sincera felicitação à autora, a jornalista Pilar Urbano, por ter entendido e expressado tão bem:

> O que é mais importante, o que é mais valioso na vida de um homem santo: o que ele faz por Deus ou o que Deus faz por ele?
>
> O que o homem faz está próximo de nós e é imitável. Além disso, como sob a superfície do santo há sempre um herói realizando os seus feitos, a contemplação desse drama nos atrai como um espetáculo singular.
>
> O que Deus faz pertence ao insondável mistério da graça. Sua compreensão nos escapa. Nós o admiramos, o invejamos, até o tememos..., mas facilmente nos parece que estamos diante de algo que não é dado a todos, algo que se perde no arcano inextricável dos caprichos de Deus.
>
> Entretanto, esse não é o caso. É uma questão de uma equação indivisível. Deus concede os favores de sua graça a todos os homens. A todos os homens. Mas por que mais aos santos? Sem dúvida, porque pedem mais; porque insistem mais; porque, profundamente conscientes de sua necessidade, eles são mais: em todos os momentos e em tudo, buscam tudo de Deus... e em Deus encontram tudo.
>
> No final das contas, a musculatura da santidade consiste em uma boca muito pidonha e uma mão muito recolhedora.

E agora vem o parágrafo que me parece ser a chave para nosso tema, um parágrafo magistral, que tenho certeza de que qualquer um dos santos citados aqui assinaria sem hesitação..., com os "insultos" incluídos e sublinhados...

> Um santo é uma pessoa gananciosa que se enche de Deus esvaziando-se de si mesma. Um santo é um homem pobre que faz fortuna saqueando os cofres de Deus. Um santo é um fraco que se fecha em Deus e constrói sua força sobre Ele. Um santo é um imbecil do mundo — *stulta*

mundi — que se ilumina e se doutora com a sabedoria de Deus. Um santo é um rebelde que se prende com as correntes da liberdade de Deus. Um santo é um miserável que lava sua sujeira na misericórdia de Deus. Um santo é um pária da terra que planta em Deus seu lar, sua cidade e sua pátria. Um santo é um covarde que se torna galhardo e corajoso, protegido pelo poder de Deus. Um santo é um homem pusilânime que se dilata e se acresce com a magnificência de Deus. Um santo é um ambicioso de tal envergadura que se satisfaz apenas por possuir mais e mais da ração divina...

Um santo é um homem que tira tudo de Deus: um ladrão que rouba de Deus até mesmo o Amor com que pode amá-Lo.

E Deus se permite ser saqueado por seus santos. Essa é a alegria de Deus. E esse é o negócio secreto dos santos.[41]

Prometi que não faria comentários, e mantenho minha promessa... Mas não descarto a possibilidade de fazê-los em outra ocasião, pois há muito "pano para manga teológico--espiritual" nesses parágrafos.

Estes segredos de santidade, todos estes aparentes paradoxos de humildade e ousadia, de confiança e abandono, de "só Deus basta", tão bem vividos e ensinados por nossos santos, são, é claro, apenas um eco da Palavra revelada pelo próprio Deus; mas que força nova e poderosa os textos bíblicos assumem à luz viva destas experiências de santidade!

"Sem mim nada podeis fazer" (Jo 15, 5).

"Posso todas as coisas naquele que me conforta" (Fp 4, 13).

"Mas ele me disse: 'Basta-te minha graça, porque é na fraqueza que se revela totalmente a minha força'. Portanto, prefiro gloriar-me das minhas fraquezas, para que habite em mim a força de Cristo. Por isso, sinto complacência nas

---

41 Pilar Urbano, *El hombre de Villa Tevere. Los años romanos de Josemaria Escrivá*, Plaza y Janés, Barcelona 1995, pp. 155-156.

INTIMIDADE DE AMOR COM DEUS

minhas, enfermidades, nas afrontas, nas necessidades, nas perseguições, nas angústias por amor de Cristo, porque, quando estou fraco, então é que sou forte" (2Cor 12, 9-10).

"Deus resiste aos soberbos, mas dá graça aos humildes" (1Pe 5, 5).

"O que é estulto no mundo, Deus o escolheu para confundir os sábios; e o que é fraco no mundo, Deus o escolheu para confundir os fortes" (1Cor 1, 27)

A Sagrada Escritura não só nos dá essa doutrina, mas também está repleta de exemplos vivos (a começar pelo próprio São Paulo) do que estamos dizendo.

Há um caso concreto que considero particularmente atraente e que gostaria de destacar aqui: o da mulher cananeia que pede a Jesus um milagre em favor de sua filha (Mt 15, 22-28). Sua insistência perseverante, apesar da resistência aparentemente dura do Senhor, já é um exemplo magnífico; mas o que mais impressiona é sua frase final: "É verdade, Senhor, mas também os cachorrinhos comem das migalhas que caem da mesa dos seus donos". Dificilmente se pode dizer mais e melhor com menos palavras! Há aqui uma magnífica expressão de fé (as "migalhas" do poder de Deus são suficientes), de humildade ("é verdade" que eu sou um cachorrinho!), de santa ousadia e impudência ("até os cachorrinhos comem") ..., e até mesmo de bom senso, que não está em desacordo com a fé e a humildade, mas que brota delas.

Não surpreende o elogio imediato de Jesus e a forma como se realiza o milagre: "Ó mulher, grande é a tua fé! Seja-te feito como queres". Tal é a união com Deus, a identificação das vontades, quando a fé é acompanhada por essa humildade e audácia, que a vontade da alma se torna a vontade de Deus: a vontade do filho, a vontade do Pai.

Perdoe-me a expressão coloquial, mas não consigo pensar em uma maneira melhor de dizer isto: Deus "baba" diante de uma filha assim; Ele não pode resistir, porque não há ninguém que seja melhor Pai do que Ele.

Audácia... e simplicidade

> Se Deus se entrega a nós a todo momento com infinito Amor, não cabe a nós, miseráveis criaturas, entregar-nos a Ele com todo o nosso ser, de modo que todas as nossas obras sejam dirigidas a Ele com toda a intensidade de amor de que somos capazes? [...] Deus é Amor, o que Ele busca nas almas senão o amor? [...] Se somos gratos pelo afeto humano, o que será daquele coração cheio de ternura que dizia querer apenas um pouco de amor?[42]

Tudo isso que Santa Teresa dos Andes nos lembra já está se tornando muito claro para nós; mas como podemos responder melhor às preocupações de um Pai com a audácia de um filho, para que Deus possa nos dar ainda mais? Como vivemos essa santa audácia na prática? Como isso se reflete em meu relacionamento diário com Deus? Ouçamos a "menina-doutora", Santa Teresa, o protótipo da "audácia filial":

> Formei uma ideia tão elevada do céu que às vezes me pergunto como Deus conseguirá, depois de minha morte, me surpreender [...] Finalmente, já penso que, se não me sentir suficientemente surpresa, fingirei estar surpresa para agradar a Deus. Não haverá perigo de eu deixá-Lo ver minha decepção; saberei como fazer para que Ele não perceba. Quanto ao resto, sempre conseguirei ser feliz. Para conseguir isso, tenho meus pequenos truques, que já sabes e que são infalíveis... Além disso, só o fato de ver Deus feliz já será suficiente para que eu me sinta completamente feliz.[43]

---

42 Santa Teresa dos Andes, *Cartas*, n. 40.

43 Santa Teresa do Menino Jesus, Últimas Conversações, Caderno Amarelo, 15.5.2. Essa me parece, ademais, uma das descrições mais precisas e profundas que já li sobre o que o céu pode ser..., mas o céu não é o assunto de nosso livro, mas como alcançá-lo...

É realmente possível fingir "enganar" a Deus dessa forma, e não se trata de uma ingenuidade infantil simpática e piedosa? Se sim, quem dera se todos nós a tivéssemos! Pois nessas linhas, junto com a simplicidade de uma criança, há uma profunda compreensão de quem é Deus e de como é nosso relacionamento com Ele, como deveria ser: tão simples quanto o de uma criança!

Se ela não "enganou" Deus no céu, ouso dizer, virando o texto da santa de cabeça para baixo, que o Senhor deve ter conseguido fazer parecer a Santa Teresinha que ela conseguiu enganá-Lo... Porque, diante de uma alma tão boa, um coração paterno e materno como o de Deus só pode se render.

Não nos esqueçamos, além disso, dos acentos ousados, mas verdadeiros, de intimidade e ternura com os quais temos apresentado o amor paterno-maternal de Deus por nós. Pois, se Ele demonstra Sua afeição dessa maneira, a resposta filial de um filho de tal Pai deve apresentar os mesmos acentos afetivos, embora, é claro, da perspectiva do filho. Isso quer dizer: grande intimidade, sim; mas Ele é o Pai, e eu sou o filho ou a filha; e não o contrário. Em particular, se o Senhor gosta particularmente de nos amar como uma mãe ama seu filho recém-nascido — porque é isso que somos —, é lógico que Ele nos convide, por sua vez, a responder a esse Amor como crianças, como filhos pequenos.

Embora já tenhamos desenvolvido esse ponto no capítulo anterior, vale a pena enfatizar que a filiação divina realmente nos introduz na intimidade da vida trinitária e, em particular, no relacionamento amoroso entre as três pessoas divinas: o que é mais d'Ele, mais íntimo de Deus, por assim dizer, torna-se nosso. Não podemos, portanto, ver todas essas referências a uma intimidade ousada como uma linguagem meramente alegórica ou como fruto da sensibilidade psicológica particular de alguns santos. Em vez disso, é o contrário: a intimidade do filho ou da filha de Deus com

A INTIMIDADE DO AMOR FILIAL

a Trindade é tão profunda, tão intensa e tão poderosa que toda linguagem humana fica aquém de expressá-la, apesar da ousadia que encontramos nos místicos.

O filho, o bom filho, portanto, não pode ficar aquém em sua resposta. Ele não pode ser melindroso. A própria Santa Teresa do Menino Jesus mostrou isso quando, ao ver uma foto de Jesus Cristo com duas crianças, a menor delas sobre seus joelhos e a outra a seus pés beijando sua mão, ela comentou: "Eu sou esse pequenino que subiu no colo de Jesus, que estica sua perninha tão graciosamente, que levanta sua cabecinha e o acaricia sem temor. Não gosto tanto do outro pequenino. Ele se comporta como uma pessoa mais velha; disseram-lhe algo..., sabe que Jesus deve ser tratado com respeito".[44]

Ou seja, não basta ser filho de Deus: é preciso comportar-se como tal; Não basta ser criança: é preciso comportar-se como uma criança. Insisto: a criança é tão audaz quanto simples no seu trato; audaz e simples nos seus desejos, audaz e simples na forma como os propõe e os busca.

Essa é a resposta que o próprio Deus espera de sua audácia enamorada manifestada em sua misericórdia, na encarnação, na cruz, na Santa Eucaristia, em Pentecostes..., em todos os momentos, eternamente...

---

44 Santa Teresa do Menino Jesus, *Últimas Conversações*, Caderno Amarelo, 5.7.3.

Capítulo 4

DEUS PAI MISERICORDIOSO

Um pouco de história

A aproximação do Ano da Misericórdia na Igreja permitiu-me aprofundar este aspecto decisivo da nossa relação filial com Deus e reformular um pouco este capítulo: espero que para o maior benefício do leitor!

Parece necessário rever um pouco a história desta questão teológico-espiritual, uma vez que ela é, em sua maior parte, bastante recente e não aparece com detalhes suficientes nas principais histórias da espiritualidade.

É evidente que a misericórdia divina aparece com enorme frequência nas Sagradas Escrituras, tanto no Antigo quanto no Novo Testamento. Consequentemente, também podemos afirmar que as referências à misericórdia e as reflexões sobre ela são abundantes em toda a tradição espiritual-teológica da Igreja, desde os Padres, passando pelos grandes doutores medievais e modernos, até os dias atuais.

No entanto, foi nos tempos contemporâneos que toda essa doutrina tradicional assumiu um destaque especial na espiritualidade cristã, tanto em nível devocional quanto teológico, culminando no já mencionado Ano Jubilar da Misericórdia convocado pelo Papa Francisco, fortemente apoiado pelo magistério e pelas iniciativas de São João Paulo II, em particular sua encíclica *Dives in misericordia*, a canonização de Santa Faustina Kowalska e a instituição do Domingo da Divina Misericórdia como uma celebração universal na Igreja.

INTIMIDADE DE AMOR COM DEUS

Esta história recente da espiritualidade em torno da misericórdia divina insere-se no tronco mais amplo da devoção e teologia do Sagrado Coração de Jesus. Sabe-se que, embora possam ser identificados antecedentes importantes e significativos, a origem moderna de tudo o que se relaciona com o Coração de Jesus encontra-se nas aparições do próprio Jesus Cristo a Santa Margarida Maria de Alacoque (1647-1690).

A devoção ao Sagrado Coração promovida por Santa Margarida Maria não é apenas um conjunto de práticas piedosas que se tornaram extremamente populares e difundidas ("Primeiras Sextas-feiras", "Hora Santa"), mas também um corpo de doutrina de grande profundidade teológica e espiritual, que se desenvolveu e se tornou mais valorizado com o passar do tempo. De fato, de acordo com esta rica tradição, o Coração de Jesus contém o mistério do Amor infinito de Deus pelos homens e sua misericórdia, o mistério da encarnação mesma do Filho de Deus e sua obra redentora, sua atualização na Sagrada Eucaristia e assim por diante.

A ênfase é colocada, acima de tudo, no sentido reparador da vida cristã, que está ligado ao sofrimento de Cristo por nós, ao seu coração ferido por nossos pecados: ao reagir ao seu Amor, a alma procura corresponder à sua entrega, para melhor apreciar o mal de seus próprios pecados e os do mundo, e para se unir, por meio de sua oração e sacrifício, à extensão dos efeitos salvíficos da redenção em todo o mundo.

Outros santos contemporâneos de Santa Margarida Maria enriqueceram e promoveram essa prática e essa doutrina espiritual: acima de tudo, o jesuíta São Cláudio de la Colombière (1641-1682), seu diretor espiritual nos momentos decisivos de recepção da mensagem, e que iniciou o importantíssimo envolvimento da Companhia de Jesus nessa história ao longo dos séculos seguintes; e São João Eudes (1601-1680), fundador, pregador e escritor de grande influência, sobretudo na formação de futuros sacerdotes.

DEUS PAI MISERICORDIOSO

Ao longo do século XIX e das primeiras décadas do século XX, o crescimento da devoção e da teologia do Sagrado Coração foi claramente exponencial: numerosas fundações de famílias religiosas sob a proteção dos Corações de Jesus e Maria; iniciativas de grande difusão, como a revista *O Mensageiro do Coração de Jesus*; a consagração ao Sagrado Coração de famílias, cidades e países (o primeiro cronologicamente foi o Equador, em 1873), a extensão oficial da festa e o culto da Igreja universal (1865), culminando com a consagração do mundo inteiro por Leão XIII em 1899, e as encíclicas *Miserentissimus Redemptor* (1928) de Pio XI e *Haurietis aquas* (1956) de Pio XII, que reuniram numerosas intervenções anteriores do magistério e a reflexão de muitos mestres e teólogos daqueles séculos.

Esse último período coincide com o início da devoção mais particular à misericórdia divina. De fato, a história recente da teologia e da espiritualidade sobre a misericórdia divina tem um claro ponto de origem: Santa Teresa do Menino Jesus. Quanto mais nos aprofundamos na figura e nos escritos da Doutora da Igreja que está mais próxima de nós no tempo, mais claro fica que sua influência na vida espiritual dos cristãos comuns e na mais sólida teologia contemporânea é muito mais ampla e profunda do que se costuma pensar e dizer; e, além disso, em aspectos muito centrais, transcendentes e decididamente práticos ao mesmo tempo.

O ensinamento desta grande santa sobre a misericórdia, com base em seus escritos e experiências pessoais, certamente mereceria um estudo aprofundado; e em particular, a verdadeira virada copernicana em relação às tendências anteriores em grande parte da teologia, da pregação e da piedade, que encontramos em sua maneira de apresentar a figura paterna de Deus, seu Amor por nós, suas manifestações mais misericordiosas e suas consequências decisivas para nossa maneira de tratá-Lo e de nos direcionarmos

125

INTIMIDADE DE AMOR COM DEUS

para a santidade. Sua famosa oração, geralmente conhecida como *Ato de Oferecimento ao Amor Misericordioso*, pode ser considerada a ponta de lança de toda a sua rica doutrina. Recordemos a parte final desta oração:

> A fim de viver num ato de perfeito Amor, ofereço-me como vítima de holocausto ao vosso Amor Misericordioso, pedindo-vos que me consumais sem cessar, e façais irromper em minha alma as torrentes de infinita ternura em que vós se encerram, e assim me torne Mártir de vosso Amor, ó meu Deus!... Que esse martírio, depois de me haver preparado para comparecer diante de vós, me faça enfim morrer, e minha alma se lance sem demora ao eterno abraço de vosso Misericordioso Amor... Quero, Amado meu, a cada batida do coração, renovar-vos este oferecimento um sem-número de vezes, até que, desfeitas as sombras, possa afiançar-vos meu Amor num eterno Face a face!

Para a história que se segue, e também em conexão com a história da devoção ao Sagrado Coração, é importante lembrar que Santa Teresinha foi beatificada em 1923 e canonizada em 1925 por Pio XI. Bento XV, por sua vez, havia canonizado Santa Margarida Maria pouco tempo antes (1920).

O próximo marco nesta história está na Itália, com a freira da Visitação Irmã Benigna Consolata (1885-1916),[1] cujo processo de canonização está em andamento. Ela é a primeira pessoa conhecida a receber revelações expressas do Senhor sobre sua divina misericórdia e a primeira a agir consciente e expressamente como *apóstola* desta devoção.

Como exemplo, o fragmento a seguir de uma das revelações em seus escritos mostra claramente a ligação com a

---

1 Para obter mais informações sobre grande parte da história resumida aqui, consulte Federico M. Requena, *La Misericordia divina en la espiritualidad cristiana de entreguerras. Tres "mensajes" en el camino de Santa Teresa de Lisieux: Benigna Consolata, María Teresa Desandais y Santa Faustina Kowalska*, em *Scripta Theologica* 35 (2003/2), 547-572.

espiritualidade do Sagrado Coração (lembre-se de que essa freira pertencia à mesma ordem de Santa Margarida Maria) e serve como uma ponte para os ensinamentos dos *apóstolos* da misericórdia posteriores.

> Escreve, ó minha Benigna, apóstola da minha misericórdia, que o que mais desejo é que as almas saibam que sou todo Amor, e que a maior ofensa que podem fazer ao meu coração é duvidar de sua bondade. Meu coração não só se alegra, mas também se regozija quando há matéria de sobra para exercer sua reparação, desde que não veja malícia; se você soubesse o que Eu faria em uma alma, mesmo que ela estivesse cheia de misérias, se ela me deixasse trabalhar! O amor não necessita de nada; só deseja não encontrar resistência; e muitas vezes o que eu exijo de uma alma que quero tornar muito santa é que me deixe trabalhar nela. As imperfeições da alma, quando não são consentidas, não me desagradam, mas atraem a compaixão de meu coração. Eu amo tanto as almas! As imperfeições devem servir à alma como degraus para subir até Mim por meio da humildade, da confiança e do amor. Eu me inclino para a alma que está fugindo, Eu a buscarei em seu nada para uni-la a Mim.[2]

Desde Irmã Benigna, e sempre na esteira de Santa Teresa, podemos dizer que duas cadeias diferentes de elos surgiram nesta história: a mais conhecida e mais influente é a "polonesa", que continua com Santa Faustina Kowalska e São João Paulo II; a outra permanece na esfera latina, também com duas figuras principais: A *Sulamitis* e a Beata Esperança de Jesus. Os dois "ramos" são reconhecidamente devedores, insistimos, de Santa Teresa e da Irmã Benigna, mas não estão relacionados entre si, pelo menos em seus primeiros passos, e apresentam algumas diferenças significativas em

---

2   Sor Benigna Consolata Ferrero, *Vademécum propuesto a las almas piadosas y espirituales.*

INTIMIDADE DE AMOR COM DEUS

suas manifestações mais práticas, embora haja quase total coincidência na doutrina básica.

Vamos começar com a linha menos conhecida. *Sulamitis* é o pseudônimo sob o qual outra freira da Ordem da Visitação, neste caso francesa, assinava a maioria de seus escritos publicados: Irmã Maria Teresa Desandais (1873-1946), que também morreu com grande fama de santidade. De qualquer forma, boa parte de seus escritos permanece inédita. Nem ela nem a Irmã Benigna tiveram a popularidade e o eco que Santa Faustina teve.

Irmã Maria Teresa, de fato, recebeu outra série de revelações sobre o Amor Misericordioso e difundiu, sobretudo, uma oração que também leva o título de *Oferecimento ao Amor Misericordioso*, como a de Santa Teresa, embora muito mais curta, ligada a uma representação de Jesus crucificado com o Sagrado Coração visível em seu peito: uma imagem conhecida precisamente como a do *Amor Misericordioso*. A própria religiosa reproduzia essa imagem com frequência em desenhos e pinturas.

O *Oferecimento ao Amor Misericordioso* reza assim: "Pai santo, pelo coração imaculado de Maria, eu vos ofereço a mim mesmo n'Ele, com Ele, por Ele, a todas suas intenções e em nome de todas as criaturas". Irmã Maria Teresa recomendou renovar este ato de oferecimento diariamente, durante a missa, no momento da elevação da sagrada forma.[3]

Ao lado dessa oração, outro texto da *Sulamitis* serve para apresentar o cerne de sua mensagem, sempre dentro do tronco comum da espiritualidade do Sagrado Coração: "O Amor Misericordioso saiu do coração de Deus para formar uma humanidade santíssima, à qual se uniu hipostaticamente para nela se manifestar e se fazer visível ao homem".[4]

---

3   Sobre o profundo conteúdo teológico desta oração, ver o estudo de Fedérico M. Requena, *El Amor Misericordioso en La Vida Sobrenatural, en La Vida Sobrenatural*, n. 591 (1997), pp. 166-182.

4   P. M. Sulamitis, *El Amor Misericordioso*, em *La Vida Sobrenatural* 4 (1922), p. 404.

DEUS PAI MISERICORDIOSO

A *Sulamitis* encontrou, em particular, um colaborador entusiasmado na Espanha, na pessoa do prestigiado teólogo dominicano Juan González Arintero (1860-1928), grande especialista em Teologia Mística, um dos principais protagonistas do chamado "movimento místico" e da controvérsia teológica conhecida como "questão mística", acontecimentos intelectuais decisivos para a história da Teologia Espiritual, que se firmou como disciplina teológica justamente naquelas primeiras décadas do século XX.[5] Seu processo de canonização também está em aberto.

Arintero, entre outras atividades, foi o fundador e diretor da revista *La vida sobrenatural*, com a qual a freira francesa colaborava frequentemente. Mas isso foi apenas parte da intervenção decisiva do teólogo dominicano na disseminação das ideias e práticas ligadas à devoção ao Amor Misericordioso, incluindo a imagem mencionada acima.

O padre Arintero também esteve diretamente ligado ao próximo apóstolo da misericórdia: a beata Esperança de Jesus Alhama (1893-1983), recentemente beatificada em 2014. Madre Esperança fundou, sucessivamente, a *Congregação das Servas do Amor Misericordioso* e os *Filhos do Amor Misericordioso*: estes últimos já na Itália, para onde ela transferiu quase todo o seu trabalho e atividade, depois de sofrer muitos contratempos, que levariam muito tempo para descrever agora.

No final, a Bem-aventurada Esperança conseguiu dar vida a toda essa importante linha devocional em um lugar emblemático: o Santuário do Amor Misericordioso, erigido em Collevalenza (Itália), onde pôde receber, já idosa, o próprio Papa João Paulo II em sua visita de 22 de novembro de 1981, solenidade de Cristo Rei, mal recuperado das consequências do gravíssimo ataque sofrido em 13 de maio daquele ano: na verdade, foi sua primeira saída de Roma

---

5   Sobre este tema, consulte M. Belda-J. Sesé, *La cuestión mística. Estudio histórico-teológico de una controversia*, Pamplona 1989.

INTIMIDADE DE AMOR COM DEUS

depois de ter sido poupado da morte pela mediação de Nossa Senhora de Fátima. Estas são algumas palavras que ele disse naquela ocasião:

> Há um ano, publiquei a encíclica *Dives in misericordia*. Essa circunstância me levou a vir hoje ao Santuário do Amor Misericordioso. Com esta presença, desejo, de alguma forma, ressignificar a mensagem da encíclica. Desejo lê-la de novo e proclamá-la novamente.
>
> Desde o início de meu ministério na Sé de São Pedro em Roma, considerei esta mensagem como minha *tarefa particular*. A Providência designou-a para mim na situação contemporânea do homem, da Igreja e do mundo. Poderíamos até dizer que foi exatamente esta situação que me confiou a tarefa desta mensagem diante de Deus, que é providência, que é um mistério inescrutável, o mistério do amor e da verdade, da verdade e do amor. E minhas experiências pessoais deste ano, ligadas aos acontecimentos de 13 de maio, por sua vez, me obrigam a clamar: *"Misericordiae Domini, quia non sumus consumpti"* (Lm 3,22).
>
> É por isso que rezo aqui hoje, junto com vocês, queridos irmãos e irmãs. Oro para professar que *o amor misericordioso é mais poderoso do que qualquer mal* que se acumule sobre o homem e o mundo. Oro junto com vocês para implorar esse amor misericordioso pelo homem e pelo mundo em nossa época difícil.[6]

Podemos dizer, portanto, que este acontecimento se tornou, de forma providencial, um ponto de encontro das duas tradições espirituais em torno da misericórdia.

Recordemos agora o ramo polonês, o mais popular e decisivo desta história. E quem melhor do que o próprio São João Paulo II para apresentá-lo? Recordemos, sem ir mais longe, um trecho da homilia que ele pronunciou na

---

6   São João Paulo II, *Angelus*, Collevalenza, 22.11.1981

cerimônia de canonização de Santa Faustina Kowalska (1905-1938):

> Hoje minha alegria é realmente grande ao propor a toda a Igreja, como dom de Deus para o nosso tempo, a vida e o testemunho da Irmã Faustina Kowalska. A Divina Providência ligou completamente a vida dessa humilde filha da Polônia à história do século XX, o século que acaba de terminar. De fato, entre a Primeira e a Segunda Guerras Mundiais, Cristo confiou a ela sua mensagem de misericórdia. Aqueles que se lembram, aqueles que testemunharam e participaram dos eventos daqueles anos e do terrível sofrimento que eles causaram a milhões de pessoas, sabem bem como a mensagem de misericórdia era necessária.
>
> Jesus disse à Irmã Faustina: "A humanidade não encontrará paz enquanto não se voltar com confiança para a misericórdia divina" (Diário, p. 132). Por meio do trabalho da religiosa polonesa, essa mensagem ficou para sempre ligada ao século XX, o último do segundo milênio e a ponte para o terceiro. Não é uma mensagem nova, mas pode ser considerada um dom de iluminação especial, que nos ajuda a reviver mais intensamente o Evangelho da Páscoa, para oferecê-lo como um raio de luz aos homens e mulheres de nosso tempo.

Depois de anunciar que o segundo domingo de Páscoa, no qual a cerimônia foi realizada, *"será doravante conhecido em toda a Igreja como 'Domingo da Divina Misericórdia'"* — como o próprio Jesus havia pedido à santa em suas aparições — ele continuou:

> A canonização da Irmã Faustina tem uma eloquência particular: com esse ato, quero transmitir esta mensagem hoje para o novo milênio. Eu a transmito a todas as pessoas para que aprendam a conhecer cada vez melhor a verdadeira face de Deus e a verdadeira face de seus irmãos e irmãs.

INTIMIDADE DE AMOR COM DEUS

O amor a Deus e o amor aos nossos irmãos e irmãs são de fato inseparáveis, como nos lembra a primeira carta do Apóstolo João: "Nisto conhecemos que amamos os filhos de Deus, se amamos a Deus e guardamos os seus mandamentos" (1Jo 5,2). Aqui o apóstolo nos lembra da verdade do amor, salientando que sua medida e seu critério estão na observância dos mandamentos.

De fato, não é fácil amar com um amor profundo que é consagrado por uma autêntica doação de si mesmo. Este amor só pode ser aprendido na escola de Deus, no calor de sua caridade. Fixando o olhar nele, sintonizando-nos com seu coração de Pai, tornamo-nos capazes de olhar para nossos irmãos e irmãs com olhos novos, com uma atitude de gratuidade e comunhão, de generosidade e perdão. *Tudo isso é misericórdia!*

Mais adiante, acrescenta:

A mensagem da misericórdia divina é, implicitamente, também uma *mensagem sobre o valor de cada homem.* Toda pessoa é valiosa aos olhos de Deus, Cristo deu sua vida por todos, e a todos o Pai dá seu Espírito e oferece acesso à sua intimidade. Essa mensagem consoladora é dirigida principalmente àqueles que, afligidos por uma provação particularmente severa ou sobrecarregados pelo peso dos pecados cometidos, perderam a confiança na vida e foram tentados a se desesperar. Quantas almas já foram consoladas pela invocação "Jesus, eu confio em vós", que a Providência sugeriu por meio da Irmã Faustina! Esse simples ato de abandono a Jesus dissipa as nuvens mais espessas e introduz um raio de luz na vida de cada um.

E concluiu com estas palavras:

"*Misericordias Domini in aeternum cantabo*" (Sl 89, 2). À voz de Maria Santíssima, a "Mãe da Misericórdia", à voz dessa nova santa, que na Jerusalém celeste canta a misericórdia

DEUS PAI MISERICORDIOSO

> junto com todos os amigos de Deus, unamos também nós, Igreja peregrina, a nossa voz. E tu, Faustina, dom de Deus ao nosso tempo, dom da terra polaca a toda a Igreja, faze-nos perceber a profundidade da misericórdia divina, ajuda-nos a experimentá-la na nossa vida e a testemunhá-la aos nossos irmãos. Que a tua mensagem de luz e de esperança se espalhe pelo mundo, leve os pecadores à conversão, elimine as rivalidades e o ódio e abra os homens e as nações à prática da fraternidade. Hoje, nós, fixando convosco o olhar no rosto de Cristo ressuscitado, fazemos nossa a tua oração de abandono confiante e dizemos com firme esperança: "Cristo, Jesus, eu confio em vós".[7]

As palavras do Romano Pontífice resumem muito bem o núcleo da mensagem recebida e transmitida por Santa Faustina. Um resumo, aliás, não fácil de fazer, dada a notável extensão e riqueza, e o caráter não sistemático, do *Diário* de Santa Faustina, a principal fonte de tudo o que ela aprendeu do próprio Jesus Cristo, seja por meio de sua vida de oração ordinária ou por meio das numerosas graças místicas extraordinárias que o Senhor lhe concedeu.

O Domingo da Divina Misericórdia, oficialmente instituído por João Paulo II, a conhecida imagem de Jesus com o lado aberto e os raios de luz vermelha e branca saindo dele, a jaculatória "Jesus, eu confio em vós", juntamente com a "hora" e o "terço" da misericórdia, são as encarnações mais conhecidas e práticas de toda uma rica doutrina teológico-espiritual, ainda com muito potencial de reflexão e aplicação.

Com efeito, o próprio São João Paulo II e seus dois sucessores na Sé de Pedro são, no momento, e a meu ver, os que mais se aprofundaram nessa mensagem, que mais a desenvolveram e que melhor a aplicaram à vida da Igreja,

---

7   São João Paulo II, *Homilia na canonização de Santa Faustina Kowalska*, 30 de abril de 2000.

INTIMIDADE DE AMOR COM DEUS

dos cristãos e do mundo de hoje. Algumas dessas ideias estão reunidas abaixo, iluminadas pela rica tradição espiritual fornecida pelos santos de todos os tempos.

Mais especificamente, a conexão pessoal de São João Paulo II com esta história é clara. Como sacerdote e, acima de tudo, como bispo, arcebispo e cardeal em Cracóvia — a cidade onde ele passou o último período de sua vida e onde Santa Faustina morreu — foi providencial que ele não apenas tivesse conhecimento em primeira mão da mensagem da divina misericórdia, mas também contribuísse decisivamente para sua disseminação, bem como promovesse a beatificação e a canonização de seu destinatário, o que ele mesmo realizou mais tarde como sumo pontífice.

Sobre a importância doutrinal dessa mensagem e espiritualidade no magistério do papa polonês, basta recordar a já mencionada encíclica *Dives in misericordia*, por sua vez a principal fonte da bula *Misericordiae vultus* do papa Francisco; mas muito mais pode ser encontrado explicitamente em sua extensa produção oral e escrita; e talvez ainda mais implicitamente: no pano de fundo espiritual de sua própria vida, de seu trabalho pastoral, de seu magistério.

Já mencionamos sua visita ao santuário de Collevalenza. Ele mesmo também promoveu o Santuário da Divina Misericórdia em Cracóvia, que consagrou pessoalmente em 17 de agosto de 2002, em sua última viagem à sua terra natal. Naquela ocasião, ele disse, entre outras coisas:

> Oro para que esta igreja seja sempre um lugar de proclamação da mensagem do amor misericordioso de Deus; um lugar de conversão e penitência; um lugar de celebração da Eucaristia, a fonte da misericórdia; um lugar de oração e de petição assídua da misericórdia para nós e para o mundo [...] Acredito firmemente que neste novo templo as pessoas sempre virão diante de Deus em Espírito e em verdade. Elas virão com a confiança que acompanha aqueles que humildemente abrem seus

corações para a ação misericordiosa de Deus, para o amor que nem mesmo o maior pecado pode derrotar. Aqui, no fogo do amor divino, os corações arderão com o desejo de conversão, e todos os que buscam esperança encontrarão alívio...

Hoje, neste santuário, quero *consagrar solenemente o mundo à misericórdia divina*. Faço isso com o ardente desejo de que a mensagem do amor misericordioso de Deus, proclamada aqui por meio de Santa Faustina, possa *chegar a todos os habitantes da terra* e encher seus corações de esperança. Que essa mensagem se espalhe deste lugar para toda a nossa amada pátria e para o mundo.[8]

Toda esta história culmina, também providencialmente, no trânsito do santo pontífice polaco à "casa do Pai", na véspera — ou seja, já na própria festa — do Domingo da Divina Misericórdia, na noite de 2 de abril de 2005. Além disso, suas últimas palavras, agora conhecidas postumamente, foram aquelas que ele deixou escritas para a alocução na recitação do *Regina cæli* naquele domingo:

Hoje, também, ressoa o alegre Aleluia da Páscoa. A passagem do Evangelho de João que lemos hoje enfatiza que o Senhor ressuscitado apareceu aos Apóstolos na tarde daquele dia e "mostrou-lhes as mãos e o lado" (Jo 20, 20), ou seja, os sinais da dolorosa paixão gravados indelevelmente em seu corpo mesmo depois da Ressurreição. Essas feridas gloriosas, que oito dias depois ele fez com que o incrédulo Tomé tocasse, revelam a misericórdia de Deus, que "amou o mundo de tal maneira que deu o seu Filho único" (Jo 3, 16).

Esse mistério de amor está no centro da Quaresma de hoje, no Domingo *in Albis*, dedicado ao culto da misericórdia divina.

---

8   São João Paulo II, *Homilia na consagração do Santuário da Divina Misericórdia*, Cracóvia, 17 de agosto de 2002.

INTIMIDADE DE AMOR COM DEUS

> À humanidade, que às vezes parece perdida e minada pelo poder do mal, do egoísmo e do medo, o Senhor Ressuscitado oferece como dom o seu amor que perdoa, reconcilia e dá nova esperança. É um amor que converte os corações e dá paz. Como o mundo precisa entender e aceitar a misericórdia divina!
>
> Senhor, que com a vossa morte e ressurreição revelais o amor do Pai, nós cremos em vós e com confiança vos repetimos hoje: Jesus, eu confio em vós, tende piedade de nós e do mundo inteiro!
>
> A solenidade litúrgica da Anunciação, que celebraremos amanhã, nos leva a contemplar com os olhos de Maria o imenso mistério desse amor misericordioso que brota do Coração de Cristo. Com sua ajuda, podemos compreender o verdadeiro significado da alegria pascal, que se baseia nesta certeza: Aquele que a Virgem trouxe em seu ventre, que sofreu e morreu por nós, ressuscitou verdadeiramente. Aleluia![9]

Concluamos com uma pequena reflexão comparativa entre as duas tradições mencionadas. A essência da mensagem e suas aplicações práticas parecem-me claramente convergentes e serão desenvolvidas em grande parte nas seções seguintes. Alguns detalhes formais, por outro lado, são diferentes, embora complementares entre si; vamos destacar os dois mais significativos:

— A tradição "latina" fala de "Amor misericordioso", a polonesa de "divina misericórdia".

— A imagem de Cristo na primeira é a de um crucificado vivo, com os atributos de sua realeza e a referência explícita à Eucaristia; na segunda, Jesus também está vivo, mas já ressuscitado, e os dois raios que saem de seu coração representam também a Cruz e a Eucaristia.

Seja como for, toda esta história recente e os seus protagonistas têm uma enorme força teológica, espiritual e

---

9   São João Paulo II, *Regina cæli*, 3 de abril de 2005.

evangelizadora, da qual extraímos as seguintes reflexões, sempre no contexto da relação filial do cristão com Deus.

A misericórdia como Amor paterno

> Mas Deus, que é rico em misericórdia, pela extrema caridade com que nos amou, estando nós mortos pelos pecados, deu-nos a vida em Cristo — pela graça fostes salvos — e com ele nos ressuscitou e nos fez assentar nos céus em Cristo Jesus, a fim de mostrar nos tempos vindouros a extraordinária riqueza da sua graça, pela sua bondade para conosco, em Cristo Jesus (Ef 2, 4-7).

A misericórdia de Deus, vista do próprio coração de seu amor e bondade, é particularmente poderosa na experiência da filiação divina que contemplamos nos santos e nos ajuda a entender, de maneira muito vívida e pessoal, o que significa a paternidade divina. Poderíamos dizer que esse é um dos "momentos fortes" do relacionamento Pai-filho (outro é a cruz, assunto do próximo capítulo).

Ademais, o próprio ato pelo qual Deus nos torna seus filhos já é um ato de misericórdia, que inclui o perdão do pecado original e suas consequências; até mesmo a própria criação, se tomarmos o sentido mais amplo de filiação, é um ato de misericórdia divina.

Tudo isso foi resumido pelo Papa Francisco em duas expressões gráficas: "A misericórdia é o coração de Deus";[10] e outra tirada de São João Paulo II: 'A misericórdia é o segundo nome do Amor".[11]

Nesse contexto, e na mesma linha de pensamento que orientou nossa reflexão desde o início destas páginas,

---

10 Papa Francisco, *Mensagem para o Dia Mundial da Paz*, 1 de janeiro de 2016. Veja também, por exemplo, sua *Catequese* de 6-IV-2016.

11 Papa Francisco, *Alocução no Angelus*, 6-IX-2015: cf. São João Paulo II, *Dives in misericordia*, n. 7.

o que me parece mais decisivo na experiência dos santos poderia ser expresso da seguinte forma: não é tanto a misericórdia enquanto perdão que contemplam, mas enquanto Amor..., que não pode deixar de incluir o perdão; não é tanto que meu Pai me perdoa, mas me ama..., e é por isso que Ele me perdoa: seu coração está verdadeiramente voltado para mim enquanto filho, para além da realidade concreta de minhas boas ou más ações.

Ousaria dizer que o santo dificilmente olha para o pecado como tal, mas apenas como um contraste que ajuda a avaliar até que ponto Deus o ama pessoalmente, sem condicionar seu amor à resposta fiel ou infiel de seu filho.

Meu Pai me ama... e é por isso que ele me perdoa: seu coração está derramado sobre mim como filho, além da realidade concreta de minhas boas ou más ações. Deus vê uma filha, um filho amado — não um pecador —, ele o ama loucamente, infinitamente, e por isso o perdoa...

A parábola do filho pródigo (Lc 15, 11-32) é, sem dúvida, emblemática neste sentido: O filho mais novo da parábola procura, no máximo, o perdão, mas o que encontra é o amor: o amor paterno que inclui o perdão, mas vai muito além.

O filho não recupera o pai, mas percebe que nunca o perdeu; que ele pode ser um mau filho, mas que o pai nunca poderá deixar de ser um bom pai, porque o ama de verdade, por ser quem ele é, nas profundezas de seu coração, desde o âmago de seu ser. Aplicado a Deus, sem dúvida representado pelo pai da parábola, por ser Ele quem Ele é (Amor) e por ser eu quem eu sou (seu filho).

"Ainda temes uma repreensão, e Ele te devolve a dignidade; temes um castigo, e Ele te dá um beijo; temes uma palavra irada, e Ele te prepara um banquete",[12] diz Santo Ambrósio a cada um de nós, porque cada um de nós é o filho pródigo da parábola. E São Josemaria acrescenta:

---

12   Santo Ambrósio de Milão, *Expositio Evangelii secundum Lucam*, 7: PL 15, 1540.

DEUS PAI MISERICORDIOSO

"Estas são as palavras do livro sagrado: cobriu-o de beijos, devorava-o a beijos. Pode-se falar com mais calor humano? Pode-se descrever de maneira mais gráfica o amor paternal de Deus pelos homens?"[13]

Nas revelações à irmã Benigna Consolata, o próprio Jesus Cristo se coloca no lugar do pai na parábola: "Meu coração amoroso tem tanta fome e sede dos pobres pecadores que, quando uma alma começa a se voltar para Deus, meu coração não consegue mais se conter e vai ao seu encontro".[14]

O problema surge, mais uma vez, quando olhamos muito para as coisas a partir de nós mesmos. Mas, visto desde o ponto de vista de Deus, o problema não existe: "Mais confiança n'Ele. Ele é sempre Pai, mesmo das almas que não O amam e O ofendem".[15]

"Ele é sempre Pai". Essa frase de Santa Genoveva Torres é fundamental. A filiação divina não é um simples auxílio piedoso, um recurso ascético entre outros. É uma realidade inquestionável, que, da parte de Deus, não tem lacunas ou altos e baixos em seu exercício. Quem busca e encontra Deus sempre encontra n'Ele um Pai, porque Ele nunca deixa de ser um Pai e de amá-lo pessoalmente como um filho. E não nos esqueçamos de que somos filhos porque temos um Pai, e não vice-versa. Não limitemos o desejo de Deus de nos amar; não condicionemos nossa condição filial a nós mesmos, quando nem mesmo o próprio Deus a condiciona: Ele é Amor, Ele é Pai, Ele é infinitamente misericordioso, no sentido mais pleno da palavra infinito.

Insisto: o filho pródigo continua sendo filho, mesmo que seja um filho infiel, indigno, deserdado ou até mesmo "desnaturado", se quisermos dizer assim... mas filho; e acima de tudo, o que é mais importante, o Pai continua sendo Pai. Isso

---

13   São Josemaria Escrivá, *É Cristo que passa*, n. 64

14   Sor Benigna Consolata Ferrero, *Vademécum propuesto a las almas piadosas y espirituales.*

15   Beata Genoveva Torres Morales, *Apuntes*, n. 6.

139

INTIMIDADE DE AMOR COM DEUS

é o que vemos com mais força na parábola, e o que é decisivo para que o filho possa encontrar o perdão do Pai; porque ele está até mesmo pronto para renunciar à sua condição de filho a fim de receber esse perdão: mas aquele que nunca renuncia à sua condição de pai é o Pai, é Deus.

Portanto, é a partir da perspectiva do filho pródigo e do Pai misericordioso — e enfatizo sobretudo a do Pai misericordioso — que podemos compreender melhor o que é uma experiência viva em cada um de nós: o que significa o pecado, o que significa a contrição, o que significa que Deus me perdoa, e que Ele realmente me perdoa.

Esse é o contraste que Santo Inácio de Loyola levanta repetidas vezes em seus *Exercícios Espirituais*, e uma das chaves para a eficácia prática desse meio colossal de santificação: "Considere quem é Deus, contra quem pequei, de acordo com seus atributos, comparando-os com seus opostos em mim; sua sabedoria com minha ignorância, sua onipotência com minha fraqueza, sua justiça com minha iniquidade, sua bondade com minha malícia".[16]

Em conexão com as reflexões acima sobre os atributos divinos e sua paternidade, vejamos agora a relação entre sua infinitude e sua misericórdia: Será que realmente percebemos o que significa "misericórdia infinita" e toda a sua transcendência?

Há uma consideração do Papa João Paulo I que me parece lançar alguma luz sobre esse mistério:

> Judas cometeu uma grande loucura no dia em que vendeu Cristo por trinta moedas, mas cometeu uma loucura muito maior quando pensou que seu pecado era grande demais para ser perdoado. Nenhum pecado é grande demais: uma miséria finita, por maior que seja, sempre pode ser coberta por uma misericórdia infinita.[17]

---

16 Santo Inácio de Loyola, *Exercícios Espirituais*, n. 59.

17 João Paulo I, *Ilustríssimos Senhores*.

DEUS PAI MISERICORDIOSO

De fato, para a infinita misericórdia divina, não há pecados grandes demais, nem repetidos demais, nem já "perdoados" demais: o infinito é capaz de cobrir tudo o que é finito, por maior que seja: por definição, por sua própria natureza.

Será que nos damos conta do que o termo *infinito* realmente significa, da riqueza que ele inclui? Ainda mais em contraste com as limitações do amor humano.

Infinito não é muito, nem muitíssimo..., mas outra ordem, outro nível, outra dimensão: é por isso que o perdão divino não se esgota nem diminui em nada, por mais que perdoe, ou por maior que seja o perdão... (Infinito - x = infinito, qualquer que seja x, como ensina a matemática: muito apropriada e oportuna neste caso).

São João Paulo II, retomando o ensinamento de Santa Faustina, disse: "Mesmo que os nossos pecados", dizia Santa Faustina Kowalska, "fossem obscuros como a noite, a misericórdia divina é mais forte do que a nossa miséria. Só é preciso uma coisa: que o pecador feche a porta de seu coração pelo menos um pouco? Deus fará o resto. Tudo começa em sua misericórdia e termina em sua misericórdia".[18] Em consonância com o que dissemos acima sobre o "grande irmão", o mesmo santo pontífice esclarece: "Deus é o grande coração, e não um demiurgo ou um construtor do mundo".[19]

A experiência pessoal da misericórdia divina

É muito importante, portanto, deixar-se deslumbrar e entusiasmar pelas manifestações do amor divino, de Sua misericórdia, como vemos os santos fazerem. Não se trata tanto

---

18 São João Paulo II, *Audiência Geral*, 24 de outubro de 2001.

19 São João Paulo II, *Sinal de Contradição*, p. 29.

INTIMIDADE DE AMOR COM DEUS

de um problema de reflexão teórica sobre o que significa a misericórdia de Deus, mas de experimentá-la de maneira viva; e ela é experimentada quando a alma se abre sem complexos a esta realidade do perdão, que nosso Pai Deus não cessa de oferecer continuamente a qualquer filha ou filho seu. Assim, por exemplo, Santa Teresa de Jesus abriu seu coração e se deixou levar com toda a simplicidade:

> Ó Jesus meu! O que é ver uma alma que chegou aqui e caiu em pecado quando Vós, pela Vossa misericórdia, tornais a lhe dar a mão e a levantais! Como ela reconhece a multidão das Vossas grandezas e misericórdias, e a sua miséria! Aqui ocorre o real desfazer-se, o conhecimento de Vossa magnificência, o erguer os olhos para ver o que Vos é devido, o fazer-se devota da Rainha do Céu para que vos aplaque. Aqui ela invoca os santos que caíram depois de Vós os terdes chamado para que a ajudem; parece-lhe demasiado tudo o que lhes dais, pois ela vê que não merece sequer a terra que pisa. Ela recorre aos sacramentos, à fé viva que lhe advém ao perceber a virtude que Deus infundiu neles; ela vos louva porque deixastes esse remédio e esse unguento para as nossas chagas, não somente curando-as por fora, mas extirpando-as por inteiro. Ela fica espantada com isso. E quem, Senhor de minha alma, não se espantaria com uma misericórdia tão grande e um favor tão imenso diante de traição tão feia e abominável? Nem sei como meu coração não se parte quando escrevo isto! É porque sou ruim![20]

Permita-me aproveitar a oportunidade desta citação para insistir em algo que me parece muito importante e que já apareceu há algumas páginas, mas que a realidade do pecado e da misericórdia só reforça. O que tornou grande Santa Teresa, e qualquer outro santo, é precisamente aquela forma humilde, simples, íntima, amorosa, ardente de tratar o Senhor, reconhecendo-se como pecadores,

---

20 Santa Teresa de Jesus, *Vida*, c. 19, 5.

DEUS PAI MISERICORDIOSO

porque se deixam mover pelo Amor divino; e esta atitude é perfeitamente acessível a qualquer ser humano, porque, para qualquer homem ou mulher, por mais pecador que seja, Deus é esse Pai, esse misericordioso; a Virgem, essa Mãe; os sacramentos, o mesmo; e assim por diante. Não devemos nos deixar abater por acontecimentos específicos na vida de alguns santos, como a "transverberação" da própria Santa Teresa, porque esse acontecimento extraordinário nada mais é do que um sinal — para ela e para nós — do que realmente significa abrir o coração a Deus e deixar-se "ferir" pelo amor.

Santa Teresa não foi santa porque um anjo atravessou uma flecha flamejante em seu coração, mas porque ela permitiu que Deus incendiasse seu coração com o Amor divino (apagando assim seus muitos pecados, que ela tinha, como qualquer santo, como nós): o mesmo Amor que está batendo à porta de cada um de nossos corações. Enquanto o anjo, a flecha e o corpo extático da santa permanecem para nós como um lembrete gráfico do que realmente, mas espiritualmente, deve estar acontecendo nas profundezas de nossa alma.

Se dissemos acima que a humildade é a verdade, quando os santos nos falam de sua condição de santos, eles nos dizem a verdade; mas, mais uma vez, contemplada a partir da verdade divina e, portanto, da misericórdia. Poderíamos dizer que, nos santos, a experiência do pecado tende a ser imediatamente substituída pela experiência da misericórdia; e é por isso que o pecado nunca os oprime, prende-os, condiciona-os, embora eles estejam mais conscientes do que ninguém do mal que cometeram e de sua gravidade.

Ainda no contexto da parábola do filho pródigo e do Pai misericordioso, ouçamos novamente Santa Genoveva Torres em sua oração, deixando-nos levar pelo seu modo de se colocar no mesmo lugar, poderíamos dizer, daquele jovem pecador, com toda a humildade que isso implica:

INTIMIDADE DE AMOR COM DEUS

Eu sou aquela filha má, que pediu a meu Pai celestial o que me pertencia, minha liberdade de sentidos para me encher de paixões e maus hábitos, de pecados. Que coração de Jesus tão cheio de compaixão para comigo! Ele me chamava reiteradas vezes a despeito de minhas ingratidões, e vendo-me envolvida em tantas misérias, eu irei a meu Pai, lhe pedirei perdão e que me admita como o último obreiro de seus interesses, que são as almas.[21]

Que atrevimento e descaro! Eu, pedir ao meu Pai, Deus, que me desse tudo o que me pertencia da herança, para quê? Para me entregar livremente às minhas paixões, seguindo meus desejos à vontade, desperdicei muito tempo e abusei da minha liberdade; me canso da vida ordenada, do recolhimento, de não estar tanto na meditação; do trabalho contínuo; de estar sobre mim para que tudo fosse regulado na presença de Deus. Que pena sinto ao me ver assim! Que horror, que vergonha! Cansar-me de estar na casa de meu Pai! E como me vejo agora? Miserável de mim! E com que dificuldade carrego a vida religiosa em meus ombros!

Quando eu estava à vontade na casa de meu Pai, tudo me era leve. Queria fazer mais, para ajudar os outros. Nada me era suficiente: regras, constituições, obediência, mortificação, vida de união com Deus, prática de virtudes. E, mesmo com uma cruz pesada, eu me sentia leve! Quem me fez trocá-la pela vida de tibieza, temendo por estas verdades ser o pesadelo de meus superiores e ter quase um pé fora da religião? Ao querer viver com mais liberdade aqui, vivo desprezada por minha conduta, sem edificação e com escândalo e cansada de tanta infidelidade. Direi: meu Pai confia em mim. Olhando para o fervor das minhas irmãs religiosas e a paz que gozo, me decidirei a pedir perdão a meu Pai e ser outra vez o melhor de seus filhos.[22]

---

21 Santa Genoveva Torres Morales, *Apuntes*, n. 13.

22 Santa Genoveva Torres Morales, *Apuntes*, n. 17.

DEUS PAI MISERICORDIOSO

"O melhor de seus filhos"... Os santos são assim: eles se sentem os piores de todos..., mas querem ser os melhores. Justamente por serem os mais conscientes de suas misérias, são os mais conscientes do poder da misericórdia de Deus e os mais audaciosos em seu desejo de santidade. Continuamos com os maravilhosos paradoxos do verdadeiro amor e da verdadeira humildade.

Não quero sobrecarregar ninguém, mas acredito que precisamos nos convencer profundamente — tanto teologicamente e, mais ainda, pela vivência — de que os santos realmente tiveram de lutar e precisaram da misericórdia divina tanto quanto qualquer um de nós... É precisamente por isso que eles estão nos altares! Ouçamos agora Santa Teresa dos Andes:

> Ó, Jesus, estou confusa, apavorada! Quisera anular-me em vossa presença. Tantos são os pecados com que vos tenho ofendido. Meu Deus, perdoa-me. Me vejo como um abismo escuro, do qual sai um fedor insuportável. Sim, meu Jesus, como me arrependo de tê-lo ofendido, de ter desfigurado minha alma, de ter desfigurado vossa divina imagem nela! Talvez eu tenha sido, não uma, mas muitas vezes, um objeto de horror aos Vossos olhos. Eu não sou nada, de fato, sou um nada criminoso que se levantou contra meu criador, aquele ser que é a própria sabedoria, o próprio poder e a própria bondade, que não fez nada além de me encher de benefícios e preservar minha vida. Senhor, meu Pai, meu esposo, perdoe minha maldade, minha ingratidão! Senhor, de agora em diante quero ser uma santa.[23]

O "nada criminoso..." mas "quero ser santa": novamente o pêndulo oscila, típico da humildade audaciosa dos santos. A verdadeira humildade não diminui a condição e a audácia do filho, de seu desejo e de sua busca pela santidade, mas

---

23 Santa Teresa dos Andes, *Diário*, n. 29.

INTIMIDADE DE AMOR COM DEUS

a aumenta, porque a capacidade do filho de Deus para a santidade é realmente enorme, até mesmo infinita, pois ele participa do poder infinito do próprio Deus.

A mesma santa escreve a uma amiga sua: "Assim sendo, Isabelita, contempla tua miséria, tuas fraquezas e infidelidades. Em uma palavra, *desconfia* de ti mesma, mas não permaneças no teu nada: eleva-te até o coração divino, atira-te a Ele e seu Amor misericordioso te fortalecerá".[24]

Esta é a verdadeira humildade, e o verdadeiro sentido do pecado: sou um nada criminoso..., mas "não permaneças no teu nada": receba o todo da misericórdia divina, porque está à tua disposição: Tu és filha d'Ele! Tu és (eu sou) filho dele! Escutemos São Josemaria Escrivá:

> Esse desalento, por quê? Pelas tuas miséria? Pelas tuas derrotas, às vezes contínuas? Por uma baixa grande, grande, que não esperavas?
>
> Sê simples. Abre o coração. Olha que ainda nada se perdeu. Ainda podes continuar avante, e com mais amor, com mais carinho, com mais fortaleza.
>
> Refugia-te na filiação divina: Deus é teu Pai amantíssimo. Esta é a tua segurança, o ancoradouro onde lançar a âncora, aconteça o que acontecer na superfície deste mar da vida. E encontrarás alegria, fortaleza, otimismo... vitória![25]

Quanto ao sacramento da penitência, tão decisivo na aplicação da misericórdia divina à alma, e lugar mais decisivo no encontro pessoal de cada filho pródigo com o seu Pai misericordioso, vale a pena reproduzir esta passagem das revelações a Santa Faustina:

---

24 Santa Teresa dos Andes, *Cartas*, n. 109.

25 São Josemaria Escrivá, *Via Sacra*, VIIª estação, n. 2.

> Hoje, o Senhor me disse: Filha, quando te aproximas da santa Confissão, deves saber que sou Eu mesmo quem espera por vós no confessionário; oculto-Me apenas no sacerdote, mas Eu mesmo atuo na alma. Aí, a miséria da alma se encontra com o Deus de Misericórdia. Diga às almas que dessa fonte de misericórdia as graças são colhidas apenas como o vaso da confiança. Se a confiança delas for grande, a Minha generosidade não terá limites. As torrentes da minha graça, inundam as almas humildes. Os orgulhosos sempre estão na pobreza e miséria, porquanto a minha graça afasta-se deles para as almas humildes.[26]

Vemos, então, como a misericórdia aparece, na experiência e no ensinamento dos santos, como a grande prova do Amor paterno divino e também do coração do Filho encarnado, que é sua imagem fiel: a manifestação mais comovente, mais consoladora, mais terna... É, portanto, um aspecto fundamental para uma melhor compreensão de tudo o que foi dito até agora e do que virá a seguir; e, no caso particular dos santos, grande parte de sua compreensão do Amor divino e de sua resposta generosa à graça deriva precisamente de suas experiências pessoais da misericórdia viva e operante de Deus.

A misericórdia "preveniente" de Deus

Vamos dar um passo adiante. Como vimos nas referências à parábola do filho pródigo, a misericórdia divina reforça a convicção de que no amor paternal de Deus há lugar para todos: ninguém perde o afeto paternal, por mais pecador que seja. Pelo contrário: tudo nos convida a pensar em uma "predileção" divina pelo pecador. Tanto é assim que alguns santos, como Santo Agostinho ou Santa Teresa do

---

26 Santa Faustina Kowalska, *Diário*, n. 1602.

INTIMIDADE DE AMOR COM DEUS

Menino Jesus, falam da existência de uma misericórdia "preveniente" de Deus; porque intuem que, mesmo para o cristão que em um dado momento não tem consciência da gravidade dos pecados, não pode deixar de ser verdade que Deus o ama muito porque o perdoa muito (cf. Lc 7, 40-47). Isso também é um fruto da misericórdia divina, do Amor misericordioso de Deus.

Citemos primeiramente as reflexões da Santa de Lisieux, saboreando-as com atenção, pois são imperdíveis:

> Sei também que Jesus me *perdoou muito mais do que Santa Maria Madalena*, pois me perdoou *antecipadamente*, impedindo-me de cair. Como eu gostaria de saber explicar o que penso...! Vou lhe dar um exemplo. Vamos supor que o filho de um médico muito competente encontre uma pedra em seu caminho que o faça cair e que, na queda, ele quebre um membro. Seu pai imediatamente se aproxima, levanta-o com carinho e cura suas feridas, usando todos os recursos de sua ciência; e logo seu filho, completamente curado, demonstra sua gratidão. Sem dúvida, esse filho tem todos os motivos para amar seu pai!

> Mas vou fazer outra suposição. O pai, sabendo que há uma pedra no caminho de seu filho, apressa-se em ir à frente dele e removê-la (sem que ninguém o veja). Certamente o filho, objeto da ternura previdente de seu pai, se NÃO SOUBER do infortúnio do qual seu pai o salvou, não demonstrará sua gratidão e o amará menos do que se ele o tivesse curado... Mas se vier a saber do perigo do qual acaba de ser livrado, não o *amará ainda mais*?

> Pois bem, eu sou essa filha, o objeto do amor preveniente de um Pai que não enviou Sua Palavra para resgatar os justos, mas os pecadores. Ele quer que eu o *ame* porque me *perdoou*, não muito, mas *tudo*. Ele não esperou que eu o *amasse muito*, como Santa Maria Madalena, mas quis que EU SOUBESSE o quanto ele me amava, com

DEUS PAI MISERICORDIOSO

um amor de admirável previsão, para que agora eu o
amasse loucamente...![27]

Haveria muitos detalhes para comentar nesta página
antológica, e não descarto a possibilidade de dedicar-lhe
uma longa reflexão em outra ocasião. Limitar-me-ei agora
a destacar o que mais me surpreendeu desde a primeira vez
que a li: a magistral combinação de humildade e audácia com
que Santa Teresinha consegue apresentar-se, diante de Deus
e diante de nós, como a mais pecadora da história, sendo
uma das que menos pecados cometeu... Alguém consegue
superar isso? Perdão pelo "fanatismo", mas só por essa ge-
nialidade teológica mereceria ser doutora da Igreja..., e por
muitos outros motivos!

Mas passemos a outro doutor e a outro texto, que não está
muito atrás dela; é, além disso, muito anterior no tempo, e
pode até ter inspirado, mais ou menos diretamente, Santa
Teresinha. É assim que Santo Agostinho se expressa em suas
Confissões, com sua habitual clareza e profundidade, e não
menos simplicidade do que a "menina-doutora":

> O que darei em troca ao Senhor para poder recordar
> todas essas coisas sem que minha alma trema por elas?
> Amar-te-ei, Senhor, e dar-te-ei graças, e confessarei teu
> nome, pois me perdoaste tantas e tão nefandas ações.
> Devo à tua graça e misericórdia teres-me dissolvido os
> pecados como gelo, como também todo o mal que não
> pratiquei. De fato, de que pecados não seria capaz, eu
> que amei gratuitamente o erro? Confesso que todos já me
> foram perdoados, tanto os que cometi voluntariamente
> quanto os que abandonei por tua graça.

> Quem dentre os homens, conhecendo sua fraqueza,
> atribui à sua própria força sua castidade e inocência,

---

27 Santa Teresa do Menino Jesus, *Manuscritos autobiográficos*, Ms. A, 38v-39r. As
letras em itálico e maiúsculas são sempre originais da santa: é um de seus
recursos literários usuais.

INTIMIDADE DE AMOR COM DEUS

> para assim amá-Lo menos, como se necessitasse menos de tua misericórdia, por meio da qual perdoais os pecados daqueles que se convertem a ti? Que aquele, pois, que, chamado por ti, seguiu tua voz e evitou todas essas coisas que lê de mim, e que eu recordo e confesso, não se ria de mim por ter sido curado estando enfermo pelo mesmo médico que o preservou de adoecer, ou melhor, que adoecesse tanto. Antes, esse deve amar-te tanto e ainda mais do que eu, porque o mesmo que me curou de tantas e tão graves enfermidades, esse mesmo o livrou de cair no pecado.[28]

Combinando o ensinamento dos dois doutores, fica claro para nós o que devemos à misericórdia divina: tudo! Se pecamos muito, por que Ele nos perdoou tanto? Não, é porque Ele nos perdoou tudo; se pecamos menos, é porque Ele também nos perdoou tudo; e se pecamos nada... Somos todos pecadores!... Exceto Maria Santíssima, e sabemos que ela é imaculada pelo privilégio singular da misericórdia de Deus, na expectativa dos méritos de seu Filho: isto é, sempre pelo inefável e infinito Amor divino misericordioso.

E se Deus responde amorosamente aos nossos pecados, o que não fará com as nossas boas ações! Apoiando-se novamente na parábola do filho pródigo, São Josemaria Escrivá explica muito bem:

> Assim atua o nosso Deus. Quando aquele filho regressa depois de ter gastado o seu dinheiro vivendo mal e, sobretudo, depois de se ter esquecido de seu pai, é o pai quem diz: "Depressa! Trazei a melhor túnica e revesti-o com ela, ponde-lhe um anel no dedo e sandálias nos pés. Trazei o novilho cevado e matai-o; comamos e celebremos" (Lc 15, 22). Nosso Pai-Deus, quando acudimos a Ele com arrependimento, da nossa miséria tira riqueza; da nossa debilidade, fortaleza. O que não nos há de preparar

---

28   Santo Agostinho de Hipona, *Confissões*, II, c. 7.

então, se não o abandonamos, se frequentamos a sua companhia todos os dias, se lhe dirigimos palavras de carinho confirmadas com as nossas ações, se lhe pedimos tudo, confiados na sua onipotência e na sua misericórdia? Se prepara uma festa para o filho que o traiu, só por tê-lo recuperado, o que não nos outorgará a nós, se sempre procuramos ficar a seu lado?[29]

A misericórdia encarnada

Como já dissemos, a história recente da espiritualidade em torno da misericórdia divina está intimamente ligada ao desenvolvimento moderno da devoção ao Sagrado Coração de Jesus. Já falamos do "Coração de Deus", uma expressão metafórica se pensarmos na natureza divina, comum às três pessoas, mas totalmente apropriada se a aplicarmos a Jesus, o Verbo encarnado: verdadeiro Deus e verdadeiro homem.

O coração, de fato, é, antes de tudo, aquele órgão físico do ser humano tão importante para a vida; mas o termo sempre foi aplicado também, e assim o fez a própria Escritura, a tradição espiritual e a teologia, a uma realidade mais profunda do ser humano, como centro de seus afetos e emoções e, sobretudo, do amor; uma realidade que não exclui a física, porque também o coração físico reage habitualmente aos sentimentos mais profundos do homem.

A palavra coração serve, portanto, para designar a parte mais íntima do ser humano e, ao mesmo tempo, a mais profunda e abrangente. A palavra coração nos fala, acima de tudo, de amor: não um amor qualquer, mas um amor contemplado a partir dessas características: íntimo, profundo e abrangente; o amor como dom total da pessoa, como união plena com o ser amado, como transformação do próprio ser, como constituindo o que a pessoa tem de mais valioso.

---

29   São Josemaria Escrivá, *Amigos de Deus*, n. 309.

Mas também estamos nos aproximando de algo mais profundo, mais importante e mais misterioso: a própria realidade de Sua encarnação, da união em Sua pessoa do humano e do divino; mais ainda, também estamos nos aproximando da realidade da redenção.

Com efeito, falar do coração de Cristo é falar de Seu amor humano, de Seus sentimentos humanos, especialmente por cada um de nós, aqueles que Ele veio salvar, por quem deu sua vida. Em outras palavras, é falar de Sua "misericórdia" no sentido mais literal e direto: um coração (*Cor*) que tem compaixão pelos mais "miseráveis", por toda a miséria humana e, acima de tudo, pelo pecado, a maior das misérias.

Toda a tradição espiritual em torno do Sagrado Coração e da misericórdia divina também contempla, como já apontamos, o amor de Jesus Cristo do alto da cruz. É assim que, por exemplo, a Bem-aventurada Esperança de Jesus resume:

> Basta um olhar para a cruz e então compreenderás a linguagem com que Jesus nos fala, porque é a linguagem do amor, é aquela linguagem que todos nós entendemos imediatamente. Sua cabeça está inclinada para o beijo, seu coração aberto em sinal de amor, suas mãos estendidas para nos abraçar e todo o seu corpo entregue para nos redimir.[30]

Mas não podemos esquecer o ponto de partida: é o coração de uma pessoa divina: Jesus é o Filho de Deus, com a verdadeira natureza divina inseparavelmente unida à sua natureza humana, e inseparavelmente unida ao Pai e ao Espírito Santo. Portanto, podemos dizer — transferindo aqui ideias já apresentadas no terceiro capítulo, que o Coração de Jesus é o coração de Deus: que o seu Amor é o Amor de Deus; que seus sentimentos são sentimentos de Deus; que a intimidade que se derrama nesse amor por nós

---

30   Beata Esperança de Jesus, *La Pasión*, n. 375.

é a intimidade de Deus; que a totalidade que se dá nesse amor é a totalidade de Deus. Porque quem ama é a pessoa: e a pessoa é única e divina, com um Amor que é tanto humano quanto divino, manifestado harmoniosamente com ambas as naturezas. A misericórdia do Coração de Jesus é a misericórdia das três pessoas divinas.

De fato, o próprio Jesus Cristo nos diz: "Quem me vê, vê o Pai" (Jo 14, 9), "Eu e o Pai somos um" (Jo 10, 30), "Como o Pai me amou, assim Eu vos amei" (Jo 15, 9), e outras expressões semelhantes, que nós, na linguagem do coração e do amor, podemos traduzir perfeitamente como: meu Amor é o Amor do Pai, meu coração é o coração do Pai, minha misericórdia é a misericórdia do Pai.

E um raciocínio paralelo pode ser feito com relação à terceira pessoa da Santíssima Trindade, pois Jesus Cristo também nos diz não só que o Espírito Santo procede do Pai e de Si mesmo (cf. Jo 15, 26), mas que toda a Sua ação está em conformidade com a das outras pessoas divinas; além disso, como explica a tradição teológica, o Espírito Santo é o Amor do Pai e do Filho, e como o Filho se encarnou e ama com um coração humano, esse Seu Amor, que é o Espírito Santo, também está presente em Seu coração, chega até nós por meio do Coração de Jesus.

A misericórdia de Deus, portanto, é totalmente divina (infinita, eterna) e totalmente humana: próxima e compreensível, familiar para nós.

Santa Faustina escreve:

> Jesus, meu Amor, hoje me fez entender o quanto Ele me ama, embora haja um abismo tão grande entre nós: o Criador e a criatura, e, no entanto, de certa forma, é como se houvesse igualdade; o amor compensa o abismo. Ele mesmo desce até mim e me torna apta a lidar familiarmente com Ele.[31]

---

31 Santa Faustina Kowalska, Diário, 12-xii-1936.

INTIMIDADE DE AMOR COM DEUS

E, de maneira muito paralela, a irmã Maria Teresa Desandais também diz: "Entre Deus e o homem culpado há um imenso abismo. E somente o Amor misericordioso poderia transpor esse abismo";[32] e acrescenta em outro lugar: "Assim que olhamos para a vida de Jesus em seu Evangelho, que é a expressão da verdade, devemos reconhecer que essa Palavra, esse Verbo, essa expressão viva do Deus-Amor, não é outra coisa senão Amor, é apenas a manifestação real na humanidade de Jesus, do Amor infinito e misericordioso do coração de Deus".[33]

Desta forma, quando Jesus nos perdoa, mas também quando nos consola, sorri para nós, olha-nos com afeto, fala-nos com doçura, acaricia-nos com ternura, beija-nos — como faz com as crianças do evangelho; como faz continuamente na Eucaristia, na oração etc. — é Deus, Pai, Filho e Espírito Santo, que nos perdoa, nos consola, nos sorri, nos olha, nos fala, nos acaricia, nos beija... Ele nos ama: aquele que derrama seu coração divino e humano (humano em Cristo; divino em todos os três) em cada um de nós; embora fisicamente apenas Jesus tenha mãos para acariciar, uma boca para beijar e um coração que bate com emoção...

Além disso, toda a tradição espiritual — rica já desde o século XIII, e ainda mais desde o século XVII no que diz respeito mais diretamente ao Coração de Jesus — relaciona esse coração, como já dissemos, não só ao mistério da encarnação, mas também e principalmente ao mistério da redenção, inseparável, aliás, da encarnação.

De fato, o coração de Jesus Cristo que a tradição espiritual-teológica nos mostra é um coração ferido, perfurado, coroado de espinhos, que derramou sua última gota de sangue por nós, na paixão e na Cruz.

---

32 P. M. Sulamitis, *El Amor Misericordioso*, em *La Vida Sobrenatural* 4 (1922), p. 404.

33 P. M. Sulamitis, *El Amor Misericordioso y la vida cristiana*, Vitoria, 1947, p. 11.

DEUS PAI MISERICORDIOSO

Isso reflete a extensão do amor de Deus por nós: "Ninguém tem maior amor do que aquele que dá a vida pelos seus amigos" (Jo 15, 13): ninguém tem maior compaixão, maior misericórdia? A totalidade e o brilho dessa entrega de sua vida por nós — os miseráveis, mas também seus amigos —, refletem-se no fato de que seu coração é perfurado no final de sua Paixão: como um sinal desse Amor que se entrega em perfeito holocausto.

Assim se estabelece —p or Jesus — uma correspondência perfeita e total entre o modo de dar a vida e o modo de amar: Deus nos ama divina e humanamente, espiritual e fisicamente, e demonstra isso sofrendo Jesus na sua carne e na sua alma: ambos os sofrimentos são de fato refletidos no coração, tomado no sentido rico e amplo que mencionamos no início. A misericórdia divina inclui, portanto, uma "compaixão" plena que também é humana, de um coração de carne, de uma alma humana.

Sofrer no coração resume todos os aspectos do sofrimento de Jesus, assim como resume todos os aspectos, a riqueza infinita de seu Amor: o coração de Cristo sofreu enormemente na paixão por causa do dano físico a todo o seu corpo, o derramamento contínuo de sangue, o peso da cruz, o peso de seu próprio corpo pregado naquela cruz, a exaustão geral e assim por diante. Mas Ele também sofreu e, em certo sentido, muito mais, pelos insultos e calúnias, pela traição, pelo abandono, pela dor de Sua Mãe e de Seus entes queridos... e, por trás de tudo isso, por nossos pecados, todos eles presentes em Sua mente e em Seu coração naqueles momentos.

Em particular, ao contemplar o mistério da cruz, os santos frequentemente contemplam não apenas a comovente entrega de Jesus por meus pecados, mas também a generosidade do Pai que dá seu Filho e que recebe a entrega de seu Filho. De fato, com relativa frequência, na oração dos santos, a consideração da misericórdia do Pai e a de Jesus Cristo se

INTIMIDADE DE AMOR COM DEUS

misturam até parecerem confusas, e essa é uma das ocasiões em que também tratam Jesus como Pai. Esse é o caso, por exemplo, desta oração de São Gregório Nazianzeno:

> Tem compaixão de mim, ó Salvador. Não permitas que meus pecados me façam perecer. Sou Teu filho e filho de Tua escrava e, além disso, por minha causa, ó Verbo, Te submeteste à morte. Não permitas que seja eu objeto de alegria para o maligno, ensina-me com Tua vara, ainda que a empregues com amorosa bondade. Aceita, ó Verbo, como embaixadoras a Tua Mãe e a todos aqueles a quem tens dado a graça de desatar os laços do pecado.[34]

Ou neste outro de Santo Afonso Maria de Ligório:

> Vós mesmo, Jesus meu, que sois o ofendido por mim, Vos fazeis meu intercessor: "E Ele é propiciação pelos nossos pecados" (1Jo 2, 2). Não quero, pois, fazer-Vos este novo agravo de desconfiar de Vossa misericórdia. Arrependo-me com toda a alma de Vos ter desprezado, ó sumo bem! Dignai-Vos receber-me em Vossa graça por aquele sangue derramado por mim. Pai..., não sou já digno de chamar-me teu filho (Lc 15, 21). Não, Redentor e Pai meu, não sou digno de ser Vosso filho, por haver tantas vezes renunciado ao Vosso amor; mas Vós me fazeis digno com Vossos merecimentos. Obrigado. Pai meu, obrigado; eu Vos amo.[35]

É conveniente reter esta perspectiva misericordiosa da cruz, para o que diremos mais tarde deste mistério na sua relação com o Amor paterno de Deus. O contraste sobre o qual Santo Inácio de Loyola nos convida a meditar constantemente nos seus *Exercícios*, aos quais já nos referimos acima, é contundente também aqui:

---

34 São Gregório de Nazianzo, *A Paixão de Cristo*, Conclusão: súplica final.

35 Santo Afonso de Ligório, *Novenas de Natal*, primeira novena, med. 7.

DEUS PAI MISERICORDIOSO

> Imaginando Cristo, nosso Senhor diante de mim, na cruz, fazer um colóquio: como, de Criador, se fez homem e como, da vida eterna, chegou à morte temporal e assim morreu por meus pecados. Igualmente, olhando para mim mesmo, perguntar o que tenho feito por Cristo, e assim, vendo-o neste estado, suspenso na Cruz, refletir naquilo que me ocorrer.[36]

Reencontramos assim, ademais, sob uma nova perspectiva, a estreita relação entre o Amor paterno de Deus e a doação redentora de seu Filho, que é apenas um reflexo do que o Filho recebe do Pai no seio da Trindade: toda a sua realidade divina e, portanto, todo o seu infinito Amor misericordioso; o mesmo Amor com o qual o Pai, o Filho e o Espírito Santo nos amam e nos perdoam.

De fato, toda a história da salvação, todas as circunstâncias da vida humana, podem ser consideradas à luz da misericórdia divina, como faz detalhadamente Santa Catarina de Sena em sua oração a Deus Pai: uma oração cheia de piedade e força teológica ao mesmo tempo, de intimidade filial e "desavergonhada":

> Ó misericórdia eterna, que ocultas os defeitos de tuas criaturas! Não me maravilho que digas aos que se afastam do pecado e voltam a Ti: "Nenhum dos crimes que praticou será lembrado" (Ez 18, 21-22). Ó misericórdia inefável! Não me maravilho que digas isto aos que saem do pecado, quando dizes dos que te perseguem: "Quero que oreis por eles, para que eu lhes conceda misericórdia". Ó misericórdia, que procede de tua divindade, Pai eterno, e que governa com teu poder o mundo inteiro! Em tua misericórdia fomos criados, em tua misericórdia fomos criados de novo pelo sangue de teu Filho; tua misericórdia nos conserva; tua misericórdia fez que teu Filho usasse seus braços no madeiro da Cruz para a luta da morte com a vida e da vida com a morte [...]

---

36   Santo Inácio de Loyola, *Exercícios Espirituais*, n. 53.

INTIMIDADE DE AMOR COM DEUS

Tua misericórdia dá vida, dá luz para conhecermos tua clemência para com toda criatura: com os justos e com os pecadores. Nas alturas do céu brilha tua misericórdia, isto é, em teus santos. Se fixo meu olhar na terra, a vejo transbordar de tua misericórdia. Nas trevas do inferno brilha tua misericórdia ao não impor aos condenados tantas penas quanto merecem. Com tua misericórdia mitigas a justiça; por ela nos purificaste no sangue; por misericórdia quisestes tratar com as criaturas. Ó louco de amor! Não te contentaste em tomar a carne humana, que até quisestes morrer? Não foi suficiente a morte, que até desceste ao inferno, libertando os santos padres para cumprir a verdade e a misericórdia com eles? [...]

Vejo que tua misericórdia te obriga a dar ainda mais ao homem, ou seja, permanecendo como alimento, para que nós, fracos, tivéssemos sustento, e para que os ignorantes, esquecidos, não perdessem a lembrança de teus benefícios. Por isso, o dás ao homem todos os dias, fazendo-te presente no sacramento do altar, dentro do corpo místico da santa Igreja. Quem foi a causa disso? Tua misericórdia.

Ó misericórdia! O coração se sufoca pensando em ti, pois onde quer que tente fixar meu pensamento não encontro mais que misericórdia. Ó Pai eterno, perdoa minha ignorância, mas o amor à tua misericórdia me desculpa diante de tua benevolência.[37]

Não há limites para a misericórdia divina! Nem de lugar, nem de tempo, nem de pessoas, nem de quantidade, gravidade e repetição de pecados. É assim que São Bernardo conclui uma longa reflexão sobre o assunto, no final de seu denso e meticuloso comentário sobre o Cântico dos Cânticos; uma reflexão que vale a pena revisar cuidadosamente, mesmo que ofereçamos aqui apenas seus parágrafos finais:

---

37   Santa Catarina de Sena, *O Diálogo*, n. 30.

Mostramos que toda alma, ainda que carregada de pecados, presa nas redes dos vícios, perseguida pela sedução, cativa no exílio, aprisionada no corpo, atolada na lama, afundada no lodo, presa nos membros, amarrada nos cuidados, dispersa pelo trabalho, oprimida pelos temores, afligida pela tristeza, errante após o erro, inquieta pela angústia, desanimada pelas suspeitas e estrangeira em uma terra hostil; e, como diz o profeta, poluída com os mortos, avaliada entre aqueles que jazem no inferno; essa alma, repito, poderá voltar-se sobre si mesma, apesar de estar tão condenada e desesperada, e não só será aliviada com a esperança do perdão e da misericórdia, mas também poderá aspirar pacificamente às bodas do Verbo.

Não terá medo de entrar numa aliança de comunhão com Deus, não sentirá vergonha alguma em carregar o jugo do amor junto com o rei dos anjos. Por que ela não deveria aspirar com confiança diante d'Ele, se ela se vê embelezada à Sua imagem e luminosa à Sua semelhança? Tudo o que precisa fazer é tentar preservar a nobreza de sua condição com honestidade de vida e, mais ainda, deve se esforçar para embelezar e ataviar a formosura celestial que lhe foi impressa por suas origens com o digno adorno de seus costumes e afetos.

Por que há de permanecer ocioso esse esforço? Esse é um grande dom dado a nós pela natureza, e se tal dom não cumprir com sua missão, todos os outros dons que a natureza nos concedeu não serão desfigurados e não ficarão todos cobertos de ferrugem velha? Isso seria um insulto ao seu Autor. Precisamente por isso, Deus quis conservar para sempre na alma o sinal da generosidade divina, e que ela conservasse sempre em si algo que a estimulasse a permanecer com o Verbo, ou a voltar a Ele, caso tenha se separado. Afastado não como se ela marchasse para outro lugar, ou caminhasse sobre seus pés, mas afastado — como é próprio da substância espiritual se mover — com seus afetos e também com seus defeitos. Em certo sentido, ela se afasta de si mesma em direção ao pior, quando se instala em sua própria dessemelhança por seus próprios vícios que a degeneram.

INTIMIDADE DE AMOR COM DEUS

> Essa dessemelhança não é uma extinção da natureza, mas um vício que, quanto mais realça por contraste o próprio bem de sua natureza, mais o desfigura ao misturar-se com ela. Ora, o retorno da alma é sua conversão ao Verbo, para ser reformada por Ele e conformada a Ele. Como? No amor. Escutai-o: "Sede, pois, imitadores de Deus, como filhos muito amados. Andai no amor, como também Cristo nos amou" (Ef, 5, 1).[38]

Portanto, mesmo para o pecador mais terrível e teimoso, que demonstra o mínimo de arrependimento, o Senhor não só está pronto para reabrir as portas da reconciliação, mas lhe oferece a mais elevada santidade. Se não fosse assim, uma multidão de santos que todos nós conhecemos "cairia" dos altares; e alguns de nós já teriam há muito tempo perdido a esperança de ser santos. Mas esses santos estão muito bem colocados nos altares, e todos nós continuamos com a esperança (grande desejo e enorme confiança) de sermos santos do altar, apesar dos pesares... Sobre os quais sempre brilha e sempre brilhará a misericórdia divina.

O verdadeiro arrependimento filial

A essa atitude paterno-materna que Deus nos mostra em sua misericórdia — carinhosa, íntima, afetuosa, amorosa, doadora — deve responder uma verdadeira atitude filial, para que o perdão de Deus possa ser derramado na alma com toda a sua força e eficácia, e com toda a sua "paternidade". Mais uma vez, o ensinamento vívido e gráfico da mais jovem Doutora da Igreja pode nos ajudar a entender — e a praticar — isso:

---

38 São Bernardo de Claraval, *Sermões sobre o Cântico dos Cânticos*, 83, 1-2.

DEUS PAI MISERICORDIOSO

Asseguro-te que o Bom Deus é muito melhor do que imagino. Contenta-se com um olhar, com um suspiro de amor... Quanto a mim, acho a perfeição bem fácil de praticar, porque compreendi que não há nada a fazer senão *pegar Jesus pelo Coração*... Vê uma criancinha que acaba de aborrecer sua mãe, zangando-se ou desobedecendo-lhe. Esconde-se num canto com um ar amuado e grita com medo de ser punida. Sua mãe, certamente, não lhe perdoará a falta. Mas, se lhe estende os bracinhos, sorrindo e dizendo: "Dá-me um beijo, *não farei de novo*", poderá sua mãe deixar de apertá-la ternamente contra o peito e esquecer suas traquinagens? No entanto, ela sabe muito bem que seu queridinho *fará tudo de novo* na próxima ocasião. Mas isso não tem importância; se novamente ganhá-la pelo coração jamais será punido...[39]

Estas palavras de Santa Teresa mostram-nos também como, na relação entre o filho pecador e arrependido e o seu Pai misericordioso, se exprimem com particular força os traços de intimidade, confiança, simplicidade, humildade, abandono etc., próprios da filiação divina, que tivemos ocasião de detalhar e comentar no capítulo anterior. Além disso, sem esse "tom" íntimo, sem esse "estilo" verdadeiramente filial e amoroso, parece bastante difícil compreender toda a grandeza da misericórdia divina e poder desfrutar plenamente de todas as suas riquezas.

É o que a própria santa parece salientar, em um texto bastante paralelo ao anterior, mas que inclui novos elementos muito importantes. Além disso, se o anterior era "materno", este é "paterno"; antes ela se dirigia à sua irmã Leônia, agora se dirige a um sacerdote:

Gostaria de tentar fazer-vos compreender, com uma comparação muito simples, como Jesus ama as almas que

---

39 Santa Teresa do Menino Jesus, Cartas, n. 191, 12 de julho de 1896, para Leônia. Os destaques em itálico são sempre da própria santa, que usa com frequência e intencionalmente esse recurso gráfico.

> Nele confiam, mesmo quando são imperfeitas. Suponha que um pai tem dois filhos travessos e desobedientes, e que, quando vai puni-los, vê que um deles começa a tremer e foge dele aterrorizado, carregando no coração o sentimento de que merece ser punido; e que seu irmão, ao contrário, se joga nos braços do pai dizendo que sente muito por tê-lo aborrecido, que o ama e que, para provar lhe isso, será bom no futuro; se, além disso, este filho pede ao pai que o *castigue* com um *beijo*, não acredito que o coração desse pai afortunado possa resistir à confiança filial de seu filho, cuja sinceridade e amor ele conhece. No entanto, ele não ignora que seu filho cairá mais de uma vez nas mesmas faltas, mas está pronto para perdoá-lo sempre que seu filho o reconquistar repetidas vezes pelo coração...
>
> Sobre o primeiro filho, querido irmãozinho, nada vos digo. Vós mesmo compreendereis se o pai dele poderá amá-lo tanto e tratá-lo com a mesma indulgência que ao outro...[40]

Não nos esqueçamos de que outro filho também aparece na parábola do filho pródigo, cujo comportamento parece diferente do "primeiro filho", mas que, de fato, tem um fundo comum: o orgulho. Na parábola, o orgulho se traduz, acima de tudo, em inveja; no exemplo dado por Santa Teresinha, manifesta-se no medo e no desespero. Por outro lado, por trás da atitude do filho pródigo na parábola e do filho atrevidamente carinhoso da comparação teresiana, está a humildade.

Devemos saber adotar, portanto, a verdadeira atitude do verdadeiro filho, e nosso Pai não nos falhará. Devemos aplicar aqui toda aquela forma de tratar Deus intimamente que detalhamos no capítulo anterior; como nos ensina São Josemaria Escrivá:

---

40 Santa Teresa do Menino Jesus, *Cartas*, n. 258, 18 de julho de 1897, ao Padre Bellière.

Todos os homens são filhos de Deus. Mas um filho pode reagir de muitas maneiras diante de seu pai. Temos de nos esforçar por ser dos que procuram perceber que, ao querer-nos como filhos, o Senhor fez com que vivêssemos em sua casa no meio deste mundo, que fôssemos da sua família, que as suas coisas fossem nossas e as nossas suas, que tivéssemos essa familiaridade e confiança com Ele que nos faz pedir, como uma criança, a própria lua!

Um filho de Deus trata o Senhor como Pai. Não como quem presta um obséquio servil, nem com uma reverência protocolar, de mera cortesia, mas com plena sinceridade e confiança. Deus não se escandaliza dos homens. Deus não se cansa com as nossas infidelidades. Nosso Pai do Céu perdoa qualquer ofensa quando o filho volta de novo para Ele, quando se arrepende e pede perdão. Nosso Senhor é de tal modo Pai, que prevê os nossos desejos de sermos perdoados e a eles se antecipa, abrindo-nos os braços com a sua graça.

[...] A vida humana é um constante retorno à casa do nosso Pai. Retorno mediante a contrição, mediante a conversão do coração, que se traduz no desejo de mudar, na decisão firme de melhorar de vida, e que, portanto, se manifesta em obras de sacrifício e de doação. Retorno à casa do Pai por meio desse sacramento do perdão em que, ao confessarmos os nossos pecados, nos revestimos de Cristo e nos tornamos assim seus irmãos, membros da família de Deus.

Deus espera-nos como o pai da parábola, de braços estendidos, ainda que não o mereçamos. O que menos importa é a nossa dívida. Como no caso do filho pródigo, basta simplesmente abrirmos o coração, termos saudades do lar paterno, maravilhar-nos e alegrar-nos perante o dom divino de nos podermos chamar e ser verdadeiramente filhos de Deus, apesar de tanta falta de correspondência da nossa parte.[41]

---

41   São Josemaria Escrivá, *É Cristo que passa*, n. 64.

INTIMIDADE DE AMOR COM DEUS

Chegamos assim à conclusão de que as chaves da verdadeira contrição são as do verdadeiro tratamento filial: o amor, a confiança, a humildade, a ousadia... Atitudes diante das quais o coração infinitamente amoroso do Pai, do Filho e do Espírito Santo não pode senão render-se uma e mil vezes: sempre.

A filiação divina eleva-me a alturas insuspeitadas de intimidade com Deus e de divinização, sim; mas porque Deus se torna meu, não porque eu deixe de ser criatura, pecador ou miserável: só Ele pode transformar o meu pecado em santidade. Além disso, quanto mais íntima é esta união com a Trindade, mais a alma santa sente simultaneamente o abismo que a separa de Deus, e mais valoriza o seu Amor e a sua misericórdia; começando assim mais um ciclo de enamoramento e resposta de amor, naquela espiral emocionante que leva à santidade.

Voltando a Santa Teresinha, sua doutrina se torna ainda mais significativa e "revolucionária" se a compararmos com o contexto espiritual em que ela se formou, ainda muito influenciado pelo jansenismo, apesar dos notáveis esforços de alguns santos e mestres do século anterior, como São Afonso Maria de Ligório, ou de seu mesmo século, como São João Bosco. Isto é, por exemplo, o que registra em suas anotações uma Teresinha ainda muito menina, assistindo a um retiro espiritual:

> Aquilo que o Senhor Padre nos disse era muito aterrador; falou-nos do pecado mortal, descreveu-nos o estado da alma em pecado mortal e quanto Deus a odeia (sic); comparou-a a uma pombinha imersa no lodo e que já não pode voar por causa disso; nós somos a mesma coisa quando estamos em estado de pecado mortal e já não podemos elevar nossa alma a Deus.[42]

---

42 Santa Teresa do Menino Jesus, *Notas de um retiro*, 17-20 de maio de 1885, 2ª instrução.

164

DEUS PAI MISERICORDIOSO

Deus odeia o pecador? Além de ser radicalmente falso (provavelmente o bom padre quis enfatizar o mal do pecado, e se deixou levar por aquele estilo de pregação da época), como pode pregar assim para as meninas? Como precisamente Santa Teresinha mudou, alguns anos depois, aquela visão tão pouco amorosa, paternal e misericordiosa de Deus! Como ela inverteu, em particular, aquela imagem do pássaro enlameado, no final do seu *Manuscrito B*!... Mas, paradoxalmente novamente, tornando ainda mais clara a maldade do pecado..., porque deixa muito clara a misericórdia de Deus e a grandeza de ser seu filho. A conclusão da santa doutora — depois daqueles parágrafos finais do Manuscrito B, que não reproduzo aqui para não me estender, mas que recomendo ao leitor meditar profundamente — é muito consoladora e, ao mesmo tempo, comprometedora para cada um de nós:

> Sinto que se, por um absurdo, encontrasses uma alma mais fraca, mais pequenina do que a minha, ficarias feliz por cumulá-la de favores ainda maiores, desde que ela se abandonasse com inteira confiança à Tua infinita Misericórdia.[43]

---

43   Santa Teresa do Menino Jesus, *Manuscritos autobiográficos*, Ms. B, 5 v.

CAPÍTULO 5

O ENCONTRO COM O AMOR
DE DEUS NA CRUZ

A bondade de nosso Deus Pai

A consciência da Paternidade de Deus significa, como já enfatizamos, a consciência de um Amor pessoal do Pai, em Cristo e por meio do Espírito Santo, por cada um de seus filhos e filhas de uma maneira única. Isso significa, entre outras coisas — e isso é sentido e expresso com particular vivacidade pelos santos —, um Amor divino que é vivo, presente e ativo, contínuo e intenso, e ao mesmo tempo concreto, cheio de cuidados muito pessoais de Deus em relação a cada filho individualmente, no qual a infinita capacidade de amar de Deus se adapta à condição e às necessidades de cada um. E quanto maior for a correspondência da alma santa, mais Deus se encarrega, por assim dizer, de surpreendê-la com sutilezas e delicadezas de amor, como o melhor dos pais e a melhor das mães.

Tudo isso dá ao santo uma compreensão particularmente rica da bondade de Deus, que, longe de ser uma simples afirmação teórica, o santo a vê manifestada dia a dia em sua própria vida, a ponto de tocá-lo profundamente. Entramos, assim, em uma das questões mais delicadas que a consciência do homem levanta quando lhe é apresentada a figura paterna de Deus: o problema do mal. Não é o momento de nos aprofundarmos em uma questão tão complexa, muitas vezes desconcertante e até traumática para o ser humano,

INTIMIDADE DE AMOR COM DEUS

mas é o momento de apontar, pelo menos, a perspectiva que a experiência dos santos abre para iluminar uma reflexão sobre o mal.

Poderíamos dizer que os santos abordam a questão a partir do próprio Deus. Isso significa que eles não tentam conciliar a experiência do mal no mundo com a certeza da fé na infinita bondade de Deus, buscando aquele equilíbrio complexo no qual a reflexão filosófico-teológica frequentemente embarca sem jamais chegar a uma conclusão. Em vez disso, veem tudo a partir da intimidade alcançada com a Trindade, na qual a bondade divina é, acima de tudo, o mesmo Amor paterno-filial do qual foram chamados a participar; e o mundo e o homem são assim vistos do ponto de vista de Deus criador e redentor. E isso a tal ponto que, em vez de buscar uma explicação para o mal, tem a impressão de que este desapareceu como problema para ele, porque no próprio Deus o mal não existe.

É o que se expressa, por exemplo, nestas palavras de São Tomás More à sua filha mais velha, quando estava preso na Torre de Londres: "Minha querida filha, nunca deixe a tua alma ser perturbada por nada que possa acontecer comigo neste mundo. Nada pode acontecer exceto o que Deus quer. E tenho a certeza de que seja o que for, por pior que pareça, será de fato para o melhor".[1]

Não será simplesmente bom..., mas "o melhor" ... E o melhor é deixar de ser o primeiro mandatário de um dos países mais poderosos do planeta, um advogado e escritor valorizado e respeitado por todos, um exemplo marido e pai..., ser condenado à morte, acusado de alta traição, desprezado e abandonado? Sim, sem dúvida: antes só lhe faltava a coroa para ser igual ao rei..., e hoje tem a coroa do martírio, do Rei celeste e eterno. Agora, séculos depois, ele

---

1 São Tomás More, *Un hombre solo. Cartas desde la Torre*, Madri, 1988, n. 7 (carta de Margaret a Alice, agosto de 1534, relatando um longo colóquio com seu pai na prisão).

não só goza de felicidade eterna no céu, mas também de fama e prestígio renovados na terra: como um sábio humanista, um modelo de vida profissional e familiar, um político completo e exemplar; proposto pela própria Igreja como patrono e intercessor de uma das profissões moralmente mais comprometidas deste mundo.

Essa mesma confiança na bondade divina diante do que nós, homens, chamamos de maldade, também é aplicada por São Josemaria Escrivá a situações mais corriqueiras, objetivamente menos dramáticas, mas nas quais uma alma cristã também pode sofrer e se desconcertar: "Penas? Contrariedades por causa daquele episódio ou daquele outro?... Não vês que assim o quer teu Pai-Deus..., e Ele é bom..., e Ele te ama — a ti só! — mais do que todas as mães do mundo juntas podem amar os seus filhos?"[2]

De fato, a partir desta experiência de intimidade filial com Deus, que vem das profundezas de Sua infinita bondade, é inquestionável que o que normalmente chamamos de mal físico nunca é o verdadeiro mal: apenas o é, em todo o caso, relativamente, e sempre submetido a um Deus bondoso e todo-poderoso, que sabe extrair dele bens maiores. E quanto ao único mal verdadeiro, o pecado, ele sempre aparece à luz da misericórdia divina, como vimos no capítulo anterior: uma misericórdia infinita que sempre supera qualquer soma de misérias finitas, por maiores que sejam e por mais que se acumulem.

A cruz como prova do Amor paternal divino

Tudo isso é particularmente iluminado pelo mistério da Cruz de Cristo. A Cruz é a grande manifestação do Amor de Deus, visto precisamente a partir de sua paternidade e,

---

2   São Josemaria Escrivá, *Forja*, n. 929.

portanto, o maior ato de sua infinita bondade para com seus filhos humanos. Recordemos, a esse respeito, as palavras de São João já citadas: "Nisto se manifestou a Caridade de Deus para conosco, em que Deus enviou o seu Filho unigênito ao mundo, para que por ele tenhamos a vida (da graça). A Caridade (de Deus) consiste nisto: em não termos sido nós os que amamos a Deus, mas em ter sido Ele que nos amou e enviou o seu Filho, como vítima de propiciação pelos nossos pecados" (1Jo 4, 9-10).

Todos os santos ficam particularmente comovidos e gratos por este fato, especialmente quando o ponto de comparação é justamente nossos pecados. Ouçamos, por exemplo, Santo Afonso Maria de Ligório em sua oração:

> Obrigado, meu Deus, em nome de todos os homens, pois se Vós não tivésseis pensado em minha salvação, todos os homens nos teríamos perdido para sempre.

> Considera aqui o Amor infinito que Deus nos mostrou nesta grande obra da encarnação do Verbo, dispondo que seu Filho sacrificasse a vida nas mãos de verdugos na cruz, no meio de um mar de dores e ignomínias, para alcançar-nos o perdão e a salvação eterna. Ó bondade infinita! Ó misericórdia infinita! Ó Amor infinito! Um Deus fazer-se homem e vir a morrer por nós, pequenos vermes!

> Ah, meu Salvador! Fazei-me conhecer o quanto me amastes, para que, à vista de Vosso Amor, reconheça minha ingratidão. Vós, com Vossa morte, me livrastes da perdição, e eu, ingrato, Vos voltei as costas para me perder de novo. Arrependo-me sinceramente de Vos ter feito tão grande injúria. Perdoai-me, meu Salvador, e preservai-me no futuro do pecado; não permitais que volte a perder Vossa graça. Amo-Vos, meu querido Jesus, pois sois minha esperança e meu amor. — Ó Maria, Mãe deste excelso Filho, encomendai-me a alma![3]

---

3   Santo Afonso de Ligório, *Meditações para o Advento*, primeira série, med. 1.

O ENCONTRO COM O AMOR DE DEUS NA CRUZ

> Ó Deus eterno! Não olhes para mim, tão carregado de pecados; olha para o Teu inocente Filho pendurado numa cruz, oferecendo-Te tantas dores e opróbrios para que tenhas compaixão de mim. Ó Deus amabilíssimo e verdadeiro amante da minha alma! Por amor deste Filho, a quem tanto amas, tende compaixão de mim. A compaixão que eu quero é que me dês o Teu santo amor. Atrai-me por completo a Ti do lodo das minhas baixezas. Abrasa, fogo consumidor, tudo o que vires impuro na minha alma que a impeça de ser toda Tua.
>
> Agradeçamos ao Pai e agradeçamos igualmente ao Filho, que se vestiu de nossa carne e, ao mesmo tempo, tomou sobre si nossos pecados para dar a Deus, com sua paixão e morte, plena satisfação.[4]

Não é minha intenção desenvolver todos os aspectos — muitos e profundos — do mistério da Cruz (assunto sobre o qual, na história da espiritualidade cristã, foram escritas páginas e páginas, cada uma mais comovente que a outra), mas tentar esclarecê-lo à luz da experiência da filiação divina vivida pelos santos, como temos feito. Acima de tudo, quero tentar nos ajudar a entender como a Cruz de Jesus, e nossa participação nela, é uma prova de Amor: a maior prova do Amor de Deus Pai, Deus Filho e Deus Espírito Santo, embora uma lógica puramente humana muitas vezes tenda a vê-la como um dano, como um mal.

De fato, falar da Cruz é um assunto particularmente delicado, tão delicado como sempre é no tratamento dos mistérios da fé. Eu quase chegaria a dizer que hoje em dia, nos tempos em que vivemos — refiro-me sobretudo ao ambiente hedonista e materialista, à busca do prazer, às vezes a qualquer custo —, o significado da Cruz, o significado cristão da dor, do sofrimento e dos contratempos, é mais difícil de explicar do que nunca, e muito mais difícil de entender em toda a sua profundidade.

---

4   Santo Afonso de Ligório, *Reflexões sobre a Paixão de Jesus Cristo*, cap. 1, 2.

INTIMIDADE DE AMOR COM DEUS

Porque, de início, há um mistério na própria cruz de Jesus Cristo; e, visto sob a perspectiva da filiação divina, que é o que estamos considerando aqui, é um mistério que seja uma manifestação de Amor de Deus Pai a seu Filho enviá-lo para a cruz, para a morte, para nos redimir. No entanto, assim é: é, de fato, uma manifestação de Amor de Deus Pai a seu Filho, de Amor paternal.

Se depois o aplicarmos à nossa vida, o mistério é transferido para nós; porque, ao nos identificarmos com Cristo, nos identificamos com a sua cruz e, portanto, também a cruz vivida pelo cristão é uma bênção de Deus, é um sinal do carinho de Deus Pai por nós.

Para iluminar estas realidades, ouçamos primeiro Santo Agostinho, parafraseando conhecidos textos de São Paulo e São João:

> Como nos amaste, ó Pai bondoso, que não poupaste o teu único Filho, mas o entregaste por nós, pecadores! (cf. Rm 8, 32) Como nos amaste a nós, a favor dos quais ele, não considerando rapina ser igual a ti, se fez obediente até a morte de cruz, sendo ele o único livre entre os mortos (cf. Fp 2, 6), e tendo o poder de entregar a sua vida, e o poder de a tomar novamente (cf. Jo 10, 18), por nós, diante de ti, vencedor e vítima, e vencedor porque vítima, por nós, diante de ti, de servos, filhos, nascendo de ti e servindo-nos.[5]

Na morte de Jesus na Cruz, de fato, está presente não só o mistério de Cristo Redentor, mas também o mistério trinitário: na cruz é revelado de modo particular o mais íntimo da relação paterno-filial entre Deus Pai e Deus Filho encarnado; uma relação da qual procede o Espírito Santo, que podemos ver, portanto, como fruto da cruz. O fato de sermos filhos no Filho pelo Espírito também leva a um encontro particular de

---

5   Santo Agostinho de Hipona, *Confissões*, livro x, cap. 43.

O ENCONTRO COM O AMOR DE DEUS NA CRUZ

cada cristão com a Trindade na cruz; ou melhor, é na identificação com Cristo, que necessariamente inclui a participação em sua paixão, morte e ressurreição, que somos feitos filhos de Deus Pai, no Filho, pelo Espírito Santo.

Além disso, nossa exaltação à condição de filhos, realizada pelo Espírito, é o fruto do triunfo de Cristo, mas isso só pode ser entendido com base em sua aniquilação prévia, com base em sua autodoação como vítima, desejada e aceita pelo Pai. A melhor expressão de tudo isso é, sem dúvida, o hino no início da Epístola de São Paulo aos Filipenses, à qual Santo Agostinho acabou de aludir:

> Tende entre vós os mesmos sentimentos que se deve ter em Jesus Cristo, o qual, existindo na forma de Deus, não julgou que fosse uma usurpação o seu ser igual a Deus, mas aniquilou-se a si mesmo, tomando a forma de servo, tornando-se semelhante aos homens e sendo reconhecido, por condição, como homem. Humilhou-se a si mesmo, fazendo-se obediente até à morte, e morte da cruz. Por isso também Deus o exaltou e lhe deu um nome que está acima de todo o nome, de modo que, ao nome de Jesus, se dobre todo o joelho no céu, na terra e no inferno, e toda a língua confesse que Jesus Cristo é Senhor, na glória de Deus Pai (Fp 2, 5-11).

A exaltação e o triunfo de Jesus Cristo não podem nos fazer esquecer que a aniquilação foi real, radical, impressionante. Os santos não se cansam de considerá-la, ficando cada vez mais comovidos com a generosidade do Senhor, em contraste com a nossa, e aumentando assim seu amor pela correspondência. Assim resume São Boaventura:

> Não há nada que nos incite mais à virtude do que aquela grande bondade pela qual o altíssimo Filho de Deus, quando não tínhamos méritos, mas muitos deméritos, "deu a sua vida por nós" (1Jo 3, 16); uma bondade que

INTIMIDADE DE AMOR COM DEUS

é ainda mais manifesta quando os tormentos que Ele sofreu ou desejou sofrer eram mais graves e mais abjetos. "Deus não poupou seu próprio Filho, mas o entregou por todos nós; como não nos dará também com Ele todas as coisas?" (Rm 8, 32). Tudo isso nos leva a amar e, ao amar, a imitar o altíssimo Filho de Deus.[6]

Entre as muitas contemplações estremecedoras e comoventes da Paixão do Senhor que povoam a literatura espiritual, citemos pelo menos este fragmento de uma meditação de frei Luis de Granada antes do "Ecce Homo", que reflete muito bem a humilhação a que Jesus se submeteu, e o Pai aceitou, por nosso amor:

> Para que sintas algo, alma minha, deste passo tão doloroso, põe primeiro diante dos teus olhos a antiga imagem deste Senhor, e a excelência se Suas virtudes; e então olha novamente como está aqui. Observa a grandeza de Sua beleza, a contenção de Seus olhos, a doçura de Suas palavras, Sua autoridade, Sua mansidão, Sua serenidade e aquele aspecto d'Ele que é tão venerável. Contempla-O tão humilde com os seus discípulos, tão suave com os seus inimigos, tão grande com os orgulhosos, tão gentil com os humildes e tão misericordioso com todos. Considera quão manso Ele sempre foi ao sofrer, quão sábio ao responder, quão piedoso ao julgar, quão misericordioso ao receber e quão longânime ao perdoar.
>
> E, depois que assim O tiveres observado, e te deleitado em ver uma figura tão perfeita, volta os olhos para contemplá-Lo como Ele está aqui: vestido com a púrpura da zombaria, com uma cana como cetro nas mãos, uma coroa de espinhos na cabeça, os olhos mortos, o rosto desfigurado, o corpo coberto de sangue e saliva. Observa-O por dentro e por fora: o coração dilacerado pela dor, o corpo cheio de chagas, abandonado pelos discípulos, perseguido pelos judeus, escarnecido pelos soldados, desprezado pelos

---

6 São Boaventura, *Brevilóquio*, parte IV, cap. 9, 2.

O ENCONTRO COM O AMOR DE DEUS NA CRUZ

líderes religiosos, rejeitado pelo rei iníquo, falsamente acusado e desamparado de todo favor humano.[7]

Este é o caminho — embora possa parecer difícil, até cruel e paradoxal — que a bondade divina tem procurado e seguido: e, portanto, é o caminho mais bondoso e gentil, porque é um caminho divino, trinitário e paternal. A lógica humana pode nos enganar, mas é por isso que Deus nos dá a fé, que nos ajuda a entrar na lógica divina, a aceitá-la e a amá-la.

São João de Ávila, a quem Frei Luís de Granada considerava precisamente seu principal mestre, intui ainda mais tesouros do Amor divino por trás dos impressionantes eventos da Paixão:

> Ó Amor divino, como és maior do que pareces por fora! Pois tantas chagas, tantos flagelos e feridas, sem dúvida nos pregam um grande amor; mas não nos dizem toda a grandeza que tem, porque é maior por dentro do que parece por fora [...] Se é tão público o que os olhos dos homens veem, quanto mais o é o que só os olhos de Deus veem? Ó oceano de amor! Ó abismo sem chão, todo pleno de amor! Quem pode duvidar do amor de Cristo? Quem não se considerará o mais rico do mundo, por ser amado por tal Senhor?[8]

A "insígnia" do filho de Deus

São João de Ávila continua a nos dizer, falando de Deus Pai e de seu Filho na cruz: "Por Cristo, Ele olha para todos aqueles que desejam ser vistos e consolados, por mais pecadores que sejam, para perdoá-los; e em Cristo, Ele olha

---

7   Frei Luis de Granada, *Libro de la oración y meditación*, Meditação para quinta--feira de manhã: *Del Ecce Homo*.

8   São João de Ávila, *Tratado del amor de Dios*, edição Sala–Balust, p. 379.

175

INTIMIDADE DE AMOR COM DEUS

para tais a fim de preservá-los e aumentar neles o bem recebido. O fato de Cristo ser amado é a razão pela qual somos recebidos na graça".[9]

Consequentemente, se a cruz de Jesus é a chave da redenção, a chave da figura de Jesus Cristo, a chave do Amor paterno divino, deve ser a chave na vida dos filhos de Deus, da vida daqueles que seguem Jesus Cristo; como nos lembra São Luís Maria Grignion de Montfort:

> A sabedoria eterna quer que sua cruz seja a insígnia, o distintivo e a arma de todos os seus escolhidos. De fato, não reconhece como filho quem não possui essa insígnia, nem como discípulo, mas somente aqueles que a usam na testa sem se envergonhar, no coração sem protestar e nos ombros sem arrastá-la ou rejeitá-la. E exclama: "Se alguém quer vir após mim, renuncie a si mesmo, tome sua cruz e siga-me" (Mt 16, 24).[10]

De modo semelhante se expressa São Josemaria Escrivá, com uma clara alusão à sua experiência pessoal: "Perguntaste-me se tenho cruz. E te respondi que sim, que nós sempre temos Cruz. — Mas uma Cruz gloriosa, cunho divino, garantia de autenticidade de sermos filhos de Deus. Por isso, sempre caminhamos felizes com a Cruz".[11]

E noutra ocasião: "Fizeste-me compreender, Senhor, que ter a cruz é encontrar a felicidade, a alegria. E a razão — vejo-a mais claramente do que nunca — é esta: ter a cruz é identificar-se com Cristo, é ser Cristo e, portanto, ser filho de Deus".[12]

---

9 São João de Ávila, *Audi filia*, edição de Sala–Balust, p. 783.

10 São Luís Maria Grignion de Montfort, *O Amor da Sabedoria Eterna*, n. 173.

11 São Josemaria Escrivá, *Sulco*, n. 70.

12 São Josemaria Escrivá, *Meditação*, 29 de abril de 1963: Registro Histórico do Fundador, n. 20119, p. 13, citado por D. Álvaro del Portillo em VV.AA., *Santidad y mundo. Estudios en torno a las enseñanzas del Beato Josemaria Escrivá*, Pamplona 1996, p. 286.

O ENCONTRO COM O AMOR DE DEUS NA CRUZ

O raciocínio é simples em sua formulação, mas de grande profundidade teológica, unindo três realidades fundamentais do mistério cristão: filiação divina, configuração com Jesus Cristo, mistério da cruz. Na cruz, descobrimos o que é ser filho de Deus, porque na cruz está Cristo, que é o Filho de Deus com letra maiúscula. Melhor: na cruz aprendemos a filiação divina, porque ali a recebemos do próprio Filho de Deus, porque ali somos Cristo. Não há Cristo sem cruz e, portanto, não há cristão — outro Cristo — sem cruz.

Sublinhemos também o tom fortemente positivo desta visão da cruz ("é encontrar a felicidade, a alegria"), como a de São Luís Maria, de Santo Agostinho... e de todos os santos: porque é o tom de uma abordagem verdadeiramente cristã. É por isso que queríamos abordar esse assunto do ponto de vista da bondade de Deus, da qual a cruz é a expressão máxima.

Mas esta abordagem só é aceitável, repito, a partir da fé, e, ainda assim, com dificuldades (aquelas inerentes a um mistério tão grande e a experiências tão decisivas em toda vida humana, a começar pela do próprio Jesus); dificuldades que já foram mostradas, nos primeiros tempos do cristianismo e com particular clareza, por São Paulo:

> A pregação da cruz é loucura para os que se perdem, mas para os que são salvos, para nós, ela é força de Deus [...]. Pois tanto os judeus pedem sinais, como os gregos buscam sabedoria. Nós, porém, proclamamos Cristo crucificado, escândalo para os judeus e loucura para os pagãos. Mas para os que são chamados, tanto judeus como gregos, Cristo é poder de Deus e sabedoria de Deus. Pois o que é loucura de Deus é mais sábio que os homens e o que é fraqueza de Deus é mais forte que os homens (1Cor 1, 18, 22-25).

Não é de se admirar, portanto, que a cruz de Jesus continue a provocar reações semelhantes ao nosso redor hoje;

INTIMIDADE DE AMOR COM DEUS

e que essas reações se estendam às cruzes pessoais de cada filho de Deus que deseja seguir os passos de seu irmão mais velho, de cada filho que é abençoado como Ele, pelo Pai, com a cruz.

Mais uma vez, os santos nos mostraram o caminho. De fato, o contraste entre o escândalo que muitos sentem diante da cruz de Cristo e a gratidão e o amor com que os santos a contemplam é radical. Santa Teresa dos Andes, por exemplo, escreve: "Ele vem com uma cruz, e nela está escrita uma única palavra que comove meu coração em suas fibras mais profundas: 'Amor'. Oh, como Ele é belo em Seu manto de sangue! Esse sangue vale mais para mim do que as joias e os diamantes de toda a Terra".[13]

A cruz do cristão e a cruz de Jesus Cristo

Tudo isso se aplica, sem dúvida, à própria cruz de Jesus Cristo, mas também à nossa participação pessoal nela, sem a qual não há verdadeira identificação com Cristo, não há verdadeira filiação, como também nos lembra São Paulo: "E se somos filhos, somos herdeiros: herdeiros de Deus, herdeiros de Cristo; contanto que soframos com Ele, para sermos também glorificados com Ele" (Rm 8, 17).

Essas palavras do apóstolo e de outros textos bíblicos (2Tm 2, 11-12; Fp 4, 3; Ap 3, 5; Sl 109, 3) encontram eco nestas exortações de Santa Clara de Assis à sua fiel discípula, Santa Inês de Praga:

> Se sofres com Ele, com Ele reinarás; se choras com Ele, com Ele te alegrarás; se morres em Sua companhia na cruz da tribulação, possuirás com Ele as moradas celestes

---

13 Santa Teresa dos Andes, *Diário*, n. 16.

O ENCONTRO COM O AMOR DE DEUS NA CRUZ

no esplendor dos santos, e teu nome será inscrito no livro da vida e te tornarás famoso entre os homens. Por essa mesma razão, possuirás por toda a eternidade e por todos os séculos a glória do reino celestial, em lugar dos honores terrenos, que são tão caducos; participarás dos bens eternos, em lugar dos bens temporais, e viverás por todos os séculos.[14]

A experiência pessoal, quase contínua, de Santa Gemma Galgani é particularmente forte no que diz respeito à união entre a cruz do cristão e a de Cristo. Ouçamos um de seus impressionantes diálogos com Jesus sobre o assunto: "Me dizes sempre que quem sofre ama; então, esta tarde, tenho sofrido, tenho te amado, Jesus. Entregas a cruz, Jesus, aos que amas. Tu me tratas como teu Pai Te tratou. Jesus, me fazes beber o cálice da paixão até a última gota".[15] Sublinhemos, no contexto da filiação divina, que "Tu me tratas como teu Pai Te tratou".

Eu disse a Jesus que queria muito amá-lo, mas meu coração é pequeno e não sei como fazer isso. Jesus então se mostrou a mim, coberto de chagas, e me disse: "Minha filha, olha para mim e aprende como se ama: não sabes que a mim me matou o amor? Olha estas chagas, este sangue, estes hematomas, esta cruz, tudo é obra do amor. Olha para mim, minha filha, e aprende como se ama". Eu lhe respondi: "Mas, meu Jesus, então, se eu sofro, é sinal que te amo". Jesus me respondeu que o sinal mais claro que pode oferecer a uma alma predileta sua, é o sofrimento e fazê-la caminhar pela via do calvário.

---

14 Santa Clara de Assis, *Segunda Carta a Santa Inês de Praga*. Vale a pena lembrar que Santa Inês havia renunciado ao casamento com o próprio imperador para seguir os passos de São Francisco e Santa Clara, passos que, além disso, mal haviam chegado à Europa Central e ainda escandalizavam a muitos. As palavras do santo de Assis foram, portanto, proféticas: a glória da santa princesa tcheca era muito maior do que a que ela teria alcançado como imperatriz.

15 Santa Gema Galgani, *Êxtase*, n. 9.

> "A cruz — dizia Jesus — é a escada do paraíso e o patrimônio de todos os escolhidos nesta vida. Te desagradaria — me disse Jesus — que eu te desse a beber meu cálice até a última gota? [...] Eu respondi: "Jesus, faça-se a tua santíssima vontade".[16]

Outra santa com uma experiência impressionante da cruz é Santa Catarina de Sena, que poderia ser chamada, entre outros títulos, de "doutora do sangue de Cristo". As referências podem ser muito numerosas. Basta mencionar a seguinte exortação da *"mamma"* (como seus discípulos a chamavam, apesar de sua juventude) ao Beato Raimundo de Cápua:

> Afogai-vos no sangue de Cristo, revesti-vos de sangue, chorai no sangue, alegrai-vos no sangue, crescei e fortalecei-vos no sangue. Deixai de lado a fraqueza e a cegueira quanto ao sangue do Cordeiro imaculado. Na luz da fé, correi como homem decidido à procura da glória de Deus, do bem da santa Igreja e da salvação das almas no sangue.[17]

Continuamos a falar — isso é muito importante — não de uma cruz qualquer, não de dor ou sofrimento, mas do "sangue do Cordeiro imaculado", da Cruz de Jesus Cristo, que é a cruz redentora; da cruz que é vitória, que é triunfo sobre o pecado, sobre a morte, sobre o mal; e que nunca pode ser separada da ressurreição e da ascensão. É o mistério pascal de Cristo, completo — paixão, morte, ressurreição e ascensão — que dá sentido à cruz, é claro; e é somente dessa forma que adquirimos seu significado profundo e, portanto, seu significado alegre e positivo: porque ali, nela, está Jesus Cristo.

---

16 Santa Gemma Galgani, *Cartas ao Bispo Volpi*, n. 13.

17 Santa Catarina de Sena, *Cartas*, n. 333.

O ENCONTRO COM O AMOR DE DEUS NA CRUZ

Tenhamos em mente estas importantes palavras Suas:

> Chegou a hora em que o Filho do Homem vai ser glorificado. Em verdade, em verdade, vos digo: se o grão de trigo que cai na terra não morre, fica só. Mas, se morre, produz muito fruto. Quem se apega à sua vida, perde-a; mas quem não faz conta de sua vida neste mundo, há de guardá-la para a vida eterna. Se alguém quer me servir, siga-me, e onde eu estiver, estará também aquele que me serve. Se alguém me serve, meu Pai o honrará. Sinto agora grande angústia. E que direi? 'Pai, livra-me desta hora'? Mas foi precisamente para esta hora que eu vim. Pai, glorifica o teu nome!" Veio, então, uma voz do céu: "Eu já o glorifiquei, e o glorificarei de novo" (Jo 12, 23-28).

Em outras palavras: Deus, o Pai, quer a cruz — e a ressurreição — para seu Filho unigênito, porque ele o ama e nos ama.... Jesus assume livremente a cruz que seu Pai lhe envia, porque Ele ama seu Pai e nos ama.... E Jesus, morrendo na cruz por nós, envia-nos, do seio do Pai, o Espírito Santo, seu Amor, que nos torna filhos de Deus...

Portanto, se a entrega de Jesus na cruz é reflexo do Amor intratrinitário e a grande prova do Amor que Deus tem por nós, também cada encontro pessoal de um cristão, de um filho de Deus, com a sua própria cruz, na medida em que está verdadeiramente unido à cruz de Cristo, é uma manifestação do Amor divino e, consequentemente, uma fonte de salvação, de santidade e glória, de alegria e paz..., como foi a própria cruz do Senhor.

Ademais, como afirma o texto de São Paulo acima mencionado, essa passagem pela cruz é indispensável para alcançar a glória, pois foi assim que a redenção foi realizada: pela paixão e morte de Jesus até sua ressurreição e ascensão. O caminho de santidade do cristão, o filho de Deus, não pode ser diferente daquele do Filho Unigênito do Pai. E se considerarmos o verdadeiro significado da santidade cristã, sua grandeza, as possibilidades que o caminho da cruz abre para a alma são indescritíveis. Embora aqueles que percorreram este caminho, como Santa Elisabete da Trindade, nos ajudem a vislumbrar tais maravilhas:

> A alma deve se deixar imolar, seguindo os sinais da vontade do Pai, a exemplo de seu Cristo adorado. Cada evento e acontecimento da vida, cada dor e alegria é um sacramento por meio do qual Deus se comunica com a alma. Por essa razão, ela não faz mais distinção entre tais coisas. A alma as supera, transcende e repousa acima de tudo em seu divino Mestre. A alma O eleva a uma grande altura na montanha de seu coração. Sim, ela o coloca acima de todas as graças, consolações e doçuras que vêm dele. O amor tem esta propriedade: não busca a si mesmo nem reserva nada para si. Feliz é a alma que ama de verdade! Deus permanece prisioneiro de seu amor.[18]

Deus abençoa com a cruz, porque nos ama. E o santo — a quem também aspiramos —, bem consciente disso, entusiasmado com isso, abraça a cruz de Cristo; de fato, chega a amá-la, a desejá-la — com expressões às vezes muito fortes e muito enfáticas em alguns santos, como temos visto e continuaremos a ver — precisamente porque vê a mão paterna de Deus; porque o que busca não é a cruz no sentido humano do sofrimento: o que ele ou ela busca é o Amor de seus amores: Jesus Cristo, Deus Pai, o Espírito Santo; e é por isso que abraçam a cruz e amam a cruz, encontrando nela paz e alegria, porque encontram o Amor divino.

---

18   Santa Elisabete da Trindade, *O Céu na Terra*, dia 3.

Abraçar a cruz por amor

Se o caminho do Amor de Deus por nós foi o caminho da cruz, o caminho para retribuir o amor pelo Amor só pode ser o caminho da cruz: com todas as maravilhas que o Amor implica! Mas, logicamente, devemos nos atrever a dar esse passo, que é um passo radical, um passo de conversão, com todas as suas consequências? Com uma força especial, quase comovente, São Cipriano expressou isso há muitos séculos:

> Para que também possas ganhá-las tu, que até agora estavas dominado pela inveja, lança de ti toda essa malícia que te havia obcecado, volta teus passos ao caminho da vida eterna seguindo os da salvação. Arranca de teu coração espinhos e abrolhos, a fim de que te renda abundante fruto a sementeira do Senhor e transborde a messe espiritual e divina em exuberante colheita. Vomita o veneno da amargura, cospe o vírus da discórdia, purga este espírito infectado pela baba da serpente da inveja e transforma a amargura que se te havia infiltrado em doçura de Cristo. Se comes e bebes do mistério da cruz, a madeira que adoçou o sabor amargo das águas de Mara, em figura, te servirá, em verdade, para suavizar teu espírito e não terás que esforçar-te para remediar e melhorar tua saúde. Com o mesmo que foste ferido, serás curado.[19]

A insistência dos grandes mestres espirituais nesse ponto é contínua; ouçamos também São João da Cruz:

> Com efeito, se a alma se determinar generosamente a carregar esta cruz, querendo deveras escolher e abraçar com ânimo resoluto todos os trabalhos por Deus, achará grande alívio e suavidade para subir neste caminho, assim despojada de tudo e sem mais nada querer [...] E quando chegar a reduzir-se a nada, isto é, à suma humildade, se consumará a união da alma com Deus, que é o maior e

---

19 São Cipriano de Cartago, *De zelo et livore*, 17.

mais alto estado que se pode alcançar nesta vida. Não consiste, pois, em recreações, nem gozos, nem sentimentos espirituais, e sim numa viva morte de cruz para o sentido e para o espírito, no interior e no exterior.[20]

Observemos que o doutor místico nos fala não apenas de um seguimento incipiente de Cristo, mas de sua expressão mais alta e intensa: da verdadeira "união" com Deus, do "maior e mais alto estado". Mas, é claro, com a condição de que haja uma verdadeira rendição na cruz, de "reduzir-se a nada", de "suma humildade", de "morte de cruz para o sentido e para o espírito". Pois esse foi o caminho trilhado por Jesus, em toda sua radicalidade.

Insistimos, mais uma vez, que a cruz não pode ser separada em Cristo da ressurreição: ela forma a unidade do mistério pascal. Por conseguinte, ao falarmos agora da cruz do cristão, como participação na de Cristo, devemos manter a mesma unidade: através da dor para a glória..., incluindo a ressurreição dos corpos que um dia também chegará para nós.

É somente quando essa perspectiva é esquecida e a cruz é vivida fora da identificação com Jesus Cristo, em sua paixão, morte e ressurreição em harmonia, que o homem sente predominantemente, ou até mesmo exclusivamente, o aspecto doloroso da cruz, começa a duvidar de seu significado, considera-a um mal para si mesmo ou para os outros e pode até chegar ao ponto de desespero no sofrimento: porque é uma dor sem amor.

Isso ocorre com muita frequência hoje em dia, quando não apenas os indivíduos, mas também, em grande parte, o ambiente cultural e social ao nosso redor é radicalmente resistente à dor e ao sofrimento: há uma tendência a confundir amor com prazer, alegria com mera felicidade sensível, com bem-estar físico. A mensagem cristã da cruz, portanto, torna-se para muitos mais "loucura" e "escândalo" do que

---

20 São João da Cruz, *Subida do Monte Carmelo*, II, c. 7.

O ENCONTRO COM O AMOR DE DEUS NA CRUZ

nunca, e isso nos obriga a fazer um esforço ainda maior para mostrar o verdadeiro significado da Cruz de Cristo. A ajuda dos santos nesta área se torna particularmente valiosa, especialmente quando a experiência pessoal é combinada com uma reflexão teológica precisa sobre tal experiência.

Um caso paradigmático é o de Santa Edith Stein, em cuja vida e escritos tudo o que tem a ver com a cruz ocupa um lugar central, desde seu próprio nome religioso: Teresa Benedita da Cruz. Foi assim que a santa carmelita alemã, grande filósofa e convertida do judaísmo, se expressou em momentos de grandes dificuldades e à beira do martírio que finalmente sofreria em Auschwitz: "Estou satisfeita com tudo. Uma *scientia crucis* só pode ser adquirida experimentando-se a cruz em profundidade. Eu estava convencida disso desde o primeiro momento, e disse de coração: *Ave Crux, spes unica!*"[21]

E é assim que ela mesma explica, teologicamente, com sua clareza e precisão habituais:

> A natureza humana que Ele assumiu deu-Lhe a possibilidade de sofrer e morrer; a natureza divina que Ele possuía desde toda a eternidade deu à Sua paixão e morte valor infinito e poder redentor. A paixão e a morte de nosso Senhor Jesus Cristo são continuadas em Seu corpo místico e em cada um de seus membros. Todo homem tem que sofrer e morrer, mas se for um membro vivo do corpo místico de Cristo, então seu sofrimento e morte recebem um poder redentor em virtude da divindade da cabeça. Essa é a razão objetiva pela qual os santos ansiavam pelo sofrimento. Não se trata de um gosto patológico pelo sofrimento. Aos olhos da razão natural, pode parecer uma perversão, mas, à luz do mistério da salvação, é a coisa mais razoável a fazer.[22]

---

21 Santa Edith Stein, *Cartas*, n. 320, dezembro de 1941, para Madre Ambrosia Antonia Engelmann.

22 Santa Edith Stein, *O Mistério da Véspera de Natal*, palestra proferida em 1930, reunida em *Los caminos del silencio interior*, pp. 54-55.

INTIMIDADE DE AMOR COM DEUS

De fato, o santo, o verdadeiro cristão, assume a cruz, na verdade, a ama e deseja, porque vê nela a lógica divina: a mão paterna de Deus, o encontro salvífico com Jesus Cristo, o poder da graça do Espírito divino. Deus Pai quer a cruz para seu Filho e para seus filhos, porque o ama e nos ama? Jesus a aceita livremente porque ama seu Pai e nos ama... E esse amor mútuo, que é o Espírito Santo, é derramado sobre nós como fruto da cruz. A Trindade inteira, na unidade do ser divino e no mistério da distinção de pessoas e de suas relações mútuas, é derramada no mundo e na alma por meio da realidade da Cruz de Cristo e da nossa própria cruz, própria de nossa condição de filhos... Como, então, não abraçar a cruz?

O Senhor não deixou de buscar meios extraordinários para tornar essa realidade do Amor Trinitário, do Amor paterno por nós na cruz, muito clara para nós, como nesta experiência mística de Santa Margarida Maria Alacoque:

> Parecia-me ver diante de mim as três pessoas da adorável Trindade, que enchiam minha alma de imensa glória. Não sou capaz de descrever o que aconteceu; pareceu-me, no entanto, que o Pai eterno, apresentando-me uma grande cruz cercada de espinhos, juntamente com os outros instrumentos da Paixão, disse-me: "Aqui, minha filha, dou-lhe o mesmo presente que dei ao meu Filho muito amado". O Senhor Jesus Cristo me disse: "E eu te crucificarei, como eu mesmo fui crucificado, e te acompanharei". A terceira dessas adoráveis pessoas me disse, por sua vez, que, não sendo outra coisa senão Amor, me consumaria, purificando-me.[23]

Insistimos em que se trata sempre de uma cruz pessoal inseparavelmente unida à Santa Cruz, a de Nosso Senhor Jesus Cristo (por isso estou mudando constantemente de minúsculas para maiúsculas, como fazem alguns santos):

---

23 Santa Margarida Maria Alacoque, *Autobiografia*, n. 59.

se não fosse assim, não poderíamos suportar a cruz, nem nos interessaria a cruz, porque o que nos interessa é Deus, é Jesus: é a sua Cruz.

Assim rezava Santa Gemma Galgani: "Ó santa cruz, quero viver contigo e morrer contigo. Sim, eu amo a cruz, porque sei que a cruz está sobre os ombros de Jesus".[24]

O verdadeiro sentido filial e enamorado da cruz

Continuemos a contemplar nossa própria cruz a partir da cruz de Jesus. A cruz custou muito a Jesus, pois foi extremamente dolorosa. Portanto, viver bem nossa cruz, vivê-la em Cristo, com o amor dos filhos, não significa que ela deixe de doer, mas sim que encontramos seu verdadeiro significado na dor. Isso fica muito bem demonstrado na reflexão que reproduzimos a seguir, feita por um sacerdote que é irmão mais velho da venerável Montse Grases, uma moça muito jovem do Opus Dei, cujas virtudes heroicas já foram declaradas, e que morreu de uma doença grave e dolorosa, vivida de forma exemplarmente cristã:

> Montse encontrou Jesus na cruz; um Jesus que se abandonou nos braços de seu Pai, dizendo: "em tuas mãos entrego meu Espírito". E porque ela confiava em seu Deus Pai e sentia que estava em suas mãos, ela estava serena, calma e feliz. Sua cruz foi muito dolorosa. Às vezes as pessoas me dizem, quando se lembram dela tão alegre e feliz, que ela se alegrava em meio à dor... Não, isso não é verdade. Dizer isso pode soar como masoquismo, porque não foi uma dor transformada em alegria; foi uma dor transformada em amor e em luz, para que ela pudesse permanecer fiel a si mesma, a nós e a Deus, mas ainda assim foi uma dor que a dilacerou, que a destruiu. Ela

---

24   Santa Gemma Galgani, *Êxtase*, n. 18.

INTIMIDADE DE AMOR COM DEUS

> sofreu — eu vi isso — tremendamente: mas foi uma luta amorosa, em meio à dor, para encontrar Cristo crucificado [...]
>
> Esta é a raiz da alegria dela, que era tão desconcertante: em vez de ser escrava do sofrimento, tornou-se, de certa forma, a dona, a senhora de sua própria dor. Ela transformou a dor. Transformou-a em Amor.[25]

Palavras, descrição e raciocínio que poderiam ser perfeitamente adequados para refletir a experiência da dor e a identificação com a cruz de qualquer santo.

Poderíamos dizer, então, para usar uma expressão de São Josemaria Escrivá, cujos ensinamentos essa jovem santa de nosso tempo encarnou de modo particular, que a verdadeira cruz do cristão é uma "cruz sem cruz".[26] Ou seja, é uma identificação com Jesus Cristo na cruz e, portanto, verdadeiro sofrimento; mas também — ainda mais — verdadeiro amor e alegria, porque a cruz de Cristo é sempre vitória, ressurreição e glória. Se for uma participação na verdadeira cruz de Cristo, ela deve ser "sem a cruz": sem as conotações desagradáveis que tendem a ser associadas a essa palavra, ou seja, sem tristeza e angústia, sem desespero e rebelião etc. Todos os demais componentes negativos não decorrem necessariamente do sofrimento em si, nem mesmo em um nível meramente humano — há muitas pessoas que sofrem com alegria graves contradições, movidas por amores e ideais humanos, sem uma referência sobrenatural —; e, naturalmente, nunca brotam da verdadeira cruz de Jesus Cristo.

---

25 Testemunho de Enrique Grases, reunido em J. M. Cejas, *Montse Grases. La alegría de la entrega*, Madri, 1993, p. 481.

26 São Josemaria Escrivá, *Santo Rosário*, "A Cruz às costas": "Mas não carregueis a Cruz arrastando-a. [...] Carregue-a erguida a prumo, porque tua Cruz, assim carregada, não será uma Cruz qualquer: será [...] a Santa Cruz. Não te resignes com a Cruz. Resignação é uma palavra pouco generosa. Ame a Cruz. Quando realmente a quiseres, a tua Cruz será [...] uma Cruz, sem uma Cruz". Embora o autor sempre use letras maiúsculas, eu me permito usar uma combinação de maiúsculas e minúsculas, para facilitar a compreensão da ideia.

O ENCONTRO COM O AMOR DE DEUS NA CRUZ

O olhar amoroso do filho, que confia plenamente em seu Deus Pai, descobre tudo isso, mesmo que não o compreenda e que lhe custe muito; e tenta reagir, diante da dor mais dilacerante, como o Filho unigênito de Deus feito homem. Jesus, de fato, com simplicidade filial, expressa suas enormes dificuldades diante da cruz: "*Abbá*! Pai! tudo é possível para ti. Afasta de mim este cálice!"; mas a mesma simplicidade filial o leva ao abandono e à confiança na sabedoria e na bondade do Pai: "Mas seja feito não o que eu quero, porém o que tu queres" (Mc 14, 36). Observe, além disso, como essa é a única ocasião em que os evangelistas preservaram, na boca de Jesus, a expressão original aramaica "*Abbá*": exatamente nesse momento![27]

E a mesma "dialética" será mantida em sua oração quando já estiver pregado na cruz. Ali, Jesus sente toda a dor, não apenas física, mas também psicológica e moral, e não deixa de expressá-la com uma simplicidade que poderia até ser descrita como brutal: "Meu Deus, meu Deus, por que me abandonaste?" (Mt 27, 46). Mas, novamente, a mesma simplicidade filial leva-o à confiança e ao abandono nos braços paternos que Ele tão bem conhece: "Pai, em tuas mãos entrego o meu espírito" (Lc 23, 46).

Se é assim que o Filho de Deus sente e reage naturalmente diante da cruz e diante de seu Pai, assim deve sentir e reagir o filho de Deus por adoção, por participação, sabendo que temos diante de nós o mesmo Amor paterno, a ajuda do próprio Jesus, a força do mesmo Espírito que habitava n'Ele em plenitude.

Além disso, uma cruz que participa da verdadeira cruz de Cristo, e que é vivida dessa maneira, não é apenas um sinal

---

27 É claro que não é irracional pensar que, em muitas outras ocasiões, Jesus usaria literalmente essa palavra para se dirigir a seu Pai, embora os evangelistas a traduzam. São Paulo recorre novamente ao original "*Abbá*" duas vezes, falando de nossa própria maneira filial de nos dirigirmos a Deus, como já citamos e comentamos.

INTIMIDADE DE AMOR COM DEUS

do amor de Deus por nós, mas uma manifestação e uma fonte de nosso amor por Ele: uma excelente forma de amor filial, um meio de retribuir amor por Amor. É assim que São Luís Maria Grignion de Montfort explica o fato, quando enumera os principais frutos que fluem da cruz cristã:

> A cruz, dignamente carregada, torna-se a fonte, o alimento e o testemunho do amor. Ela acende nos corações o fogo do amor divino, separando-os das criaturas. Ela sustenta e aumenta esse amor e, assim como a lenha alimenta o fogo, a cruz alimenta o amor. Ela prova claramente que Deus é amado. Pois ela é a própria prova que Deus usou para nos mostrar seu amor. É uma fonte abundante de toda espécie de doçura e consolo, e gera na alma alegria, paz e graça; finalmente, produz naqueles que a suportam uma incomparável riqueza de glória para a eternidade.[28]

Essa última referência à eternidade também é importante porque, embora no céu toda a dor desapareça, o próprio Cristo retém os sinais de sua paixão em seu corpo glorioso, como sinal da vitória alcançada com a cruz; e é comum no pensamento cristão considerar que os mártires também retêm em seus corpos algum sinal de seu sofrimento anterior, como uma lembrança — agora não dolorosa, mas gloriosa — de sua configuração à paixão de Jesus e de sua vitória com Ele. Para colocar isso em nossa linguagem filial: como um sinal do amor paternal de Deus, como uma lembrança do precioso dom que Deus dá a seus filhos ao abençoá-los com a cruz.

Essa era a convicção e o desejo, em particular, de Santa Teresinha do Menino Jesus, expressos em sua famosa e já citada oração de oferecimento ao Amor misericordioso:

> Eu te agradeço, meu Deus, por todos os benefícios que me concedeste, e especialmente por ter-me feito passar

---

28 São Luís Maria Grignion de Montfort, *O Amor da Sabedoria Eterna*, n. 176.

pelo cadinho do sofrimento. No último dia, eu o verei, cheio de alegria, carregando o cetro da cruz. Como Vós vos dignastes dar-me como sorte esta preciosíssima cruz, espero assemelhar-me a Vós no céu e ver os sagrados estigmas de Vossa Paixão brilhando em meu corpo glorificado.[29]

Como a dor e a alegria podem ser compatíveis

Na maneira como muitos santos se expressam a respeito de como enfrentam seus sofrimentos pessoais, surge uma ideia que me parece particularmente esclarecedora para aprofundar um pouco mais tudo o que temos considerado. Uma ideia que está relacionada a uma difícil questão própria da teologia mística: o que muitos místicos clássicos chamam de centro, ápice ou essência da alma; um conceito que já apresentamos brevemente em páginas anteriores, no final do segundo capítulo. Entre as luzes que dissemos que esse conceito pode nos dar para penetrar no mistério da transformação da alma em Deus, há algumas aplicáveis ao mistério da participação na Cruz de Cristo.

Mais especificamente, parece-me que aqui podemos encontrar uma maneira possível de explicar a compatibilidade entre um verdadeiro, e até mesmo cruíssimo, sofrimento físico, psicológico etc., e um amor e uma alegria reais e profundos; um caminho para desvendar aparentes paradoxos na experiência de tantas almas santas, como os descritos em alguns textos autobiográficos de Santa Teresa do Menino Jesus: "Esse era outro tipo de sofrimento, muito íntimo, muito profundo [...] Em uma palavra, meu céu estava cheio de nuvens... Somente as profundezas do meu coração sabiam o que eu estava sofrendo. Somente as profundezas de meu

---

29   Santa Teresa do Menino Jesus, *Oferecimento ao Amor Misericordioso*.

INTIMIDADE DE AMOR COM DEUS

coração permaneciam calmas e pacíficas".[30] Em outra ocasião semelhante, ela mesma usa, para mostrar esses sentimentos paradoxais, a conhecida expressão que São Paulo aplica a Abraão: "Esperando contra toda esperança" (Rm 4, 18).[31]

Uma possível explicação deste paradoxo poderia então ser desenvolvida nestes termos: se, no "centro da alma", o cristão está verdadeiramente unido a Deus, em uma intimidade de amor e graça, a dor que ele possa sofrer em seu corpo, em seus sentidos externos e internos, ou mesmo em suas potências espirituais — porque esse centro, segundo os místicos, transcende tais potências —, essa dor, dizemos, não penetra até as profundezas, nem afeta a íntima relação de amor com o Senhor. É exatamente o contrário: é o poder do amor divino que brota do interior da alma que transforma a dor em amor e lhe dá sentido.

Em outras palavras, voltando à fórmula paulina usada pela santa carmelita: a verdadeira esperança — aquela que brota das profundezas da alma, onde Deus habita; isto é, que tem sua origem no próprio Deus — supera e mina toda possível perda da esperança humana, diante da dureza da mais cruel contradição.

Leiamos outras experiências da santa doutora, que confirmam essa linha de argumentação:

> Se minha alma não estivesse já dominada pelo abandono à vontade de Deus, se não se deixasse inundar pelos sentimentos de alegria ou tristeza que se sucedem tão rapidamente na terra, seria uma onda de dor muito amarga e eu não seria capaz de suportá-la. Mas essas alternâncias atingem apenas a superfície de minha alma [...] No entanto, são provações muito difíceis![32]

---

30 Santa Teresa do Menino Jesus, *Manuscritos autobiográficos*, Ms. C, 9v.

31 Cf. Santa Teresa do Menino Jesus, *Manuscritos Autobiográficos*, Ms. A, 64v.

32 Santa Teresa do Menino Jesus, *Últimas conversações*, Caderno Amarelo, 10.7.13.

O ENCONTRO COM O AMOR DE DEUS NA CRUZ

E ainda mais explicitamente:

> O meu coração está cheio da vontade de Deus e, por isso, quando algo é derramado sobre ele, não penetra no seu interior: é como um nada que escorrega facilmente, como um óleo que não se mistura com a água. Lá nas profundezas, sempre vivo em uma paz profunda, que nada pode perturbar.[33]

São Luís Maria Grignion de Montfort também aponta na mesma direção, refinando-a ainda mais, ao distinguir várias possibilidades no amor à cruz:

> Há outro amor à cruz, que chamo de razoável; ele está enraizado na parte superior, que é a razão. É um amor inteiramente espiritual. Ele nasce do conhecimento da felicidade que há em sofrer por Deus. É por isso que ele é perceptível e até mesmo percebido pela alma, que se alegra e se fortalece interiormente com ele. Mas esse amor racional e percebido, embora bom e muito bom, nem sempre é necessário para sofrer com alegria e de acordo com Deus.
>
> Pois há outro amor. Do cume ou ápice da alma, dizem os mestres da vida espiritual; da inteligência, dizem os filósofos. Por meio desse amor, mesmo sem sentir qualquer alegria nos sentidos, sem perceber qualquer alegria razoável na alma, amamos e saboreamos, por meio da luz da fé nua e crua, a cruz que carregamos. Nesse meio-tempo, muitas vezes tudo é guerra e choque na parte inferior, que geme, reclama, chora e busca alívio. Então dizemos com Jesus Cristo: "Pai, não se faça a minha vontade, mas a tua" (Lc 22,42). Ou com a Santíssima Virgem: "Eis aqui a serva do Senhor; faça-se em mim segundo a tua palavra" (Lc 1, 38). Com um desses dois amores superiores, devemos amar e aceitar a cruz.[34]

---

33 Santa Teresa do Menino Jesus, *Últimas conversações*, Caderno Amarelo, 14.7.9.

34 São Luís Maria Grignion de Montfort, *Carta Circular aos Amigos da Cruz*, nn. 52-53.

INTIMIDADE DE AMOR COM DEUS

Citemos agora Santa Edith Stein, que, ao mesmo tempo em que nos dá um resumo equilibrado de todos os aspectos vivos e teológicos da cruz cristã, traz outra pista para o último ponto que estamos discutindo: a importância do que se passa nas profundezas da alma:

> Quando falamos aqui da ciência da cruz, não queremos dizer ciência em seu sentido comum: não se trata de pura teoria, ou seja, uma soma de sentenças verdadeiras ou reputadas, nem de um edifício ideal construído de pensamentos coerentes. É uma verdade bem conhecida — a teologia da cruz — mas uma verdade real e operativa: como uma semente que, depositada no centro da alma, cresce, imprimindo nela um selo característico, e determinando seus atos e omissões de tal forma que, por meio deles, ela se manifesta e se torna cognoscível. É nesse sentido que podemos falar da ciência dos santos e é a ela que nos referimos quando falamos da ciência da cruz.[35]

A cruz, a verdadeira cruz, a de Jesus, brota, portanto, do centro da alma, onde habita a Santíssima Trindade, como toda realidade sobrenatural própria do Filho de Deus; e é, além disso, uma semente que cresce, como cresce a santidade: há espaço para uma participação sempre maior na cruz de Jesus, na medida em que somos cada vez mais filhos no Filho.

Portanto, no modo pessoal de cada um enfrentar o sofrimento, o melhor caminho não é o puro esforço ascético para redirecionar essa dor para Deus: não consiste em uma simples luta contra a contrariedade; uma luta que, por mais bem-intencionada que seja, pode ser titânica, e não parece fácil culminar em uma vitória completa. Não, o caminho proposto pelos santos, sem excluir a luta e o esforço, tem, no entanto, um rumo muito diferente; é muito mais direto,

---

35 Santa Edith Stein, *Ciencia de la Cruz*, Burgos 1989, p. 4.

seguro e eficaz: trata-se de abandonar-se desde o fundo da alma nos braços amorosos de Deus Pai, deixando todo o cuidado para Ele, permitindo que Ele, em particular, grave o selo da cruz no centro da alma; e então, as consequências desse selo e dessa vida brotam naturalmente deste centro.

Desta forma, a luta ascética para carregar a cruz assume outra perspectiva: a perspectiva do amor; a perspectiva de quem já tem dentro de si um tesouro maravilhoso e, por isso, supera obstáculos; e não daquele que enfrenta resignadamente as dificuldades, caso haja a possibilidade de encontrar um tesouro por trás delas. Em ambos os casos, os obstáculos são os mesmos e são igualmente difíceis, mas a perspectiva a partir da qual eles são enfrentados é muito diferente.

Abordadas a partir desse centro da alma, as dificuldades, por mais duras que sejam, são sempre superadas, porque o próprio Deus as salva conosco — embora sem nos poupar de parte do esforço. Por outro lado, da outra perspectiva, a incerteza nunca desaparece quanto a se realmente superaremos os obstáculos, que podem até parecer cada vez maiores; e as dúvidas nunca desaparecem quanto a se haverá um prêmio real por trás deles, ou se esse prêmio realmente valerá o esforço. Assim, encontramos mais uma vez uma diferença radical entre o filho de Deus e o servo ou empregado, por melhor que o servo queira ser.

A cruz gloriosa

Eu disse há pouco: sem nos poupar parte do esforço; porque carregar a cruz com Jesus, unindo nossa cruz à dele, não só nos permite compatibilizar a dor e a alegria, mas também diminuir consideravelmente essa dor; embora não totalmente, porque, do contrário, já não seria uma verdadeira cruz. Assim explica com precisão Santa Genoveva Torres:

> A própria vida é uma cruz por causa da instabilidade de nosso coração, quando não está com Deus; pois ora quer, ora não quer, sempre desejando o que não tem. Aquele que se entrega a Deus não deixa de ter uma cruz, e às vezes mais pesada; mas Deus regula o peso para aquele que a carrega com fé viva, com confiança firme e amor intenso. Jesus é o Cireneu do homem.[36]

A imagem é muito clara: "Jesus é o Cireneu", um ajudante na dor, não um substituto. "Deus regula o peso", mas não o remove. Não é que a alma santa, plenamente identificada com Jesus Cristo, deixe de sofrer, mas aprende a sofrer, aprofunda o sentido da dor, ama mais e, nessa medida, o sofrimento também se torna mais suportável; embora objetivamente possa até ser muito maior do que o de outra pessoa que dá a impressão de não poder mais suportá-lo.... Essa outra pessoa não pode fazer mais nada porque não se encontrou com Jesus na cruz: não se abandonou nos braços amorosos de seu Deus Pai.

"Se nas contrariedades da vida vejo e procuro a Deus, Ele será a minha recompensa, tornando-as suaves e suportáveis".[37] "Me encontro em meio a muitas angústias. É o meu Jesus quem sofre".[38]

Basicamente, é mais uma vez o mistério da estreita cooperação entre graça e liberdade: a alma livremente abandonada nas mãos de Deus parece não fazer nada, não sofrer nada, mas Jesus o faz em seu lugar; mas, se Jesus está em seu lugar, é porque essa alma realmente sofre, porque se entrega e ama de todo o coração. Novamente um paradoxo abençoado.

> Como é consolador pensar que Jesus faz suas as minhas tristezas e sofrimentos! Não sofro sozinha. Sofro com

---

36 Santa Genoveva Torres Morales, *Apuntes*, n. 11.

37 Santa Genoveva Torres Morales, *Pensamientos* I, n. 30.

38 Santa Genoveva Torres Morales, *Cartas*, n. 11.

> Jesus, meu Pai, o melhor dos pais, que certamente quer o maior bem para mim. Os sofrimentos que surgem todos os dias, vejo que trazem em si muitas alternativas.[39]

De fato, no caso de Santa Genoveva, como no de tantos santos, a impressão que se tem do lado de fora é que dificilmente alguém, em seu lugar, com suas dores e contradições, teria conseguido sobreviver, levar até mesmo uma vida normal, muito menos com a responsabilidade que a fundadora das Angélicas tinha, e com a facilidade e eficácia com que realizava seu trabalho. Somente a sua santidade, o seu amor a Deus, a sua identificação com Jesus Redentor, explicam o fato de ela ter podido viver esses oitenta e seis anos a todo vapor e com alegria, sempre com as doenças e as contradições sobre os ombros.

Se esse é o significado da dor, então o significado dos momentos de felicidade que a alma experimenta também adquire nova luz: não são momentos santos em si mesmos, mas na medida em que se unem a Deus; e somente a sua compatibilidade com a dor prova que a alma não se busca de fato nessa felicidade: "As consolações não são estimadas senão na medida em que tornam a alma mais fiel no cumprimento de seus deveres e mais generosa no sofrimento".[40]

Então, é preciso buscar a cruz o tempo todo? Não pode haver trégua? Não se pode nem mesmo deleitar-se com as consolações divinas? Não são questões que possam simplesmente ser respondidas, porque estão mal colocadas; não são feitas a partir da perspectiva do amor a Deus, mas, no fundo, pressupõem uma oposição entre dor e fé que, como vimos, não existe necessariamente. Uma pessoa que ama não considera descansos ou tréguas em seu amor e, portanto,

---

39   Santa Genoveva Torres Morales, *Apuntes*, n. 14.

40   Santa Genoveva Torres Morales, *Pensamientos* II, n. 59.

tampouco considera a dor. Se Deus, seu Pai, seu Amor, lhe der consolo, ótimo; e se não, ótimo também.

Outro dos melhores mestres nessas questões, São Paulo da Cruz, explica com precisão: "Não é possível separar o amor da dor, nem a dor do amor; por essa razão, a alma apaixonada se alegra em suas dores e se alegra em seu amor sofredor".[41]

É a partir desta perspectiva que devemos ler os santos. Caso contrário, eles nos parecerão — como o irmão de Montse Grases disse acima — loucos masoquistas, que também querem que soframos tanto ou mais do que eles; e não são isso: são loucos apaixonados, que querem que amemos tanto quanto eles, e que sejamos tão felizes quanto eles.

Essa é a única maneira de entender, por exemplo, por que Santa Genoveva Torres exclama com convicção: "Benditos sofrimentos, que fazem tanto bem às almas!"[42] e por que Santa Teresa dos Andes compara a cruz ao céu: "E o que é o sacrifício, o que é a cruz senão o céu quando Jesus Cristo está nela? Dê a Ele sua vontade de tal forma que você não possa mais dizer 'eu quero isso', mas o que Ele quiser [...] Vivamos na cruz. A cruz é a abnegação de nossa vontade. Na cruz está o céu, porque é lá que Jesus está".[43]

Ou Santa Teresa de Jesus, que dedica dois de seus poemas a cantar os louvores da cruz, dizendo nos respectivos versos principais:

"Descanso saboroso de minha vida,
Sê bem-vinda, ó cruz querida".

"Na Cruz está a vida
E o consolo,
E só ela é o caminho
Para o céu".

---

41   São Paulo da Cruz, *Cartas*, n. 1.

42   Santa Genoveva Torres Morales, *Cartas*, n. 105.

43   Santa Teresa dos Andes, *Cartas*, n. 40.

O ENCONTRO COM O AMOR DE DEUS NA CRUZ

Nas várias estrofes de cada um desses poemas, ela mesma explica a razão desses louvores à cruz; aqui estão alguns versos-chave, correspondentes ao início e ao fim do segundo dos referidos poemas:

> Na Cruz está o Senhor
> Do céu e da terra
> E o gozar de muita paz
> Ainda que haja guerra,
> Todos os males desterra
> Neste solo,
> E somente ela é a senda
> Que conduz ao céu [...]
> Desde que na Cruz foi posto
> O Salvador,
> Só na cruz está a glória,
> Honra e louvor;
> E no padecer a dor
> Vida e consolo,
> E o caminho mais seguro
> Para o céu.[44]

Santa Teresa do Menino Jesus se expressa ainda mais corajosamente sobre esta união entre dor e alegria. Por exemplo, diante da dolorosa doença e morte de seu pai, que causou tanto sofrimento às cinco irmãs:

> Um dia, no céu, gostaríamos de falar de nossas *gloriosas* tribulações; não nos alegramos agora por tê-las suportado...? Sim, os três anos do martírio de papai me parecem os mais preciosos, os mais frutíferos de toda a nossa vida. Eu não os trocaria por todos os êxtases e revelações dos santos. Meu coração transborda de gratidão ao pensar nesse *tesouro* que deve despertar santa inveja nos anjos da corte celestial...[45]

---

44 Santa Teresa de Jesus, *Poemas*.

45 Santa Teresa do Menino Jesus, *Manuscritos autobiográficos*, Ms. A, 73r.

INTIMIDADE DE AMOR COM DEUS

Mais tarde, resumindo todas as dores de sua vida, acrescenta: "Tenho sofrido muito desde que estou na Terra. Mas se em minha infância eu sofria com tristeza, agora não sofro mais assim: sofro com alegria e paz, fico realmente feliz em sofrer".[46]

Tudo é um problema de amor..., e como quem mais ama é nosso Deus Pai, não há motivo para preocupação: Ele nos recompensará um dia com a maior felicidade jamais sonhada e, já nesta vida, Ele sabe como combinar dor e felicidade da melhor maneira:

> Na cruz está a salvação, na cruz a vida, na cruz, amparo contra os inimigos, na cruz, a abundância da suavidade divina, na cruz a fortaleza do coração, na cruz o compêndio das virtudes, na cruz a perfeição da santidade. Não há salvação da alma nem esperança da vida, senão a cruz.[47]

Um Pai que corrige e ensina com amor

Gostaria de falar sobre outro aspecto que pode ser encontrado em alguns — embora não todos — dos sofrimentos que chamamos de cruzes, e que também tem muito a ver com o significado da filiação divina cristã. Com efeito, recomecemos a partir da ideia-chave de que Deus abençoa os seus filhos com a cruz de Cristo, porque nos ama de verdade. Pois bem, nesse amor paterno, nessa bênção com a cruz, também pode aparecer algo muito característico dos bons pais em seu relacionamento com os filhos: corrigir para ensinar e, às vezes, corrigir com dureza, se necessário, justamente como sinal de amor e misericórdia...

É assim que São Luís Maria Grignion de Montfort se expressa quando enumera os benefícios da cruz de Cristo:

---

46 Santa Teresa do Menino Jesus, *Manuscritos autobiográficos*, Ms. C, 4v.

47 Tomás de Kempis, *Imitação de Cristo*, II, 12, 2.

Ela nos torna dignos filhos de Deus Pai, dignos membros de Jesus Cristo e dignos templos do Espírito Santo. Deus Pai corrige aqueles que adota como filhos: "O Senhor corrige aqueles a quem ama, açoita a quem aceita como filhos seus" (Hb 12, 6). O Filho recebe como seus apenas aqueles que carregam a cruz. O Espírito Santo esculpe e lapida as pedras vivas da Jerusalém celestial, ou seja, os predestinados.[48]

Vale a pena reproduzir na íntegra o texto da Carta aos Hebreus, do qual este santo tirou o versículo mais significativo sobre o nosso tema; porque, além disso, é um texto que se explica com particular clareza:

Portanto, com tamanha nuvem de testemunhas em torno de nós, deixemos de lado tudo o que nos atrapalha e o pecado que nos envolve. Corramos com perseverança na competição que nos é proposta, com os olhos fixos em Jesus, que vai à frente da nossa fé e a leva à perfeição. Em vista da alegria que o esperava, suportou a cruz, não se importando com a infâmia, e assentou-se à direita do trono de Deus. Pensai, pois, naquele que enfrentou uma tal oposição por parte dos pecadores, para que não vos deixeis abater pelo desânimo.

Vós ainda não resististes até ao sangue, na vossa luta contra o pecado, e já esquecestes as palavras de encorajamento que vos foram dirigidas como a filhos: "Meu filho, não desprezes a correção do Senhor, não te desanimes quando ele te repreende; pois o Senhor corrige a quem ele ama e açoita a quem aceita como filhos seus". É para a vossa correção que sofreis; é como filhos que Deus vos trata. Pois qual é o filho a quem o pai não corrige? Pelo contrário, se ficais fora da correção aplicada a todos, então não sois filhos, mas bastardos. Ademais, tivemos os nossos pais humanos como educadores, aos quais respeitávamos. Será que não devemos submeter-nos muito mais ao Pai dos espíritos, para termos a vida? Nossos pais humanos

---

48 São Luís Maria Grignion de Montfort, *O amor da sabedoria eterna*, n. 176.

INTIMIDADE DE AMOR COM DEUS

nos corrigiam, como melhor lhes parecia, por um tempo passageiro; Deus, porém, nos corrige em vista do nosso bem, a fim de partilharmos a sua própria santidade.

Na realidade, na hora em que é feita, nenhuma correção parece alegrar, mas causa dor. Depois, porém, produz um fruto de paz e de justiça para aqueles que nela foram exercitados. Portanto, firmai as mãos enfraquecidas e os joelhos vacilantes; tornai retas as trilhas para os vossos pés, para que não se destronque o que é manco, mas antes seja curado (Hb 12, 1-13).

Esse "esculpir" e "lapidar" a que São Luís Maria se referiu, essa correção paterna, pode de fato ser dolorosa, como é frequentemente o caso da cura, ou mesmo da simples limpeza (tanto do corpo quanto da alma). Mas um bom pai e uma boa mãe, mesmo que eles próprios sofram por terem de realizar tarefas desagradáveis no cuidado de seus filhos, não hesitam em levá-las adiante, precisamente porque são movidos pelo amor a seus filhos; e estes últimos, se os olharem com o mesmo afeto, e não de forma egoísta, percebem que a dor que sentem é fruto do amor de seus pais; e assim se deixam limpar e curar, esculpir e lapidar. É assim que Deus, nosso Pai, também age, e é assim que um bom filho seu deve reagir.

São João de Ávila se expressa de maneira muito semelhante, do ponto de vista da ação do Espírito Santo na alma:

> É o Espírito Santo um despertador — diz Cristo — que vos enviará o Pai; e chama-se *Paráclito*, consolador e exortador. Consolador, porque, embora repreenda algumas vezes, não se vai sem deixar consolo na alma que repreende. Costuma algumas vezes este consolador repreender as almas, como se dissesse: "Em que estás pensando? O que fazes? Por que te descuidas? Nota que isso está errado, vê que é melhor fazer tal coisa antes dessa, deixar tal companhia, procurar outra, relacionar-te com tais pessoas. Olha que a vida passa; faz o bem que

O ENCONTRO COM O AMOR DE DEUS NA CRUZ

puderes, dá as esmolas que puderes; põe em prática o que te foi ensinado. Não deixa que a vida passe apenas em bons desejos e pensamentos, e nenhuma ação. Olha que a vida passa, e não sabes se Deus nosso Senhor te chamará no meio da tua juventude. Cuidado para que não sejas pego de surpresa"; e assim por diante.

Se desta repreensão e exortação ficou a vossa alma alborotada e desconsolada, e com temores, não era o Espírito Santo. Ele não repreende senão para consolar; não repreende senão para que vos emendeis e fiqueis alegres com os avisos. Se após aquela confusão, lágrimas e vergonha de terdes agido contra o Senhor, ficais alegres, com confiança no Senhor, certos de que Ele não vos abandonará, que vos ajudará a serdes melhores e vos emendará, isso sim é obra do Espírito Santo; o consolador entrou em vosso coração: Ele vos repreendeu, Ele quer vos consolar; assim Ele costuma fazer, dar tranquilidade depois das tempestades e amor depois do temor. O despertador, o exortador, o consolador, o mestre, tudo o que se há de fazer, Ele te ensinará a governar e guiar teu barco. Ele fará com que, contra todos os ventos, somente com seu conselho e habilidade, chegues a um porto seguro.[49]

A correção divina, portanto, participa do paradoxo da cruz: dói na superfície, e talvez muito; mas deixa uma grande paz interior. Paz que acaba triunfando e tomando conta de todo o nosso ser como filhos de Deus.

Há, além disso, muitos outros componentes decisivos do mistério da cruz de Cristo que também são projetados na cruz do cristão: o valor expiatório da cruz; sua relação com a mortificação e a luta ascética; a obediência redentora em face da desobediência inerente ao pecado; a abnegação e a humilhação pessoal, que são transformadas em triunfo e exaltação; a renovação contínua do sacrifício de Cristo na

---

49 São João de Ávila, *Sermón en el Domingo de Pentecostés, en la profesión de una monja.*

INTIMIDADE DE AMOR COM DEUS

celebração eucarística e, portanto, nossa identificação com a cruz por meio desse sacramento; e assim por diante. Mas eu queria me concentrar aqui em apenas alguns, aqueles que me parecem mais próximos do mistério das relações paterno-filiais.

Com efeito, esta é a ideia central sobre a qual quis centrar este capítulo: a estreita relação entre filiação divina, identificação com Cristo, amor à cruz e alegria. Isso nos é apresentado em um texto luminoso de Santa Edith Stein, um excelente resumo de tudo o que dissemos:

> Assim como *ser* um com Cristo é a nossa bem-aventurança e progredir para *chegarmos a ser* um com Ele é a nossa felicidade na terra, o amor à cruz e a alegre filiação divina não são contraditórios. Ajudar Cristo a carregar a cruz traz uma alegria forte e pura, e aqueles que podem e devem, os construtores do Reino de Deus, são os verdadeiros filhos de Deus. Portanto, a preferência pelo caminho da cruz não significa que a Sexta-feira Santa não tenha sido superada e que a obra da redenção tenha sido consumada. Somente os redimidos, os filhos da graça, podem ser portadores da cruz de Cristo.
>
> O sofrimento humano só recebe poder expiatório se estiver unido ao sofrimento da cabeça divina. Sofrer e ser feliz no sofrimento, estar na terra, percorrer os caminhos sujos e acidentados desta terra e, ainda assim, reinar com Cristo à direita do Pai; com as crianças deste mundo rir e chorar e com os coros de anjos cantar louvores ininterruptos a Deus: essa é a vida do cristão até o dia em que a aurora da eternidade despontar.[50]

---

50 Santa Edith Stein, *Amor por la Cruz,* em *Obras selectas*, Burgos 1998, p. 260.

CAPÍTULO 6

UM CAMINHO DE AMOR FILIAL

Os dons do Espírito Santo e o caminho para a santidade

A tradição teológica e espiritual cristã enfatiza, desde os tempos antigos, o papel dos sete dons do Espírito Santo na santificação da alma. Como se sabe, embora a expressão "dons do Espírito Santo" possa ser entendida de forma geral, ou seja, referindo-se a todos os tipos de dons divinos, ela geralmente tem um significado muito mais específico; vamos relembrá-lo nas palavras do *Catecismo da Igreja Católica*, que resumem o ensinamento tradicional: "A vida moral dos cristãos é sustentada pelos dons do Espírito Santo. Estes são disposições permanentes que tornam o homem dócil para seguir os impulsos do Espírito Santo".[1]

> Os sete *dons* do Espírito Santo são: sabedoria, entendimento, conselho, fortaleza, ciência, piedade e temor de Deus. Em plenitude, pertencem em a Cristo, Filho de Davi (cf. Is 11, 1-3). Completam e levam à perfeição as virtudes daqueles que os recebem. Tornam os fiéis dóceis para obedecer prontamente às inspirações divinas.[2]

---

1   *Catecismo da Igreja Católica*, n. 1830.

2   Ibidem, n. 1831. É assim que o Papa Leão XIII desenvolve essas ideias em sua encíclica *Divinum illud munus*, n. 12: "Por esses dons, a alma é dotada de um aumento de força, torna-se capaz de obedecer ao chamado e aos estímulos do Espírito com maior facilidade e prontidão. Tão grande é a eficácia desses dons

INTIMIDADE DE AMOR COM DEUS

Não é minha intenção agora lidar com a questão teológica da natureza destes dons, sua relação com as virtudes, seu número setenário etc. Continuando no contexto mais teológico-espiritual do que dogmático em que estas páginas estão inseridas, e levando em conta a abundante doutrina dos santos e mestres espirituais sobre o papel dos dons na santificação da alma, gostaria de usar o esquema teológico proposto pelos sete dons como forma de aprofundar esse itinerário espiritual que, partindo da condição de filhos de Deus, nos conduz à santidade como plenitude da filiação divina.

Lembremo-nos de que, nesta jornada rumo à santidade, a iniciativa e a atividade principal são divinas: a ação do Espírito Santo na alma, com a livre cooperação humana. A atitude cristã de docilidade a essa conexão divina interior é, portanto, decisiva no processo da própria santificação. Como acabamos de ler no *Catecismo*, Deus infunde os sete dons em nossas almas precisamente com o propósito de facilitar essa docilidade às suas inspirações e moções; e é exatamente nesse ponto que completam e aperfeiçoam as virtudes. Assim, a santidade do filho de Deus crescerá na medida de uma maior docilidade à ação do Espírito Santo e, portanto, na medida de um maior enraizamento e desenvolvimento dessas "disposições permanentes" que são os dons.

Por outro lado, a clássica enumeração dos sete dons do Espírito Santo, extraída de Isaías 11, 1-3, tem sido vista pela tradição teológica e espiritual como uma certa gradação da ação do "Espírito septiforme" no cristão:[3] o espírito de

---

que eles conduzem o homem às mais altas alturas da santidade; e tão grande é sua excelência que eles perseveram intactos, embora mais perfeitos, no reino celestial. Graças a eles, o Espírito Santo nos leva a desejar e nos impele a alcançar as bem-aventuranças evangélicas, que são como flores abertas na primavera, como sinal e prenúncio da bem-aventurança eterna".

3   Embora os críticos modernos tendam a reduzir o relato de Isaías a seis "espíritos", identificando os dois últimos, as versões usadas pelos teólogos clássicos e autores espirituais, especialmente a Vulgata, sempre mencionam sete.

UM CAMINHO DE AMOR FILIAL

sabedoria seria o ponto culminante de um processo iniciado a partir do temor de Deus. Este é o itinerário apresentado, entre outros, por Santo Agostinho:

> Quando o profeta Isaías recorda aqueles sete famosos dons espirituais, começa com a sabedoria para chegar ao temor de Deus, como se descesse do mais alto para nos ensinar a subir. Ele parte do ponto em que devemos chegar e chega ao ponto em que começamos. Diz: "Repousará sobre ele o Espírito de Deus, o Espírito de sabedoria e de entendimento, o Espírito de conselho e de fortaleza, o Espírito de ciência e de piedade, o Espírito do temor de Deus" (Is 11, 2-3). Assim como o Verbo encarnado, não diminuindo a si mesmo, mas nos ensinando, desce da sabedoria ao temor, nós também devemos subir do temor à sabedoria, não nos enchendo de orgulho, mas progredindo, pois "o temor é o princípio da sabedoria" (Pv 1, 7) [...]
>
> É por isso que a sabedoria, que é a verdadeira luz da alma, é colocada em primeiro lugar, e o entendimento, em segundo. Como se, àqueles que lhe perguntam "de onde se deve partir para alcançar a sabedoria?", respondesse: do entendimento. E para alcançar o entendimento? Do conselho. E para alcançar o conselho? Da fortaleza. E para alcançar a fortaleza? Da ciência. E para alcançar a ciência? Da piedade. E para alcançar piedade? Do temor. Portanto, desde o temor até a sabedoria, porque "o temor de Deus é o princípio da sabedoria" (Pv 1, 7).[4]

É o papel gradual da ação divina por meio dos sete dons que queremos apresentar neste capítulo, com um foco especial na realidade da filiação divina. A frase de Provérbios citada duas vezes nesse texto de Santo Agostinho, combinada

---

4   Santo Agostinho de Hipona, *Sermones*, n. 347, 2. Em sua obra *De sermone Domini in monte* [*Sobre o sermão do Senhor na Montanha*], o próprio Santo Agostinho relaciona os dons às bem-aventuranças, também de forma escalonada (livro I, 4, 11). Santo Tomás de Aquino e São Boaventura, entre outros, também estabelecem relações entre virtudes, dons e bem-aventuranças.

INTIMIDADE DE AMOR COM DEUS

com a enumeração "descendente" de Isaías, é justamente a fonte principal de quase todos os autores que defendem a visão progressiva da ação do Espírito divino na alma, por meio da intervenção sucessiva dos sete dons.

Vista, ademais, a partir da filiação divina, parece-nos que esta gradação assume uma força especial, pois mostra muito bem não só como o Espírito Santo vai acomodando nossa alma à sua ação santificadora, mas também como nos tornamos mais semelhantes a Jesus Cristo, nosso irmão mais velho, que tinha os sete dons em plenitude e de quem eles fluem para nós; e como ganhamos em intimidade com Deus Pai, com toda a Trindade, desde o temor filial inicial até a "loucura de amor" da união contemplativa, fruto da mais alta sabedoria.

No entanto, deve ficar claro desde o início que se trata de um "modelo" teológico-espiritual que não deve ser limitado sobremaneira. Com efeito, esta visão pode servir de guia para a compreensão do processo de santificação da alma e também de ajuda prática na vida ascética; mas não pretendemos afirmar que exista uma periodização estrita da vida espiritual em sete etapas bem definidas, de acordo com os dons; tampouco o fazem outros modelos clássicos, como o das três vias ou o das moradas teresianas, para dar apenas dois exemplos bem conhecidos, entre muitos outros, abundantes na literatura espiritual.

A ação do Espírito divino é extremamente rica e variada na vida de bilhões de filhos de Deus de todas as épocas, e não é predeterminada por esquemas e periodizações rigorosas; mas também é verdade que essa atividade divina segue uma lógica que nos permite, sem nenhuma ociosidade, apresentar alguns traços gerais e comuns da vida cristã que são tão universais quanto possível.

Contra uma periodização excessivamente rígida está o fato de que, de acordo com a opinião mais comum, os sete dons desempenham um papel importante do início ao fim do caminho da santidade, assim como as virtudes, os sacramentos, a oração e assim por diante. Há algo de cada um deles em cada estágio e até mesmo em cada ato da vida cristã. Mas também nos parece que há uma maior necessidade e predominância do temor de Deus nos primeiros passos deste itinerário, enquanto a sabedoria tende a dominar a vida contemplativa e o intenso amor a Deus nas almas mais santas; para falar apenas dos dois extremos da cadeia.

Seja como for, parece-nos que uma reflexão sobre cada um dos aspectos desta intervenção divina septiforme no cristão pode ser muito útil para uma compreensão teológica mais ampla do processo interior que conduz à plenitude da filiação divina, e para nos ajudar a percorrer pessoalmente este caminho, com maior docilidade aos impulsos e inspirações do Espírito Santo, que nos configura com Jesus Cristo, amando cada vez mais intensamente a Deus Pai.

O temor de Deus e a luta contra o pecado

Santidade significa, entre outras coisas, pureza da alma, limpeza, ausência de manchas. A santidade e o pecado são radicalmente opostos um ao outro. Com as únicas exceções de Jesus Cristo e Maria Santíssima, o pecado é uma realidade presente na vida de todo cristão, com a qual sempre se deve contar nesta terra. Nenhum santo jamais alcançou a impecabilidade ou se sentiu impecável. Mesmo aqueles que falam com mais ousadia de uma identificação profunda, contínua e transformadora com Deus nos cumes da santidade, estão convencidos de que a qualquer momento podem perder essa situação privilegiada — que veem como um dom imerecido — e cair novamente no abismo do pecado, por mais adiantados que se encontrem naqueles momentos.

INTIMIDADE DE AMOR COM DEUS

Vimos isso detalhadamente no capítulo sobre a misericórdia de Deus, onde vários santos abriram seus corações para nós com grande humildade. Mas não são supérfluas estas palavras tão explícitas e tão matizadas de Santa Teresa de Jesus, precisamente quando ela fala dos cumes do itinerário da santidade, nas "sétimas moradas":

> Tampouco vos passe pelo pensamento que, por estas almas terem grandes desejos e determinação de não fazer uma imperfeição por coisa alguma cá da terra, deixem de fazer muitas, e até pecados. Propositalmente não, pois que, a estas almas, o Senhor deve dar certamente ajuda muito particular para isto. Digo pecados veniais, que dos mortais, quanto elas entendem, estão livres, ainda que não seguras; pois terão alguns que não entendem, o que não lhes será pequeno tormento. Também lhe causam grande sofrimento as almas que elas veem se perderem; e embora tenham, de certo modo, grande esperança de não serem dessas, quando se recordam de alguns daqueles de que diz a Sagrada Escritura que pareciam ser favorecidos do Senhor, como por exemplo um Salomão que tanto se comunicou com Sua divina Majestade, não podem deixar de temer, como tenho dito; e aquela de vós que se vir com mais segurança de si mesma, tema mais; porque "Bem-aventurado o homem que teme o Senhor" (Sl 111, 1), diz Davi. Sua Majestade nos ampare sempre; suplicar-Lhe isto para que não O ofendamos, é a maior segurança que podemos ter. Seja para sempre louvado, amém.[5]

Contudo, como sugere o mesmo texto da santa doutora, é evidente que a luta contra o pecado, e especificamente contra o pecado mortal, parece ser secundária na vida das almas santas, claramente dominadas e dirigidas pelo amor de Deus. Por outro lado, os primeiros passos daqueles que pretendem seguir Jesus Cristo mais de perto, que começam a entender o

---

5   Santa Teresa de Jesus, *Moradas*, VII, 4, 3.

que significa e implica ser um filho de Deus, são geralmente marcados por uma grande necessidade de conversão, de purificação interior, que remova decisivamente o pecado de suas vidas, libertando-os tanto quanto possível da inclinação para o mal, para que possam realmente direcionar seu intelecto, sua vontade e seus sentidos para Deus, como o único fim de sua existência, o mais rápido possível.

Os livros de espiritualidade estão repletos de excelentes conselhos, recomendações, propostas práticas concretas etc., nesta luta contra o pecado e seus aliados: concupiscência, tentações, "inimigos da alma", más inclinações... Mas, entre esses meios, é preciso destacar a docilidade ao Espírito Santo, manifestada particularmente como espírito de temor de Deus.

De fato, somente Deus pode perdoar pecados, e somente Ele pode efetivamente ajudar a alma a se afastar do perigo do pecado. O medo do pecado em si e de suas consequências (a punição que ele merece, o dano causado à própria alma e aos outros) pode ajudar, mas tende a ser de curta duração. Além disso, se esse temor for entendido como "*medo* de Deus", de sua justiça vindicativa, pode até ser contraproducente, distorcendo a verdadeira imagem de um Deus que é, acima de tudo, Pai, amor e misericórdia: atributos sem os quais a verdadeira justiça divina não pode ser compreendida. Como os santos deixaram isso claro para nós há muitas páginas!

O dom de *temor* de Deus nos é apresentado a partir de outra perspectiva, que, no final das contas, é precisamente a perspectiva do Amor. Como muitos escritores cristãos explicaram desde a antiguidade, é de fato um temor *filial*, não um temor *servil*: é por isso que enfatizamos que é o *temor* de Deus, e não medo. É outra maneira de abordar essa confiança, esse abandono nos braços de nosso Deus Pai, que desenvolvemos no terceiro capítulo de nosso livro. Mas vamos matizar um pouco mais as considerações já feitas.

De fato, podemos falar de um certo componente servil deste temor, na medida em que ele reforça o medo do próprio pecado e dos perigos de se deixar dominar pelo demônio, pelo próprio orgulho, pela carne e assim por diante. Por isso, em particular, Santo Tomás de Aquino relaciona este aspecto do dom do temor com a virtude da temperança;[6] e Santa Teresa de Jesus recomenda: "O temor nos fará vigiar onde colocamos os pés para não cairmos no caminho onde há tanto em que tropeçar".[7]

Mas, acima de tudo, esse dom divino nos faz entender a maldade do pecado como ofensa a Deus, como perda do amor de Deus, como infidelidade do filho para com seu Pai. É no pecador que se arrepende, o temor de ter ofendido um Pai tão bom; ou naquele que deseja fugir o mais longe possível do pecado, o temor de poder ofendê-Lo e, assim, distanciar-se de seu maravilhoso Amor, ou mesmo perdê-lo para sempre.

Vimos como o filho pródigo da parábola sente, sem dúvida, todo o peso do pecado e suas consequências, inclusive físicas, mas é movido sobretudo, em seu arrependimento, pela figura amabilíssima de seu pai, a quem desprezou: ele se deixa levar por um verdadeiro temor filial, com o qual reencontra o amor paterno.

Convém recordarmos novamente as palavras do Evangelho:

> Vou voltar para meu pai e dizer-lhe: "Pai, pequei contra Deus e contra ti; já não mereço ser chamado teu filho. Trata-me como a um dos teus empregados". Então ele partiu e voltou para seu pai. Quando ainda estava longe, seu pai o avistou e foi tomado de compaixão.

---

6 Cf. Santo Tomás de Aquino, *Suma Teológica*, ii-ii, q. 141, a. 1, ad 3. Em todo caso, há uma certa evolução na opinião de Santo Tomás, já que no comentário às *Sentenças* ele relaciona todos os aspectos do dom do temor a essa virtude cardeal: cf. *In iii Sent.*, d. 34, qq. 1-2; enquanto na *Summa*, o dom do temor corresponde, sobretudo, à esperança, como recordaremos a seguir.

7 Santa Teresa de Jesus, *Caminho de Perfeição*, c. 40, 1.

UM CAMINHO DE AMOR FILIAL

Correu-lhe ao encontro, abraçou-o e o cobriu de beijos (Lc, 15, 18-20).

Esse aspecto filial do temor de Deus, que brota do amor, é, em nossa opinião, o principal e sua razão formal. Daí sua relação, para voltar a Santo Tomás, com a virtude da esperança.[8]

A esperança é desejo e confiança, e ambos são claramente reforçados pela imagem amorosa e misericordiosa de Deus Pai, maravilhosamente refletida no coração redentor de Jesus Cristo, e na atividade transbordante de um Espírito que é o Espírito de Amor e compaixão: em tal Deus paternal podemos confiar plenamente, e sua poderosa atração acende nosso desejo. Assim o resume São Josemaria Escrivá: "'Timor Domini sanctus' — Santo é o temor de Deus —. Temor que é veneração do filho por seu Pai; jamais temor servil, porque teu Pai-Deus não é um tirano".[9]

Juntamente com a temperança e a esperança, o dom do temor também tem uma relação particular com a virtude da humildade,[10] que, além disso, é consistente com seu papel especial nos primeiros passos da vida cristã. De fato, a humildade, como vimos, é um fundamento indispensável no caminho da santidade e um traço característico do verdadeiro espírito filial. A verdade sobre Deus e sobre mim, própria da humildade, é iluminada pelo dom de temor de Deus, que nos mostra a distância abismal que separa a criatura do Criador; uma distância que somente a generosidade do Amor divino pode transpor e, de fato, salvar. Isso é ensinado por um dos grandes mestres da humildade, São Bento:

O primeiro grau de humildade consiste nisto: manter sempre o temor de Deus diante de seus olhos, nunca

---

8   Cf. Santo Tomás de Aquino, *Suma Teológica* II-II, q. 19.

9   São Josemaria Escrivá, *Caminho*, n. 435.

10   Cf. Santo Tomás de Aquino, *In III Sent.*, d. 34, q. 2, a. 1.

INTIMIDADE DE AMOR COM DEUS

> esquecê-lo, e sempre se lembrar do que Deus ordenou, sempre considerando em seu coração como o inferno queima aqueles que desprezam Deus por seus pecados, e como a vida eterna está preparada para aqueles que O temem. E abstendo-se em todo tempo dos pecados e vícios, dos pensamentos, da língua, das mãos, dos pés e da vontade própria, procure também refrear os desejos da carne. Que o homem pense que Deus o está observando o tempo todo dos céus, e que o olhar da divindade vê suas ações em toda parte, e que os anjos lhe prestam contas delas a todo momento. O profeta nos mostra isso quando nos ensina que Deus está sempre atento aos nossos pensamentos, dizendo: "Deus sonda os nossos corações e tudo o que há em nós" (Sl 7, 10). "O Senhor conhece os pensamentos dos homens" (Sl 93, 11). E ainda: "De longe conheceste os meus pensamentos" (Sl 138, 3), e: "O pensamento do homem te será manifesto" (Sl 75, 11).[11]

Ao mesmo tempo, o dom de temor nos ajuda a superar o abismo que nos separa de Deus, confiando apenas no Amor divino, não em nós mesmos. Esta é a verdadeira humildade cristã: aquela que, convencida de seu nada, se lança corajosamente nos braços d'Aquele que é Tudo. Discutimos isso em profundidade nos capítulos anteriores sobre a humildade filial dos santos e sobre a misericórdia divina.

De tudo o que foi dito, podemos entender o valor particular que o dom do temor de Deus tem em certos atos ou momentos da vida cristã: a recepção do sacramento da penitência, atos de contrição e expiação, mortificação voluntária como expiação, purificações passivas da alma etc.

Em certo sentido, as almas santas frequentemente têm uma necessidade particular deste dom novamente, naqueles tempos de secura, aridez, abandono, com os quais Deus frequentemente as fortalece em certos momentos de sua

---

11   São Bento de Núrsia, *Regra*, 7.

vida. São tempos em que o santo está "esperando contra a esperança" (Rm 4, 18).

Isso também explica por que o Filho por natureza, o próprio Jesus Cristo, apesar da total ausência de pecado em sua vida, tinha esse dom à sua disposição e o usou, particularmente diante das tentações do diabo no deserto e, ainda mais claramente, na agonia do jardim e no clímax da cruz. Ao falar dela, destacamos a importância de sua oração filial: "*Abbá*! Pai! tudo é possível para ti. Afasta de mim este cálice! Mas seja feito não o que eu quero, porém o que tu queres" (Mc 14, 36); e "Meu Deus, meu Deus, por que me abandonaste?" (Mt 27, 46), juntamente com "Pai, em tuas mãos entrego o meu espírito" (Lc 23,46).

Esses me parecem ser, de fato, os maiores exemplos da força e da profundidade que o dom do temor de Deus pode alcançar em uma alma santa, fortalecendo a confiança e o abandono em Deus.

Piedade e vida de oração

À medida que o filho de Deus se afasta do pecado e de seus perigos, cresce também sua proximidade e intimidade com o Pai; ou melhor, é um progressivo enamoramento pelo Senhor que o purifica e fortalece suas disposições. Dessa forma, deve começar uma autêntica vida de oração, que conduza àquela relação filial, amorosa e íntima com a Trindade que contemplamos algumas páginas atrás.

A oração, pelo menos a oração vocal, aparece na vida cristã desde os primeiros balbucios conscientes de uma criança batizada, ou desde os primeiros passos de um adulto rumo à conversão; mas é como resultado de uma maior determinação de seguir Jesus Cristo que o cristão começa a descobrir a riqueza da oração litúrgica, das fórmulas devocionais clássicas e da oração mental ou meditação, que gradualmente

INTIMIDADE DE AMOR COM DEUS

se transforma em oração afetiva e contemplação. É neste momento, em nosso entendimento, que o dom da piedade substitui o temor de Deus com força crescente.

Como uma virtude humana, a piedade é precisamente a virtude característica do relacionamento entre pais e filhos. Quando falamos de piedade em nossas relações com Deus, queremos enfatizar o espírito de devoção, de afeto filial, que deve ser fomentado na oração e em outras práticas da vida cristã, evitando assim a mera formalidade e a rotina.

Algumas palavras de São Josemaria Escrivá recordam-nos o que já consideramos mais detalhadamente no capítulo terceiro: "A vida de oração e de penitência, e a consideração da nossa filiação divina, nos transformam em cristãos profundamente piedosos, como crianças diante de Deus. A piedade é a virtude dos filhos, e, para que o filho possa confiar-se aos braços de seu pai, deve ser e sentir-se pequeno, necessitado".[12]

Há um forte componente de luta pessoal, do exercício das virtudes com a ajuda da graça, no fortalecimento dessas disposições interiores da alma. Mas o aspecto mais profundo e valioso da piedade cristã não pode ser explicado sem a intervenção do dom da piedade; pois, como já explicamos, somente o Espírito de Amor, fruto no seio da Trindade da mesma relação paterno-filial entre Deus Pai e Deus Filho, pode nos ensinar os segredos dessa intimidade amorosa divina e nos dar o amor com o qual amar verdadeiramente a Deus como Ele nos ama e merece ser amado; e o dom da piedade, que o mesmo Espírito divino nos concede, é precisamente a disposição necessária para que possamos compreender e apreciar esse amor, aplicá-lo de fato à nossa vida cristã e até mesmo manifestar nosso amor ao Senhor.

---

12 São Josemaria Escrivá, *É Cristo que passa*, n. 10.

Recordemos, por exemplo, as palavras de São João Crisóstomo no prólogo, quando glosa as conhecidas frases de São. Paulo:

> Se o Espírito Santo não existisse, não poderíamos dizer: "Senhor, Jesus", porque ninguém pode invocar Jesus como Senhor senão no Espírito Santo (cf. 1Cor 12, 3). Se o Espírito Santo não existisse, não poderíamos orar com confiança. Quando oramos, dizemos: "Pai nosso que estais nos céus". Se o Espírito Santo não existisse, não poderíamos chamar Deus de Pai. Como sabemos disso? Porque o apóstolo nos ensina: "E a prova de que sois filhos é que Deus enviou aos nossos corações o Espírito do seu Filho, que clama: "*Abbá*, Pai!" (Gl 4, 6). Portanto, quando invocares Deus Pai, lembra-te que foi o Espírito quem, movendo a tua alma, te deu aquela oração.[13]

O dom da piedade, portanto, torna-se especialmente precioso na participação dos sacramentos, particularmente na Sagrada Eucaristia; na recitação da Liturgia das Horas; no Santo Rosário e nas práticas de piedade mariana; nos momentos dedicados à oração mental pessoal; no exame de consciência etc. Em outras palavras, em todas as várias formas de oração cristã, como nos ensina o *Catecismo da Igreja Católica*: "O Espírito Santo, cuja unção impregna todo o nosso ser, é o Mestre interior da oração cristã. É o artífice da tradição viva da oração. Certamente, há tantas formas de oração quanto há orantes, mas é o mesmo Espírito que atua em todos e com todos".[14]

Ademais, este espírito de piedade nos ajuda a harmonizar a oração pessoal e litúrgica, pública e privada: a dar a toda oração seu pleno valor eclesial. Assim explica Santa Edith Stein, com uma profunda compreensão da ação do Paráclito na Igreja e no cristão:

---

13 São João Crisóstomo, *Sermo 1 de Sancta Pentecoste*, nn. 3-4 (PG 50, 457).

14 *Catecismo da Igreja Católica*, n. 2672.

> Não se trata de contrapor as formas livres de oração como expressão de piedade "subjetiva" à liturgia como forma "objetiva" de oração da Igreja: através de toda oração autêntica, algo é produzido na Igreja, e é a própria Igreja que reza em cada alma, pois é o Espírito Santo, que vive nela, que "intercede por nós com gemidos inefáveis" (Rm 8, 26). Essa é a oração autêntica, pois "ninguém pode dizer Senhor Jesus senão no Espírito Santo" (1Cor 12, 3).[15]

O próprio Jesus nos dá, mais uma vez, um exemplo de profunda piedade, movida pelo Espírito, tanto em seus frequentes momentos de recolhimento e solidão dedicados ao diálogo íntimo com seu Pai, como em sua maneira de viver o sábado judaico, de ir rezar no templo de Jerusalém etc. Uma vida de oração e piedade que culminou no jardim do Getsêmani e na cruz.

Talvez seja um bom momento para lembrar a chamada "oração sacerdotal" de Jesus Cristo, que também é uma "oração filial", e de cuja contemplação atenta podemos aprender muito sobre nosso trato com Deus Pai. Encorajo-o particularmente a prestar atenção aos muitos "Pai", "Tu", "Vós" etc., que aparecem neste texto: esse é o verdadeiro diálogo filial próprio da oração, como pretendo glosar longamente no anunciado livro sobre a oração:

> Pai, chegou a hora, glorifica o teu Filho, para que teu Filho te glorifique a ti, e, pelo poder que lhe deste sobre toda a criatura, dê a vida eterna a todos os que lhe deste. Ora a vida eterna é esta: que te conheçam a ti como o único Deus verdadeiro, e a Jesus Cristo, a quem enviaste. Glorifiquei-te sobre a terra; acabei a obra que me deste a fazer. E agora, Pai, glorifica-me junto de ti mesmo, com aquela glória que tinha em ti, antes que houvesse mundo.

---

15 Santa Edith Stein, *La oración de la Iglesia*, em *Los caminos del silencio interior*, Madri, 1988, p. 82.

UM CAMINHO DE AMOR FILIAL

Manifestei o teu nome aos homens, que me deste do meio do mundo. Eram teus, e tu os deste a mim; e guardaram a tua palavra. Agora sabem que todas as coisas que me deste, vêm de ti, porque lhes comuniquei as palavras que me confiaste; eles as receberam, e conheceram verdadeiramente que eu saí de ti e creram que me enviaste. É por eles que eu rogo; não rogo pelo mundo, mas por aqueles que me deste, porque são teus. Todas as minhas coisas são tuas, e todas as tuas coisas são minhas; e sou glorificado nelas.

Já não estou no mundo, mas eles estão no mundo, e eu vou para ti. Pai Santo, guarda em teu nome aqueles que me deste, para que sejam um, assim como nós. Quando eu estava com eles, os guardava em teu nome. Conservei os que me deste; nenhum deles se perdeu, exceto o filho da perdição, cumprindo-se a Escritura. Mas agora vou para ti e digo estas coisas, estando ainda no mundo, para que eles tenham em si mesmos a plenitude do meu gozo.

Dei-lhes a tua palavra, o mundo os odiou, porque não são do mundo, como também eu não sou do mundo. Não peço que os tires do mundo, mas que os guardes do mal. Eles não são do mundo, como também não sou do mundo. Santifica-os pela verdade. A tua palavra é a verdade. Assim como tu me enviaste ao mundo, também eu os enviei ao mundo. Por eles eu me consagro a mim mesmo, para que também sejam verdadeiramente santificados.

Não rogo somente por eles, mas também por aqueles que hão de crer em mim por meio da sua palavra, para que sejam todos um, como tu, Pai, o és em mim, e eu em ti, para que também eles sejam um em nós, a fim de que o mundo creia que me enviaste. Dei-lhes a glória que me deste, para que sejam um, como também nós somos um: Eu neles, e tu em mim, para que a sua seriedade seja perfeita, e para que o mundo conheça que me enviaste e que os amaste, como me amaste. Pai, quero que, onde eu estou, estejam também comigo aqueles que me deste, para que contemplem a minha glória, a glória que me deste, porque me amaste antes da criação do mundo. Pai justo, o mundo não te conheceu, mas eu conheci-te, e estes conheceram que me enviaste. Fiz-lhes e far-lhes-ei conhecer o teu nome, a fim de que o amor com que me amaste, esteja neles, e eu neles (Jo, 17, 1-26).

A ciência do divino

Os dons de temor e de piedade já introduziram o filho de Deus nos caminhos da oração e da intimidade com seu Pai, da luta interior e do exercício das virtudes. Mas o cristão é um *viator* [caminhante], um ser que vive no mundo, que percorre seu caminho em direção a Deus em um contexto pessoal, familiar, social, profissional e cultural particular; e isso é verdade mesmo para aqueles que, seguindo uma vocação divina específica, renunciam a certos aspectos dessa vida no mundo para dar testemunho diante de todos da grandeza dos dons divinos e do próprio Deus.

Essa condição pessoal de cada um e a sua posição no mundo é assumida e querida por Deus; mais ainda, é expressamente proposto por Ele com um apelo específico, como elemento decisivo de seu caminho de santidade, uma vez libertada, é claro, de seu condicionamento pecaminoso, com a ajuda do dom de temor, e orientada para o amor divino, com a ajuda do dom de piedade. Para nos auxiliar a nos desenvolver como autênticos filhos de Deus nesse entorno, o Espírito Santo nos oferece o dom de ciência.

De fato, com a fé, o cristão não apenas conhece o próprio Deus e Seus mistérios, mas também se aprofunda em tudo o que está relacionado a Ele e, em particular, acima de tudo, na realidade do próprio homem e do mundo, vistos à luz de seu relacionamento com a Trindade. A fé é uma luz poderosa que ilumina até mesmo os recantos mais escondidos da vida humana, revelando suas dimensões mais profundas e, portanto, também as mais humanas; pois somente em

Jesus Cristo, o Filho de Deus, verdadeiro Deus e verdadeiro homem, encontra-se a plenitude do significado para o homem e o mundo.

A luz da fé é muito poderosa, mas, em um misterioso paradoxo, é ao mesmo tempo obscura; pois não se baseia na visão, na evidência ou no raciocínio, mas na aceitação livre e confiante da Palavra de Deus, em uma adesão pessoal à própria Palavra encarnada, Jesus Cristo. Na vida eterna, de fato, alcançaremos a visão do próprio Deus e, Nele, também compreenderemos os mistérios do homem e do mundo; porém, como uma antecipação desta luz definitiva, o Espírito Santo, o Espírito da Verdade, nos dá novas luzes que, por assim dizer, nos permitem ampliar a potência luminosa da fé.

Uma delas é o dom da ciência, que distinguimos dos dons de entendimento e de sabedoria, e que consideramos inferiores, porque sua finalidade não é iluminar-nos sobre o próprio Deus, mas precisamente sobre o homem e o mundo. É assim que Santo Tomás de Aquino explica:

> Duas coisas são exigidas de nós com relação às verdades que nos são propostas para crer. Primeiro, que elas sejam penetradas e apreendidas pelo entendimento, e isso é o que compete ao dom do entendimento. Em segundo lugar, que o homem forme um juízo correto sobre elas, o que leva à adesão a elas e à rejeição de erros opostos. Esse juízo corresponde ao dom de sabedoria, quando se refere às coisas divinas; ao dom de ciência, quando se refere às coisas criadas; e ao dom de conselho, quando considera sua aplicação às ações individuais.[16]

O dom de ciência é como um holofote de luz divina voltado para a Terra. Com sua ajuda, o filho de Deus adquire uma maior docilidade à ação do Espírito Santo em suas

---

16 Santo Tomás de Aquino, *Suma Teológica*, II-II, q. 8, a. 6; cf. q. 9.

inspirações e moções relativas às coisas criadas, extraídas das mãos amorosas de seu Pai. Por um lado, aprofunda o conhecimento das dimensões divinas mais profundas que a fé lhe revelou em si mesmo e em tudo o que o rodeia; por outro lado, permite-lhe transformar qualquer atividade humana em algo santo e santificante, precisamente na medida desse aprofundamento e da maneira como permite que o Espírito divino penetre, com docilidade, em tudo o que faz, para que Ele possa gravar Sua marca sobrenatural em tudo o que faz.

Não se trata de um "conhecimento infuso", que seria um dom extraordinário de Deus. Ou seja, o dom da ciência não nos permite saber mais matemática, biologia, história ou antropologia; ao contrário, ele ilumina essas e outras ciências humanas, e qualquer arte, ofício ou atividade, a ponto de nos fazer compreender e assimilar seu significado último em Deus, e nos ajuda a unir nosso próprio ser ao divino, como é próprio de um filho de Deus, no próprio desempenho dessas ciências, obras e ações.

Tomemos as palavras de um dos mais importantes promotores deste desejo de divinizar as realidades terrenas, São Josemaria Escrivá:

> A nossa fé ensina que a criação inteira, o movimento da terra e dos astros, as ações retas das criaturas e tudo quanto há de positivo no curso da história, tudo, numa palavra, veio de Deus e para Deus se ordena.
>
> A ação do Espírito Santo pode passar-nos despercebida, porque Deus não nos dá a conhecer seus planos e porque o pecado do homem turva e obscurece os dons divinos. Mas a fé recorda-nos que o Senhor atua constantemente: foi Ele que nos criou e nos conserva o ser; é Ele quem, com a sua graça, conduz a criação inteira para a liberdade da glória dos filhos de Deus.[17]

---

17   São Josemaria Escrivá, *É Cristo que passa*, n. 130.

UM CAMINHO DE AMOR FILIAL

O dom de ciência parece-me, portanto, um dom fundamental na solução — prática e teórica — do problema clássico das relações entre ação e contemplação, entre "Marta e Maria"; ou, dito de outra forma, na conquista da necessária unidade de vida que permite ao cristão não só tirar o pecado da sua vida e ser piedoso com Deus nos momentos expressamente dedicados a Ele, mas direcionar todo as suas ocupações para a Trindade, fazendo de todas as suas ações uma profunda manifestação de amor.[18]

Para isso é necessário, sem dúvida, conseguir uma purificação mínima da alma e um certo hábito de oração. Portanto, embora o dom de ciência atue desde o momento em que a fé e a graça se estabelecem na alma, começa a dar os seus melhores frutos quando os dons de temor de Deus e de piedade já prepararam o filho de Deus para entrar no verdadeiro diálogo e intimidade com seu Pai. Além disso, o mesmo dom de ciência ajuda a purificar a alma, ensinando-a a distinguir o bem e o mal na sua vida e no mundo que a rodeia. Assim explica São Boaventura:

> A ciência gratuita chama-se ciência dos santos, porque não tem nada de maldade mesclada, nada de carnalidade, nada de curiosidade, nada de vaidade [...] Quem tem a ciência para discernir o santo e o profano deve abster-se de tudo o que possa embriagar, isto é, de todo deleite supérfluo na criatura; este é o vinho que embriaga. Se alguém, seja

---

18 Não descartamos um estudo mais específico sobre este ponto em uma data posterior. De fato, entre outras perspectivas sobre o assunto, é comum entre os teólogos da vida espiritual relacionar a contemplação com os dons de sabedoria, entendimento e ciência; mas quando se trata de aprofundar sua natureza teológica, pouca referência é feita ao terceiro; talvez por causa de uma polarização em direção a formas de contemplação mais características da chamada "vida contemplativa", e pouca atenção é dada à natureza teológica da "contemplação no meio do mundo". Essa última, em nossa opinião, sendo a verdadeira contemplação e, portanto, totalmente ligada aos dons de sabedoria e entendimento, abre novas perspectivas sobre o papel do dom de ciência, quase sempre mencionado nesse contexto, mas pouco compreendido, ao que me parece.

por vaidade, por curiosidade, ou por carnalidade, se inclina ao deleite supérfluo, que está na criatura, não tem o conhecimento dos santos.[19]

As manifestações do dom de ciência na vida de Jesus Cristo são abundantes. Além disso, toda a sua vida, desde os nove meses no ventre da sua Mãe até à sua Ascensão ao Céu, constitui um "tratado" muito completo desta ciência da presença do divino no humano e da santificação das realidades terrenas. Destaquemos, em particular, os panoramas que abrem o comportamento de Cristo e o dom da ciência nas áreas mais comuns e ordinárias da vida humana: família, trabalho, relacionamento com os outros, descanso e diversão, cultura, vida social, econômica e política etc.

Fortaleza na luta ascética

Já temos o filho de Deus, com a ajuda dos dons de temor, piedade e ciência, empenhado em uma luta determinada contra o pecado, buscando intimidade com o Pai, o Filho e o Espírito Santo, e procurando orientar todas as suas ações para Deus. Mas esse caminho de santidade, assim iniciado e consolidado, não é um caminho fácil. A própria santidade é exigente; mais ainda, heroica; e as ações que o chamado de Deus nos convida e nos leva a realizar envolvem luta, esforço, sacrifício e dedicação. A imagem que os santos têm nos dado nestas páginas não deve nos enganar: essas maravilhosas intimidades de amor com Deus foram duramente conquistadas, passando em particular — e com que intensidade — pela cruz, como vimos.

A natureza humana, ainda mais se for virtuosa, tem boas capacidades, notavelmente ampliadas e fortalecidas

---

19   São Boaventura, *Colóquios sobre os Sete Dons do Espírito Santo*, IV, 21.

UM CAMINHO DE AMOR FILIAL

pela graça e pelas virtudes infusas, que também direcionam essa luta para seu verdadeiro fim, dando-lhe seu pleno significado no amor a Deus e aos outros. Mas somente Deus é verdadeiramente forte e fonte de fortaleza, como explica São Boaventura:

> A fortaleza emana, como de um princípio sólido, sublime e forte, de Deus; e o Deus eterno é a origem da fortaleza de todas as coisas, porque nada é poderoso ou forte exceto em virtude da fortaleza do primeiro princípio. Esta fortaleza descende, portanto, de Deus, que nos protege como primeiro princípio segundo disposições hierárquicas; e esta fortaleza torna cada homem rico, seguro, poderoso e confiante.[20]

Consequentemente, somente aquele que é fortalecido pelo Espírito divino é capaz de enfrentar com garantias de sucesso os momentos mais difíceis da luta interior, de superar os obstáculos mais problemáticos no caminho da santidade, de enfrentar os empreendimentos apostólicos mais audazes. Com o dom da fortaleza, a alma cristã encontra os meios que lhe permitem realizar aquela ação verdadeiramente poderosa do Espírito Santo que por si mesma é incapaz de realizar.

É assim que o Beato João de Ruysbroeck procura relacionar o dom de fortaleza com o dom precedente de ciência:

> Se o homem quer se aproximar de Deus e se elevar em seus exercícios e em toda a sua vida, deve encontrar a entrada que leva de suas obras à sua razão de ser e dos sinais à verdade. Deste modo, se tornará mestre de suas obras, conhecerá a verdade e entrará na vida interior. Deus lhe dá o quarto dom, ou seja, o espírito de fortaleza. Assim, será capaz de dominar alegrias e tristezas, ganhos e perdas, esperanças e preocupações com relação às coisas terrenas, todos os tipos de obstáculos e toda a

---

20 São Boaventura, *Colóquios sobre os Sete Dons do Espírito Santo*, v, 5.

INTIMIDADE DE AMOR COM DEUS

multiplicidade. Assim, o homem se torna livre e desapegado de todas as criaturas.[21]

É significativo, a meu ver, que este dom apareça ocupando a posição central ou intermediária na tradicional enumeração setenária. De fato, nesta perspectiva gradual da vida espiritual, os anos centrais da vida da maioria dos cristãos são os que mais necessitam da atividade constante deste dom; pois, nesses anos, a perseverança, a paciência, a constância em lutar contra os próprios defeitos, em elevar o tom cristão da própria vida, em ajudar mais eficazmente as pessoas com as quais talvez conviva há muito tempo etc., exigem um exercício especial de fortaleza. Esse dom parece ser o que mais se aproxima deste trabalho silencioso, mas constante e eficaz, que é o trabalho mais habitual do Paráclito.

Além disso, são tempos em que pode haver um certo conformismo na vida interior do filho de Deus, que se esquece das exigências últimas do chamado à santidade. O dom de fortaleza ajuda a romper essa dinâmica perigosa e a encher o coração de ambição. Isso é expresso com um vigor impressionante em um texto teresiano bem conhecido e muito citado:

> Não vos espanteis, filhas, com as muitas coisas que é necessário considerar para iniciar esse viagem divina, que constitui a via régia para o céu. Ganha-se, indo por ele, um grande tesouro, não sendo, pois, demasiado que custe muito, a meu ver. Tempo virá em que se vai entender como tudo é nada para obter tão grande recompensa [...] muito importa, sobretudo ter uma grande e muito determinada determinação de não parar enquanto não alcançar a meta [a "água viva"], surja o que surgir, aconteça o que acontecer, sofra-se o que se sofrer, murmure quem murmurar, mesmo que não

---

21   Beato João de Ruysbroeck, *Bodas da Alma*, II, 66.

UM CAMINHO DE AMOR FILIAL

se tenham forças para prosseguir, mesmo que se morra no caminho ou não se suportem os padecimentos que nele á, ainda que o mundo venha abaixo.[22]

Em todo caso, em muitas pessoas, até mesmo os primeiros passos em direção à conversão, ou em resposta ao chamado divino, podem exigir uma intervenção sensível deste dom; e, por sua vez, os momentos culminantes e finais da vida de muitos santos os colocam em situações verdadeiramente heroicas, que não podem ser explicadas sem uma grande dose de força divina: pensemos, sem ir mais longe, no caso emblemático do martírio, uma realidade de santidade sempre presente e edificante na Igreja. Os mártires foram e são, de fato, grandes beneficiários do dom de fortaleza.

Assim conclui, por exemplo, o relato de uma das atas mais impressionantes de martírios da antiguidade, o martírio das Santas Perpétua e Felicidade:

> Ó fortíssimos e beatíssimos mártires! Ó verdadeiramente chamados e escolhidos para a glória de nosso Senhor Jesus Cristo! Aquele que engrandece, honra e adora esta glória, deve certamente ler também estes exemplos, que não cedem aos antigos, para edificação da Igreja, a fim de que também as novas virtudes atestem que é um só e sempre o mesmo Espírito Santo o que obra até agora, e a Deus Pai onipotente e a seu Filho Jesus Cristo, Senhor nosso, para quem é claridade e poder sem medida por todos os séculos dos séculos. Amém.[23]

E foi assim que São Policarpo se expressou em sua oração às portas do martírio:

> Senhor Deus onipotente: Pai de teu amado e bendito servo Jesus Cristo, por quem recebemos o conhecimento de ti,

---

22 Santa Teresa de Jesus, *Caminho de Perfeição*, c. 21, 1-2.

23 *Martírio das Santas Perpétua e Felicidade*, 20-21.

INTIMIDADE DE AMOR COM DEUS

> Deus dos anjos e das potestades, de toda a criação e de toda a casta dos justos, que vivem em tua presença: eu te bendigo, porque me tivestes por digno desta hora, a fim de tomar parte, contado entre teus mártires, no cálice de Cristo para ressurreição de eterna vida, em alma e corpo, na incorrupção do Espírito Santo: que eu seja com eles recebido hoje em tua presença, em sacrifício agradável e aceitável, conforme de antemão me preparaste e me revelaste e agora o cumpriste, Tu o inefável e verdadeiro Deus! Por isso, eu te louvo por todas as coisas, te bendigo e te glorifico, por intermédio do eterno e celeste sumo sacerdote, Jesus Cristo, teu servo amado, por quem seja a glória a Ti com o Espírito Santo, agora e pelos séculos dos séculos. Amém.[24]

Por tudo o que foi dito, a fortaleza é talvez um dos dons que, pelo menos em suas manifestações práticas, é mais onipresente na vida do filho de Deus. É difícil encontrar um aspecto ou um momento de sua vida que não exija essa fortaleza divina ou, pelo menos, um momento em que não seja apropriado que um cristão recorra a ela para se tornar mais forte e eficaz.

Na vida do Filho de Deus encarnado, encontramos momentos emblemáticos de força humana e força divina, com a cruz, é claro, em primeiro plano. Mas a forte atração, também sentimental, que a consideração da paixão e morte do Senhor costuma produzir em nós, não pode nos fazer esquecer a busca constante daquela fortaleza divina que encontramos em todo o comportamento de Jesus Cristo, sempre se deixando conduzir pelo Espírito, buscando avidamente a intimidade de seu Pai, perseverando pacientemente em um labor de almas pouco agradecidas: da insistente oposição farisaica à fragilidade da fidelidade dos apóstolos e discípulos, passando pela caprichosa versatilidade das massas.

---

24   *Martírio de São Policarpo*, 14.

Um Espírito de conselho

A virtude da prudência e a luz da fé se enraízam no filho de Deus que caminha pelas sendas de santidade e o conduzem eficazmente por suas voltas e reviravoltas, na medida de sua própria docilidade à graça. Ademais, a rica tradição espiritual da Igreja, acumulada nos últimos vinte séculos, oferece uma impressionante riqueza de conhecimentos e conselhos práticos, entre os quais é fácil encontrar uma recomendação ou ajuda adequada para cada situação, tanto pessoalmente quanto na direção espiritual ou no acompanhamento de outras pessoas. É também uma experiência ascética que foi muito bem decantada e peneirada, especialmente nos pontos mais frequentes e comuns à vida espiritual cristã.

Contudo, a mesma grandeza da santidade e o progressivo aprofundamento na atrativa, porém misteriosa intimidade divina, e, juntamente com isso, com frequência, a complexidade da psicologia e do espírito humanos, necessitam de algo mais, muito mais inclusive, do que a própria experiência, o senso comum e sobrenatural, os bons livros ou os bons diretores nos podem dizer. Torna-se quase um lugar-comum, mas verdadeiro, em particular, a constatação da dificuldade de dirigir espiritualmente uma santa ou um santo: a hagiografia está repleta de exemplos e anedotas — algumas muito duras — a esse respeito.

Mais uma vez, o Espírito Santo vem em nosso auxílio com seus dons. Por meio do dom de conselho se constitui, para cada filho de Deus, sem exceção, uma poderosa lanterna pessoal, um farol ou, melhor ainda, uma luminária interior, presente e ativa em todos os momentos de nossa vida; de modo que, se a mantivermos acesa e nos deixarmos guiar por seu feixe luminoso — somos sempre livres para recusar a ajuda divina ou para não sermos dóceis a ela —, podemos descobrir a todo momento a presença amorosa de Deus ao

INTIMIDADE DE AMOR COM DEUS

nosso lado; Podemos dar um sentido transcendente a todos os nossos pensamentos, desejos e ações — mesmo os menores — e a todos os eventos que se apresentam em nosso caminho; podemos saber qual é o passo apropriado a ser dado em um determinado momento para continuar nossa jornada rumo à santidade ou corrigir nosso curso quando necessário; ou podemos também, sob a mesma luz, descobrir em nossos semelhantes outros filhos de Deus, dignos de serem amados, com muitas maneiras concretas e práticas de servi-los e ajudá--los em todas as suas necessidades.

É assim que São Francisco de Sales resume essa atividade orientadora, mostrando precisamente que ela é própria do Amor paterno divino:

> Chamamos de *inspirações* todas as atrações, movimentos, reprovações e arrependimentos interiores, luzes e percepções que Deus opera em nós, prevenindo nossos corações com suas bênçãos, por seu paternal cuidado e amor, a fim de despertar, mover, impelir e atrair-nos para as santas virtudes, para o amor celestial, para as boas resoluções; em uma palavra, para tudo o que nos conduz à nossa vida eterna.[25]

Ou seja, a luz do Espírito divino ilumina toda a vida espiritual, no conjunto e em particular, desde a conversão e o afastamento do pecado até as alturas da contemplação, passando por todos os meandros da luta ascética e da prática das virtudes.

O dom de conselho é muito mais do que uma fonte recomendável de consulta e de julgamento em tempos difíceis: é como ter o próprio Deus, nosso Pai, como diretor espiritual; é como ler o livro aberto da experiência interior do próprio Jesus Cristo; é compartilhar do mesmo Espírito conselheiro: luz, orientação e consolo.

---

25 São Francisco de Sales, *Filoteia: Introdução à Vida Devota*, II, c. 18.

UM CAMINHO DE AMOR FILIAL

Não é fácil, porém, ler esse livro, aceitar o conselho divino e segui-lo, com todas as suas consequências. Como no caso dos demais dons, há intervenções do espírito de conselho desde os primeiros passos da vida cristã. Mas, tendo chegado agora ao quinto dom de nossa reflexão, subimos um bom número de degraus neste processo gradual de docilidade à ação divina santificadora; e para aqueles de nós que, em nossas vidas, não fomos tão longe, é muito difícil penetrarmos naquela psicologia sobrenatural dos santos, guiados pelo conselho divino. Experiência de santidade que, ao falar dos dois últimos dons, nos parecerá ainda mais exaltada, misteriosa e inatingível... Mas é a isso que o chamado de Deus a seus filhos continua a nos convidar.

Em todo caso, não nos esqueçamos de que a própria natureza dos dons é facilitar a docilidade; e o dom de conselho, portanto, é um poderoso receptor para ouvir a voz de Deus nas profundezas de nossa alma, ou para descobri-la por meio de eventos aparentemente sem importância; e também um poderoso motor para colocar esses conselhos em prática.

Insistamos, além disso, que ainda estamos falando de nossa condição cristã normal nesta terra, do reino da fé; e que, portanto, ouvir a voz de Deus não significa necessariamente entendê-la: há um forte componente de salto arriscado no vazio ao seguir as inspirações do espírito de conselho; e talvez mais cego e mais arriscado à medida que a alma se torna mais santa e Deus pede mais dela. Isso é belamente expresso nos conhecidos versos de São João da Cruz:

> Quando mais alto subia
> Deslumbrou-se-me a visão,
> E a mais forte conquista
> Se fazia em escuridão;
> Mas por ser de amor o lance,

INTIMIDADE DE AMOR COM DEUS

> Dei um cego e escuro salto,
> E fui tão alto, tão alto,
> Que lhe dei, à caça, alcance.[26]

O filho de Deus arrisca muito nesse "salto escuro", mas, como mostram esses versos do místico castelhano, na medida da generosidade pessoal, Deus também dá mais.

Usando símiles de touradas e alpinismo, podemos ter certeza de que o Espírito Santo não é um guia que observa os touros desde a barreira, mas um líder experiente, que conhece o caminho perfeitamente, estuda a rota em detalhes, atravessa as passagens difíceis primeiro, prende a corda bem antes de passarmos e até, se necessário, nos puxa para cima com seus braços poderosos. Nenhum santo que tenha saltado no vazio seguindo inspirações divinas jamais caiu: absolutamente nenhum! Por outro lado, outros que hesitaram em seguir ou não as inspirações e os movimentos divinos se acidentaram.

O dom de conselho também é de especial valor nas relações do filho de Deus com seus irmãos e irmãs, no trabalho de apostolado e na orientação de almas. Mas preferimos deixar essa questão para o próximo capítulo, quando falaremos expressamente sobre a fraternidade cristã.

Faz parte do grande mistério da Encarnação o fato de Jesus, com toda a sua sabedoria humana e divina, deixar-se guiar continuamente pelo Espírito Santo e não dar nenhum passo sem essa inspiração e orientação íntimas. São Bernardo resume a ação dos cinco primeiros dons na obra redentora de Cristo:

> Submisso ao Pai pelo espírito de temor, teve compaixão do homem pelo espírito de piedade e, com o espírito

---

26 São João da Cruz, *Poesias*, 6, 2. [Tradução: Carmelitas Descalças de Fátima e Carmelitas Descalças do Convento de Santa Teresa, em São João da Cruz, *Obras completas*, 7ª ed. Petrópolis: Vozes, 2002, p.42 — NT].

UM CAMINHO DE AMOR FILIAL

de ciência, discerniu o que deveria dar a cada um dos litigantes. Com o espírito de fortaleza triunfou sobre o inimigo e, com o espírito de conselho, escolheu esta maneira inaudita de triunfar.[27]

A inteligência contemplativa dos mistérios de Deus

Com o dom da inteligência ou do entendimento, entramos no mundo da contemplação e, portanto, da mística: um mundo excitante para a alma que nele está imersa e para a reflexão teológica; mas, por essa mesma razão, um mundo difícil e delicado.[28] Já estamos no limiar da própria santidade, da união íntima com Deus. Mas não estamos falando de algo raro ou extraordinário: os dons do entendimento e da sabedoria são tão "normais", tão próprios de um filho de Deus, quanto os outros cinco. O que é extraordinário na vida espiritual são outros carismas muito particulares. Lembremo-nos do que o *Catecismo da Igreja Católica* diz claramente sobre este assunto:

> O progresso espiritual tende a uma união cada vez mais íntima com Cristo por meio dos sacramentos — "os santos mistérios" — e, n'Ele, no mistério da Santíssima Trindade. Deus nos chama a todos para essa união íntima com Ele, mesmo que as graças especiais ou os sinais extraordinários dessa vida mística sejam concedidos apenas a alguns, a fim de manifestar o dom gratuito feito a todos.[29]

---

27 São Bernardo de Claraval, *In Annuntiatione Dominica*, *sermo* III, 2.

28 Tampouco é este o lugar para nos aprofundarmos no difícil, mas empolgante, mundo da mística, ao qual retornarei com mais detalhes no livro sobre a oração; entretanto, o que dissermos sobre esses dois últimos dons pode ajudar a nos aproximarmos deste mundo.

29 *Catecismo da Igreja Católica*, n. 2014.

INTIMIDADE DE AMOR COM DEUS

O dom de entendimento faz referência direta a esses mistérios divinos, abrindo o caminho para sua contemplação e para a união de amor com Deus, que cultivará o dom da sabedoria. Por meio da fé, já conhecemos esses mistérios e os aceitamos plenamente; mas a poderosa luz intelectual da fé é condicionada pelos limites de nossa inteligência humana. O Espírito Santo, o Espírito da verdade, então vem em nosso auxílio e, com este dom, abre as portas do mistério divino para que possamos entrar nele.

Com Santa Catarina de Sena podemos cantar na oração as excelências deste dom:

> És um fogo que sempre arde e jamais se consome; és um fogo que destrói no seu calor o amor próprio da alma; és um fogo que aquece toda frieza, que ilumina. Com tua luz fizeste-me conhecer tua verdade. És uma luz superior a toda luz. Dás uma luz sobrenatural aos olhos do entendimento com tal abundância e perfeição, que clarificas a luz da fé. Nesta fé vejo que minha alma possui a vida e com esta luz recebe a tua luz.[30]

Não se trata, porém, da luz da visão beatífica; tampouco é a luz acesa mediante provas ou demonstrações: ainda estamos na esfera própria da fé. Por essa razão, a contemplação dos mistérios divinos proporcionada pelo dom de inteligência ainda tem muito de obscuridade: de "noite", na linguagem popularizada por São João da Cruz; mas uma noite que, em um misterioso paradoxo divino, facilita o encontro com Deus:

> Esta noite é a contemplação pela qual a alma deseja ver tudo quanto ficou dito. O motivo de chamar a contemplação *"noite"*, é por ser obscura, e assim também lhe dão o nome de *Teologia mística*, que significa sabedoria de Deus secreta ou escondida. Nesta contemplação, sem ruído de palavras, nem cooperação alguma de sentido

---

30   Santa Catarina de Sena, *O Diálogo*, n. 167.

UM CAMINHO DE AMOR FILIAL

corporal ou espiritual, em silêncio e quietação, às escuras de tudo o que é sensível ou humano, o mesmo Deus ensina à alma, de modo ocultíssimo e secretíssimo, e sem que ela saiba como. A isto, alguns espirituais chamam *"entender não entendendo"*. De fato, não se produz esta operação no entendimento que os filósofos classificam de ativo, e cuja atividade se processa nas noções, imagens e apreensões das potências corporais; realiza-se no entendimento enquanto possível e passivo, o qual, sem intermédio de figuras, apenas recebe passivamente o conhecimento substancial despojado de toda imagem, e comunicado sem cooperação ou trabalho ativo do mesmo entendimento.[31]

O que caracteriza o dom de entendimento é, portanto, a intuição; o conhecimento intuitivo que é, por sua vez, o constitutivo formal da contemplação: *"simplex intuitu veritatis"*, simples intuição da verdade, segundo a fórmula clássica de Santo Tomás.[32] O próprio Aquinate descreve este dom como um "penetrar" na verdade, "ler interiormente", um "conhecimento íntimo" etc.[33]

Esta inteligência contemplativa é, portanto, uma intuição da verdade divina, simples, mas profunda e abrangente; que ilumina, mas acima de tudo, enamora. Quem contempla, de fato, não se limita a ver, nem mesmo a olhar: quem contempla admira, louva, alegra-se com o que vê... Ama o que vê! Portanto, o dom de entendimento nos coloca no limiar da santidade, que é a união de amor com Deus. Já estamos tocando a plenitude da filiação divina à qual aspiramos. Continuemos a ouvir São João da Cruz:

"E a ciência me ensinou mui deleitosa": A ciência deleitosa que a alma refere ter aprendido aqui é a teologia

---

31 São João da Cruz, *Cântico Espiritual B*, 39, 12.
32 Cf. Santo Tomás de Aquino, *Suma Teológica*, ii-ii, q. 180, aa. 1 e 3.
33 Cf. Santo Tomás de Aquino, *Suma Teológica*, ii-ii, q. 8, a. 1.

> mística, ciência secreta de Deus, — chamada, pelos espirituais, de contemplação, — a qual é mui saborosa, por ser ciência de amor, cujo mestre é o próprio amor donde lhe vem todo O deleite. Deus comunica esta ciência ou inteligência à alma, no amor com que ele mesmo se dá; causa deleite ao entendimento, pois, como ciência, a ele pertence; e, ao mesmo tempo, traz gozo à vontade, por ser ciência de amor, o qual é próprio da vontade.[34]

A vida do filho de Deus tem, evidentemente, algo de contemplativo, de "ciência deleitosa" desde o início; e esse dom sempre ilumina, discreta, mas eficazmente, a busca da intimidade com Deus, apresentando-nos sua verdadeira e atraente imagem paterna, a fim de facilitar nosso acesso ao seu amor. Mas é somente quando a alma está suficientemente afastada do pecado pelo temor de Deus, bem fortalecida e guiada pelo Espírito divino, e acostumada à linguagem de Deus e à vida sobrenatural, que a orientação própria do dom de inteligência se torna plenamente luminosa, clara, diáfana, penetrante; e a vida contemplativa começa a dominar a alma: seja na própria vida de oração, que o dom de piedade já encorajava, seja em meio a qualquer atividade humana que o dom de ciência procurava conduzir a Deus e santificar.

Falar do dom de inteligência ou entendimento naquele que é o Verbo de Deus encarnado nos leva diretamente aos paradoxos que o conhecimento do mistério de Jesus Cristo provoca em nossa razão. Mas Sua humanidade santíssima foi também a sede deste espírito, que talvez tenha atuado como uma ponte entre sua inteligência humana e a verdade divina que estava continuamente contemplando e manifestando em sua palavra e em sua vida.

---

34 São João da Cruz, *Cântico Espiritual B*, 27, 5.

A sabedoria e a união de amor com a Trindade

Se já o fizemos nos passos anteriores deste capítulo e ao longo do livro, tendo chegado ao cume do que pode ser um caminho de santidade guiado pelos dons do Espírito Santo, não nos resta outra alternativa senão recorrer àqueles que o alcançaram, para podermos entrar com alguma segurança em terreno tão delicado.

É assim que Santa Teresa de Jesus se expressa em um dos textos mais importantes da história da mística cristã, retomado em parte logo no início de nossa reflexão:

> Quer já o nosso bom Deus tirar-lhe as escamas dos olhos, e que veja e entenda alguma coisa da mercê que lhe faz, embora seja por uma maneira estranha; e metida naquela morada por visão intelectual, por certa maneira de representação da verdade, se lhe mostra a Santíssima Trindade, todas as Três Pessoas, com uma inflamação que primeiro lhe vem ao espírito, à maneira de uma nuvem de grandíssima claridade. E por uma notícia admirável, que se dá à alma, entende com grandíssima verdade serem estas Pessoas distintas todas Três uma substância e um poder e um saber e um só Deus. De maneira que, o que acreditamos por fé, ali o entende a alma, podemos dizer, por vista, ainda que não é vista dos olhos do corpo, porque não é visão imaginária. Aqui se lhe comunicam todas as Três Pessoas e lhe falam, e lhe dão a entender aquelas palavras que diz o Evangelho que disse o Senhor: que viria Ele e o Pai e o Espírito Santo a morar com a alma que O ama e guarda Seus mandamentos.

> Oh! valha-me Deus! Quão diferente coisa é ouvir estas palavras e crer nelas, ou entender por este modo quão verdadeiras são! E cada dia se espanta mais esta alma, porque lhe parece que nunca mais se apartam dela, antes vê notoriamente, da maneira que fica dita, que estão no interior de sua alma, e no mais interior, em uma coisa

INTIMIDADE DE AMOR COM DEUS

muito profunda, que não sabe dizer como é, porque não tem letras, sente em si esta divina companhia.[35]

Não é fácil, em particular, distinguir a ação do dom de sabedoria daquela do dom de entendimento. Nesse conhecido texto teresiano — que não busca a precisão teológica, mas a suscita — eles aparecem como que misturados. No entanto, a meu ver, o "ver" e o "entender" do primeiro parágrafo se referem antes ao que já foi explicado sobre o dom de inteligência; enquanto o "comunicar" e o "compartilhar" do segundo parágrafo nos aproximam do que é próprio da sabedoria.

De fato, se a inteligência contemplativa não pode ser cultivada sem o amor, a sabedoria surge diretamente do amor: é um verdadeiro conhecimento de amor e por o amor. Através deste dom, o Espírito Santoalcança, por assim dizer, uma perfeita união e harmonia entre o nosso conhecimento e o nosso Deus amoroso; precisamente porque brota das profundezas, de algo inefável, que está além da nossa compreensão e da nossa vontade. Porque Deus é realmente *"intimior intimo meo"*[36] remetemos para as breves considerações sobre o chamado "centro da alma" (aquele "mui mui interior" de Santa Teresa), feitas no segundo e quinto capítulos do nosso livro.

É compreensível que somente um filho de Deus, já muito dócil à ação divina, verdadeiramente imbuído do divino em todo o seu ser, desde os arredores do castelo até suas moradas mais secretas — ainda citando Santa Teresa —, seja capaz de alcançar aquela intimidade e aquela riqueza que brota das profundezas: uma profunda paixão que preenche completamente a alma. E essa intimidade, essa riqueza e esse amor devem ser necessariamente trinitários:

---

35 Santa Teresa de Jesus, *Moradas* VII, c. 1, 6-7.
36 Santo Agostinho de Hipona, *Confissões* III, 6, 11.

UM CAMINHO DE AMOR FILIAL

"Quando, na união perfeita do amor, a alma é introduzida na corrente da vida divina, já não pode ocultar que essa vida é uma vida tripessoal, e entrará em contato experimental com as três pessoas divinas",[37] diz Santa Edith Stein, comentando precisamente Santa Teresa de Jesus e São João da Cruz.

São Josemaria Escrivá, por sua vez, transmite experiências paralelas em outro texto importante, também reproduzido apenas parcialmente algumas páginas atrás:

> O coração necessita então de distinguir e adorar cada uma das Pessoas divinas. De certa maneira, o que a alma realiza na vida sobrenatural é uma descoberta semelhante às de uma criaturinha que vai abrindo os olhos à existência. E entretém-se amorosamente com o Pai e com o Filho e com o Espírito Santo; e submete-se facilmente à atividade do Paráclito vivificador, que se nos entrega sem o merecermos: os dons e as virtudes sobrenaturais! [...]
>
> Sobram as palavras, porque a língua não consegue expressar-se; começa a serenar-se a inteligência. Não se raciocina, fita-se! E a alma rompe outra vez a cantar com um cântico novo, porque se sente e se sabe também fitada amorosamente por Deus, em todos os momentos.[38]

Esta sabedoria divina também segue caminhos muito diferentes da sabedoria terrena, conferindo doutorados na ciência do amor — a ciência que mais importa — mesmo para aqueles que, aos olhos humanos — não aos olhos divinos — mal merecem a categoria de alunos novatos:

Esta sabedoria divina também segue caminhos muito diferentes da sabedoria terrena, conferindo doutorados na ciência do amor — a ciência que mais importa — mesmo

---

37 Edith Stein, *Ciencia de la Cruz*, Burgos 1989, p. 224.
38 São Josemaria Escrivá, *Amigos de Deus*, 306-307.

INTIMIDADE DE AMOR COM DEUS

para aqueles que, aos olhos humanos — não aos olhos divinos — mal merecem a categoria de alunos novatos:

> "Meu Pai, eu vos dou graças porque escondestes estas coisas aos sábios e prudentes e as revelastes aos pequeninos" (Lc 10, 21), queria fazer resplandecer em mim a sua Misericórdia; por ser pequena e fraca, abaixava-se até mim, instruía-me, em segredo, sobre as coisas de seu amor. Ah! Se os sábios que passaram a vida a estudar viessem me interrogar, ficariam, sem dúvida, admirados por ver uma menina de catorze anos compreender os segredos da perfeição, segredos que toda a ciência deles não lhes pode revelar, pois para possuí-los é preciso ser pobre de espírito!...[39]

Aquela menina, tão sábia quanto humilde e atrevida, Santa Teresa do Menino Jesus e da Sagrada Face, é hoje, oficialmente, doutora da Igreja...

O dom de sabedoria, portanto, enriquece a alma santa com a participação na própria sabedoria eterna e, com ela, em todas as perfeições divinas. Dessa forma, no Espírito de sabedoria, o filho de Deus encontra, levado à sua plenitude, todo o conteúdo da jornada sobrenatural que percorreu até então. Assim explica o Beato João Ruysbroeck:

> Dessa consideração amorosa nasce o sétimo dom, o espírito de saborosa sabedoria, que, com sabedoria e gosto espiritual, penetra na simplicidade de nosso espírito. É o fundamento e a origem de todas as graças, todos os dons e todas as virtudes. Nesse toque de Deus, cada um experimenta o sabor de seus exercícios e de toda a sua vida, de acordo com a veemência do toque e a medida de seu amor. Esse movimento divino é o meio mais íntimo entre Deus e nós, entre o repouso e a ação, entre os modos indeterminados e a pura indeterminação, entre o tempo e a eternidade.[40]

---

39 Santa Teresa do Menino Jesus, *Manuscritos autobiográficos*, Ms. A, 49r.

40 Beato João de Ruysbroeck, *Bodas da Alma*, II, c. 71.

UM CAMINHO DE AMOR FILIAL

Os titubeantes inícios da vida cristã ficaram já muito distantes, com esta impressionante efusão de dons divinos. São Bernardo volta àquele princípio, para cantar os frutos da sabedoria:

> Essa pobre alma foi embalada por uma negligência fatal, excitada por uma péssima curiosidade, seduzida pela experiência, enredada pela concupiscência, acorrentada pelo hábito, aprisionada pelo desprezo e decapitada pela malícia. Mas, com o triunfo da sabedoria, o temor a desperta, a piedade a adoça suavemente, a ciência lhe acrescenta tristeza, dizendo-lhe o que ela fez; a fortaleza faz seu próprio trabalho, erguendo-a; o conselho a desata, o entendimento a tira da prisão; e a sabedoria prepara sua mesa, satisfaz sua fome e a repara com comida saborosa.[41]

Como participante, por meio deste dom, da sabedoria e do Amor divinos, tudo assume uma nova dimensão para o filho de Deus: da consciência de sua própria miséria ao puro amor de Deus; da recepção de um sacramento à sua vida de trabalho para Cristo; das mais simples orações vocais à contemplação da intimidade trinitária. Assim, por exemplo, em uma referência muito especial à Sagrada Eucaristia, Deus Pai falou a Santa Catarina de Sena:

> Eu sou para eles (aqueles que alcançaram essa intimidade com a Trindade) leito e mesa. O doce e amoroso Verbo é seu manjar, tanto porque o recebem deste glorioso Verbo como porque Ele é a comida que se lhes dá. Sua carne e seu sangue, Deus e homem verdadeiro, os recebeis no sacramento do altar, preparado e dado por minha bondade, enquanto sois peregrinos e caminhantes, para que não desfaleçais por fraqueza e para que não percais a memória do benefício do sangue derramado por vós com tão ardente amor, e para que sempre vos encontreis

---

41 São Bernardo de Claraval, *Vários Sermões*, XIV, 7.

241

INTIMIDADE DE AMOR COM DEUS

fortes e contentes durante vossa caminhada. O Espírito Santo, isto é, o afeto de minha caridade, concede e reparte os dons e as graças. Este doce servo leva e traz doces e amorosos desejos, e leva à alma o fruto da caridade divina e de seus trabalhos, saboreando e alimentando-se da doçura de minha caridade. Por isso, Eu sou a mesa; meu Filho, a comida, e o Espírito Santo, que procede de mim e do Filho, o servidor.[42]

E quanto à ação deste dom no trabalho e na vida cotidiana do filho de Deus, ouçamos novamente São Josemaria Escrivá:

Dá-se passagem à intimidade divina, num olhar para Deus sem descanso e sem cansaço. Vivemos então como cativos, como prisioneiros. Enquanto realizamos com a maior perfeição possível, dentro dos nossos erros e limitações, as tarefas próprias da nossa condição e do nosso ofício, a alma anseia por escapar-se. Vamos rumo a Deus, como o ferro atraído pela força do ímã. Começamos a amar Jesus de forma mais eficaz, com um doce sobressalto.[43]

Em suma, o dom de sabedoria é aquela "conaturalidade" com o divino,[44] próprio da alma enamorada, que, na medida deste mesmo amor, não só penetra cada vez mais na intimidade divino-trinitária, mas também se espalha cada vez mais pela vida do santo cristão e de todos ao seu redor.

Parece quase desnecessário falar do dom de sabedoria presente naquele que é a sabedoria pessoal, naquele que está sempre em perfeita harmonia com o Pai, contemplando-O e amando-O em íntima unidade: no Verbo de Deus que se fez carne.

---

42   Santa Catarina de Sena, *O Diálogo*, n. 78.

43   São Josemaria Escrivá, *Amigos de Deus*, n. 296.

44   Santo Tomás de Aquino, *Suma Teológica*, II-II, q. 45, a. 2.

Do temor de Deus à sabedoria, percorremos um caminho que nos permitiu entrar no mistério de Deus e de nossa vida em relação a Ele. É assim que Santa Edith Stein resume os principais marcos dessa jornada, e com suas palavras gostaríamos de encerrar este capítulo:

> O dom de temor "distingue" em Deus a *"maiestas divina"* e determina a distância incomensurável entre a santidade de Deus e a própria imperfeição. O dom de piedade distingue em Deus a *"pietas"*, o amor paterno, e o contempla com amor filial e respeitoso, com um amor que sabe distinguir o que é devido ao Pai do céu. É na prudência (conselho) que vemos mais claramente que a discrição é um dom de discernimento; ela determina o que é melhor para cada situação particular. Na fortaleza [...] o espírito humano trabalha docilmente e sem desagrado onde o Espírito Santo reina [...].
>
> A luz do Espírito lhe permite, como dom de ciência, ver com absoluta clareza tudo o que foi criado e tudo o que aconteceu em sua ordenação para o eterno, compreendê-lo em sua estrutura interna e atribuir-lhe o lugar devido e a importância que lhe corresponde. Finalmente, concede-lhe, como dom de entendimento, a penetração nas profundidades da própria divindade e faz resplandecer diante dela com toda clareza a verdade revelada. Em seu ponto culminante, como dom de sabedoria, une-o com a Trindade e permite-lhe penetrar de alguma forma até a própria fonte eterna, e até tudo aquilo que emana dela e que a tem como substrato nesse movimento vital e divino que é amor e conhecimento ao mesmo tempo.[45]

---

45 Santa Edith Stein, *Sancta discretio*, em *Los caminos del silencio interior*, Madri, 1988, pp. 96-97.

Capítulo 7

NOSSOS IRMÃOS E
NOSSA MÃE

Irmãos dos filhos de Deus

Pareceu-me que, em um estudo sobre a filiação divina, não poderia faltar uma reflexão sobre a filiação a Maria e a fraternidade cristã. Tanto a figura da Santíssima Virgem quanto a realidade do amor fraterno merecem muito mais páginas do que as deste capítulo. Mas, dentro dos limites que me propus ao planejar este livro, quero apresentar pelo menos algumas ideias fundamentais, que surgem, em minha opinião, do próprio núcleo da paternidade de Deus e de nossa filiação divina, sempre à luz do ensinamento dos santos.

Lembremo-nos, em primeiro lugar, de alguns textos-chave das Escrituras. Entre os muitos que poderiam ser citados, concentro-me expressamente naqueles que mais vinculam o amor fraterno à filiação divina e ao Amor divino por nós:

> Nisto se revela quem é filho de Deus e quem é filho do diabo: todo aquele que não pratica a justiça não é de Deus, como também não é de Deus quem não ama o seu irmão. (1Jo 3, 10)

> Nisto sabemos o que é o amor: Jesus deu a vida por nós. Portanto, também nós devemos dar a vida pelos irmãos. Se alguém possui riquezas neste mundo e vê o seu irmão passar necessidade, mas diante dele fecha o seu coração, como pode o amor de Deus permanecer nele? Filhinhos,

INTIMIDADE DE AMOR COM DEUS

não amemos só com palavras e de boca, mas com ações e de verdade! (1Jo 3, 16-18)

Se alguém disser: "Amo a Deus", mas odeia o seu irmão, é mentiroso; pois quem não ama o seu irmão, a quem vê, não poderá amar a Deus, a quem não vê. E este é o mandamento que dele recebemos: quem ama a Deus, ame também seu irmão. (1Jo 4, 20-21)

Ora, eu vos digo: Amai os vossos inimigos e orai por aqueles que vos perseguem! Assim vos tornareis filhos do vosso Pai que está nos céus; pois ele faz nascer o seu sol sobre maus e bons e faz cair a chuva sobre justos e injustos. (Mt 5, 44-45)

Portanto, quando estiveres levando a tua oferenda ao altar e ali te lembrares que teu irmão tem algo contra ti, deixa a tua oferenda diante do altar e vai primeiro reconciliar-te com teu irmão. Só então, vai apresentar a tua oferenda. (Mt 5, 23-24)

A radicalidade com que a palavra revelada se expressa é manifesta. Assim a entenderam sempre os santos, e assim a procuraram viver. Muito em conexão com as reflexões do capítulo dedicado à cruz, comecemos com um exemplo de exercício da fraternidade particularmente gráfico e audaz; uma sincera oração por um pecador saída dos lábios de santa Gemma Galgani:

É teu filho, meu irmão: salva-o, Jesus [...] Por uma alma fizeste tanto, e a esta não queres salvar? [...] Derramaste o teu sangue tanto por ele quanto por mim... Não me levantarei mais daqui; salva-o. Diga-me, diga-me que o salvas. Ofereço-me como vítima por todos, mas particularmente por ele; prometo não te negar nada... Ofereço-me como vítima por todos, mas particularmente por ele; prometo não te negar nada... Dar-me-ás? É uma alma! Pensa nisso, Jesus: é uma alma que te custou tanto! Ele se tornará bom, não fará mais nada. Está salvo, Jesus, está salvo? Tu és justo, mas também és misericordioso. Não busco agora tua justiça, mas sim tua misericórdia.[1]

Assim se vive a fraternidade cristã e assim se vive a filiação divina! Na verdade, diante do poder de uma oração como essa, o Senhor não resistiu e, naquele caso particular, fez imediatamente com que sua filha audaciosa e generosa sentisse que sua oração havia sido ouvida: "Por Tua glória, agora mesmo, Tu o salvastes: estou felicíssima". Mas, sem demora, Santa Gemma insiste, com mais ousadia e humildade: "Se me deres um a cada dia, imagina, Senhor... Oh, Jesus, não abandones os pecadores. Os mais miseráveis são os melhor acolhidos... Rogo por eles e por mim [...] Se visses como estou cheia de pecados! [...] Pensa nos pecadores: os quero a todos salvos... a todos".[2]

A força da caridade cristã para com o próximo é verdadeiramente impressionante, se soubermos levá-la até às últimas consequências; e uma das causas dessa força é precisamente a luz proporcionada pela consideração da filiação divina.

Neste sentido, São Josemaria Escrivá nos convida: "Devemos pensar nos outros — em primeiro lugar, nos que estão ao nosso lado — como verdadeiros filhos de Deus que são, com toda a dignidade desse título maravilhoso. Com os filhos de Deus temos que nos comportar como filhos de Deus".[3]

Foi isso que Santa Gemma viu naquele pecador, acima de qualquer outra consideração: um filho de Deus, um irmão de Jesus Cristo, um irmão dela.

De fato, não há fraternidade sem filiação: irmãos e irmãs são assim não porque se escolheram um ao outro, mas porque são filhos dos mesmos pais. Seu amor mútuo não nasce de um processo de encontro, de conhecimento mútuo e de enamoramento, mas de algo que é anterior, consubstancial

---

1   Santa Gemma Galgani, *Êxtase*, n. 8

2   *Ibidem.*

3   São Josemaria Escrivá, *É Cristo que passa*, n. 36.

INTIMIDADE DE AMOR COM DEUS

ao seu próprio ser pessoal: da origem comum que têm em seus pais. O amor fraterno é, na prática, a manifestação de uma realidade que já se tem, que já se é; à qual se pode não ser fiel, mas à qual não se pode renunciar: não posso deixar de ser irmão, assim como não posso deixar de ser filho.

Tudo isso não significa que a fraternidade seja uma imposição: é uma realidade que já existe, mas que deve ser abraçada livremente para que se expresse como amor verdadeiro. Mas a origem deste amor fraterno na filiação implica que somente a partir do ponto de vista filial, somente penetrando na realidade pessoal — minha e de meu irmão — como filho de meus pais, somente vendo meu irmão do ponto de vista do amor paterno e materno, poderei ser um bom irmão, poderei amá-lo como tal.

É clara a transferência de toda esta realidade para a filiação divina e a fraternidade cristã; e também é reforçada por todas as considerações que já fizemos sobre o que significa o fato de Deus ser meu Pai e eu ser seu filho. Tudo, absolutamente tudo o que foi dito até agora, sobre a grandeza e a maravilha desse divino Amor paterno, aplica-se a todos e a cada um de Seus filhos, sem exceção... E toda a dignidade pessoal que o fato de ser filho de Deus implica para mim corresponde exatamente da mesma forma a cada filha e filho de Deus, a cada irmão e irmã meus em Jesus Cristo.

É somente a partir dessa perspectiva profunda que se pode realmente amar cada homem e mulher, e em particular cada cristão, com verdadeiro amor fraternal: como Deus ama; como Deus me ama e os ama.

De fato, podemos dizer que o amor filial a Deus não se traduz apenas em amor fraternal, mas também em um certo amor paternal, pois é um amor que vem de nosso Deus Pai. O bom filho aprende a ser um bom pai e, portanto, um bom irmão. Aquele que está acostumado a se deixar guiar pelo Espírito Santo penetra não apenas nos sentimentos filiais do Filho, mas também nos sentimentos paternais

NOSSOS IRMÃOS E NOSSA MÃE

do Pai. O dom de piedade, em particular, de acordo com o que vimos no capítulo anterior, transfere os mesmos traços que confere às relações do cristão com Deus para suas relações com os outros filhos de Deus; com sentimentos e atitudes não apenas de um irmão mais velho, mas também de um verdadeiro pai.

Ouçamos Santa Edith Stein, que coloca tudo isso em uma perspectiva sugestiva, não apenas divina e cristológica, mas também eclesiológica:

> O primeiro passo é estar unido a Deus, mas isso é imediatamente seguido por um segundo. Se Cristo é a cabeça e nós somos os membros do corpo místico, então nossas relações mútuas são de membro para membro, e somos todos um em Deus, uma vida divina. Se Deus é Amor e vive em cada um de nós, não pode ser de outra forma a não ser que nos amemos uns aos outros com amor fraternal. É exatamente por isso que nosso amor ao próximo é a medida de nosso amor a Deus [...] Cristo veio ao mundo para reintegrar ao Pai a humanidade perdida, e aquele que ama com seu amor também ama as pessoas por Deus e não por si mesmo. Essa é, sem dúvida, a maneira mais segura de possuí-los eternamente, pois se embalamos um homem em Deus, então nos tornamos um com ele em Deus.[4]

"Embalar" o próximo como um pai, como uma mãe: uma expressão ousada desta santa, mas apropriada para entender até onde deve ir a piedade cristã, o amor cristão, próprio de um filho de Deus: e consistente com os textos de Isaías que vimos aplicados à "maternidade" divina; à ternura de Deus com seus filhos como uma mãe com seu filho recém-nascido: como nós com nossos irmãos...

Além disso, a partir da consideração de Jesus Cristo como nosso irmão mais velho, contemplando sua humanidade como

---

4 Santa Edith Stein, *El misterio de la Nochebuena*, em *Los caminos del silencio interior*, Madri, 1988, pp. 51–52.

INTIMIDADE DE AMOR COM DEUS

a encarnação do verdadeiro espírito filial e, portanto, fraterno, aprendemos a exercer essa caridade para com os outros em toda a sua radicalidade e riqueza de manifestações. Ouçamos, por exemplo, o ensinamento de Santa Genoveva Torres Morales a uma de suas religiosas, em uma viagem gráfica pelas páginas do Evangelho..., com uma simpática moral final:

> Terei grande prazer em ver que a Irmã Grañeda aprendeu a unir-se a Jesus vestindo o manto da humildade, da paciência, da caridade, da mortificação e do amor a Deus; pois este último é suficiente para tudo. O que não conquista o amor? Jesus amou e por isso soube lavar os pés de Judas e tolerou-o sabendo que iria vendê-Lo. Jesus amou e por isso olha para São Pedro quando este acaba de negá-Lo. Jesus amou e recebeu Madalena e permitiu que ela ungisse seus pés e os secasse com os cabelos, enquanto os outros o censuravam por permitir que a uma mulher pecadora se aproximasse d'Ele. Jesus ama e defende a mulher adúltera e diz: "Quem dentre vós não tiver pecado, atire a primeira pedra!" (Jo 8, 7) Jesus ama e, depois de demonstrar isso em sua vida pública, morre por nosso amor numa cruz e no meio de dois ladrões, e não contente com isso, nos ama mais aqui, nos ama até ficar no tabernáculo e ali sozinho espera que venhamos até Ele para nos confortar.
>
> E o que fazemos por Ele? Perdoamos, dissimulamos, defendemos, ajudamos nossos vizinhos e ainda mais nossas irmãs? Quanta razão tinha Jesus para não receber, não se humilhar, não perdoar, não usar a caridade! Mas Jesus ama. Sim, irmã, amemos a nós mesmas e a tudo o que nos mortifica, o amor o adoçará, e, calando com alegria, vamos estudar Jesus no sacrário e ali teremos força para lutar. Não voltes a cabeça por causa dos defeitos dos outros, nem mesmo dos superiores. Eles estão, possivelmente, por causa de seu cargo, mais expostos e por isso mais propensos a cair. Não voltes a cabeça, repito, ou poderás tornar-te uma estátua de sal.[5]

---

5   Santa Genoveva Torres Morales, *Cartas*, n. 255.

O verdadeiro alcance do amor fraterno: todos

Este amor fraterno, que brota do mesmo Amor paterno divino e segue o exemplo de Jesus Cristo, deve ser aplicado, portanto, em toda a sua radicalidade. Por isso, um princípio fundamental da caridade cristã é sua universalidade.

Como dissemos no primeiro capítulo, é verdade que tendemos a vincular a condição de ser filho de Deus ao Batismo, quando tomamos essa expressão em seu sentido próprio. Mas também é verdade que, em um sentido amplo, todo ser humano é filho de Deus, na medida em que existe como fruto de um desejo divino expresso, fruto de seu Amor, na medida em que foi feito à sua imagem e semelhança e é chamado a ser incorporado a Cristo e à herança do céu. Se essa universalidade é dada no Amor de Deus pelos homens, ela deve ser mantida em nosso amor por eles, como verdadeiros filhos de tal Pai.

É o que viveu, com tanta naturalidade e heroísmo uma das maiores santas do nosso tempo: Madre Teresa de Calcutá. Conta ela, entre muitas outras anedotas significativas, o seguinte:

> Quando visitei a China em 1989, um líder do Partido Comunista me perguntou:
>
> — Madre Teresa, o que é um comunista para você?
>
> Eu respondi:
>
> — Um filho de Deus, um irmão meu.
>
> — Oh! A senhora tem uma opinião muito positiva sobre nós. De onde tirou isso?
>
> — Do próprio Deus — respondi. — Foi Ele quem disse: "Em verdade vos digo que tudo o que fizestes a um destes meus irmãos mais pequeninos, a mim o fizestes" (Mt 25, 40).[6]

---

6   Santa Teresa de Calcutá, *Orar. Su pensamiento espiritual*, Barcelona 1997, p. 74.

INTIMIDADE DE AMOR COM DEUS

A universalidade é o primeiro sinal e a primeira consequência da verdadeira caridade fraterna cristã, que brota do amor paterno de Deus e do nosso amor filial por Ele. Isso está claramente expresso nos seguintes textos de Santo Agostinho e de São Josemaria Escrivá:

> Neste Pai, o senhor e o servo são irmãos; neste Pai, o imperador e o soldado são irmãos; neste Pai, o rico e o pobre são irmãos. Os fiéis cristãos têm diferentes pais na terra, alguns nobres, outros vilões; mas todos invocam um só Pai, o Pai do céu.[7]
>
> O Senhor veio trazer a paz, a boa nova, a vida, a todos os homens. Não apenas aos ricos, nem apenas aos pobres. Não apenas aos sábios, nem apenas à gente simples. A todos. Aos irmãos que somos, pois somos filhos de um mesmo Pai Deus. Não existe, pois, senão uma raça: a raça dos filhos de Deus. Não existe mais do que uma cor: a cor dos filhos de Deus. E não existe senão uma língua: essa que, falando ao coração e à cabeça, sem ruído de palavras, nos dá a conhecer Deus e faz com que nos amemos uns aos outros.[8]

O verdadeiro alcance do amor fraterno: os pobres

Mas o texto do Evangelho citado acima por Santa Teresa de Calcutá nos leva a um segundo sinal e consequência da verdadeira fraternidade, não menos importante e radical: a preferência pelos "últimos", pelos mais necessitados, pelos mais pobres.

A própria santa religiosa foi um testemunho vivo disso nos últimos tempos: talvez o mais claro e retumbante que o mundo do século xx conheceu; E também o explicou com

---

7   Santo Agostinho de Hipona, *Sermões*, n. 59.

8   São Josemaria Escrivá, *É Cristo que passa*, n. 106.

252

uma expressão clara: "Não devemos servir os pobres *como se fossem* Jesus. Devemos servi-los porque eles *são* Jesus".[9]

O *Catecismo da Igreja Católica* contém palavras semelhantes da primeira santa americana canonizada, lembrada por todos por sua dedicação heroica aos mais necessitados:

> No dia em que sua mãe a repreendeu por manter em casa pobres e doentes, Santa Rosa de Lima lhe replicou: "Quando servimos aos pobres e doentes, servimos a Jesus. Não nos devemos cansar de ajudar o próximo, porque neles é a Jesus que servimos".[10]

A lista de citações dos santos sobre este ponto poderia se multiplicar indefinidamente; mas não posso deixar de reproduzir, pelo menos, outro, também incluído no *Catecismo da Igreja Católica*, e particularmente forte; pertence a um Padre da Igreja que, como indica a sua alcunha, não se calava quando se tratava de dizer as coisas com clareza e eloquência. Refiro-me a São João Crisóstomo: "Não deixar os pobres participar dos próprios bens é roubá-los e tirar-lhes a vida. Nós não detemos nossos bens, mas os deles".[11]

"São os bens deles" — voltando aos ensinamentos dos santos anteriores — porque pertencem a Deus, a Jesus..., e eles, os pobres, são Jesus: filhos de Deus em Cristo como nós, com os mesmos direitos e a mesma dignidade..., mas também objeto de um amor muito especial por parte do Senhor.

A chave é sempre buscar e abraçar sem medo a verdade autêntica das coisas e, acima de tudo, das pessoas, da condição humana em relação à sua origem e ao seu fim último: o próprio Deus.

---

9 Santa Teresa de Calcutá, *Orar. Su pensamiento espiritual*, Barcelona 1997, p. 58.

10 *Catecismo da Igreja Católica*, n. 2449.

11 São João Crisóstomo, *Homilia sobre Lázaro* I, 6: PG 48, 992 D.

Eu chamaria isso, em vez de uma "opção preferencial pelos pobres" — com todo o respeito devido a essa excelente fórmula, tão cara à Igreja de nossos tempos —, de uma opção "radical" pelos pobres.

Lembremos, além disso, que a tradição cristã, seguindo o exemplo do próprio Jesus, nunca reduziu a consideração da pobreza às necessidades materiais. Há muitas formas de pobreza, de necessidade humana, que devem levar os bons filhos de Deus à caridade para o bem de seus irmãos e irmãs. Um exemplo entre muitos é fornecido por uma impressionante carta de Santa Catarina de Sena a uma prostituta, buscando, com grande força e ternura, sua conversão:

> Por isso, minha filha, eu choro e sofro vendo que tu, criada à imagem e semelhança de Deus, redimida no precioso sangue, não conserves tua dignidade, nem penses no alto preço que foi pago por ti. Parece que fazes como o porco que chafurda na lama (cf. 2Pd 2, 22) [...]

> Usa de uma santa violência contra ti mesma, afasta-te de tão grande miséria e podridão, recorre ao teu Criador. Ele te acolherá, com a condição que deixes o pecado mortal e voltes ao estado de graça. Afirmo-te, minha bondosa filha, que se acusares a podridão do pecado numa santa confissão, com o propósito de não voltar ao pecado, Deus te dirá: "Tu te prometo que nunca mais me recordarei de quem me ofendeste" (cf. Hb 10, 7) [...]

> Não te seja difícil recorrer a Maria, mãe de piedade e misericórdia. Ela te conduzirá à presença do seu Filho, mostrando-lhe o seio com que o amamentou e o inclinará a usar de misericórdia contigo. Como filha remida pelo sangue (de Cristo), entrarás nas chagas do Filho de Deus, onde acharás o fogo da inefável caridade que consumirá e queimará todas as tuas misérias e pecados. Verás que Cristo lavará no seu sangue a lepra do pecado mortal

e da impureza em que durante tanto tempo estiveste. O bondoso Deus não te recusará.[12]

O verdadeiro alcance do amor fraterno: os "inimigos"

Na verdade, se pensarmos bem, o comportamento que acabamos de contemplar em Santa Catarina (a começar pelo simples fato de decidir escrever aquela carta, sem falar no seu impressionante conteúdo) é a ação que sempre esperaríamos de uma filha digna de um Pai tão misericordioso e "dulcíssimo", de uma irmã digna de um Filho tão generoso, de uma filha digna de uma Mãe tão "dulcíssima" e misericordiosa. Mas, muitas vezes, permanecemos na superfície de nossa própria realidade e da realidade de nosso próximo, porque não contemplamos as coisas da perspectiva de Deus, como fazem os santos.

Parece-me, ademais, que estamos diante de um raciocínio muito paralelo ao que fizemos há algumas páginas, falando da cruz. Dissemos então que a chave verdadeiramente cristã para enfrentar a dor não é o simples esforço de redirecioná-la para seu significado sobrenatural, mas partir da realidade básica do que realmente é a Cruz de Cristo, ou seja, do Amor, e a partir daí descobrir o verdadeiro significado do sofrimento, sem a necessidade de esforços ascéticos traumáticos e desproporcionais.

Pois bem, a verdadeira fraternidade cristã segue o mesmo caminho: não se trata, em primeiro lugar, de tentar redirecionar nossos sentimentos em relação ao próximo, de tentar nos aproximar do modo como Deus o ama e o trata como seu filho mais querido, mas de partir do fato de que cada um de nós é realmente filho e filha de Deus, o próprio Cristo, e

---

12 Santa Catarina de Sena, *Cartas*, n. 276.

INTIMIDADE DE AMOR COM DEUS

que, a partir daí, é natural amá-Lo de modo único, com todo o nosso ser, como o Pai, o Filho e o Espírito Santo O amam. Em nossas relações com os outros, o simples esforço para mudar ou melhorar uma atitude, ou até mesmo uma intenção fundamental, sempre ficará aquém do esperado, se as profundezas de nossa alma não aceitarem verdadeiramente a dignidade radical de qualquer ser humano como filho de Deus, simplesmente por ser um filho de Deus, independentemente de ideologia, condição, comportamento etc.; mesmo que essa pessoa ou essas pessoas tenham me causado, pessoalmente, danos terríveis ou irreparáveis, de qualquer forma que seja. Essa última situação é, sem dúvida, muito dolorosa, mas não muda em nada este pano de fundo e esta visão divina do relacionamento entre os seres humanos, entre os filhos de Deus.

Recordemos que o próprio Jesus estabelece uma ligação muito direta entre o amor aos inimigos e a coerência com a nossa condição filial: "Amai os vossos inimigos e orai por aqueles que vos perseguem! Assim vos tornareis filhos do vosso Pai que está nos céus; pois ele faz nascer o seu sol sobre maus e bons e faz cair a chuva sobre justos e injustos" (Mt 5, 44-45).

Além disso, no caso do amor aos inimigos, estas considerações sobre a caridade fraterna unem-se às anteriores relativas à cruz; de tal forma que o significado positivo de ambos, visto da perspectiva do Amor paterno divino, dê ainda mais força ao que deve ser uma resposta verdadeiramente fraterna e cristã. Como nos ensina São João de Ávila:

> E quando a vossa carne vos disser: Que lhe devo para lhe fazer bem, e como o amarei, se ele me fez mal? Mas, visto que é Cristo quem recebe o bem feito ao próximo, e o perdão dado ao próximo, como se fosse dado a si mesmo, que importância pode ter quem seja o próximo, ou o mal que me tenha feito, já que eu não tenho contas

NOSSOS IRMÃOS E NOSSA MÃE

com ele, senão com Cristo?... Considerai os próximos como filhos adotivos de Deus, por quem Jesus Cristo se entregou na cruz.[13]

"Assim como nós perdoamos a quem nos tem ofendido"

Como assinala o texto que acabamos de citar, uma manifestação de amor fraterno deve ser destacada sobretudo, no ensinamento evangélico e dos santos: o perdão.

Com efeito, se falamos da misericórdia divina como a grande prova do seu amor paterno por nós — o fato de que Deus nos perdoa tudo, sempre e até a raiz do mal, indo até ao encontro de quem O ofende, para facilitar o caminho do arrependimento —, também do perdão ao irmão que nos ofendeu — ou que pensamos que nos ofendeu — será a grande manifestação de que somos filhos dignos de tal Pai...

O próprio Jesus liga estreitamente a misericórdia divina à qual cada um deve viver, como cristão, como seu bom filho: "Bem-aventurados os misericordiosos, porque alcançarão misericórdia" (Mt 5, 7). Por outras palavras, os filhos devem assemelhar-se ao pai, especialmente quando o Pai é tão bom; é por isso que Jesus também nos diz, no mesmo Sermão da Montanha: "Sede misericordiosos como o vosso Pai é misericordioso" (Lc 6, 36).

No diário de Santa Faustina esta frase aparece frequentemente na boca de Jesus: "Tende misericórdia dos outros como Eu sou misericordioso contigo".[14] É assim que o Papa Francisco glosa esta ideia:

A misericórdia de Deus é a sua responsabilidade por nós. Ele se sente responsável, ou seja, deseja o nosso

---

13 São João de Ávila, *Audi filia,* edição de Sala-Balust, pp. 805-806.

14 Santa Faustina Kowalska, *Diário,* passim.

INTIMIDADE DE AMOR COM DEUS

bem e quer nos ver felizes, cheios de alegria e serenos. É nesta mesma amplitude de onda que deve orientar-se o amor misericordioso dos cristãos. Assim como o Pai ama, os filhos amam. Assim como Ele é misericordioso, também nós somos chamados a ser misericordiosos uns com os outros.[15]

É também o que não deixamos de ouvir e de repetir cada vez que fazemos a oração que o próprio Jesus Cristo nos ensinou. É assim que Santa Teresa de Jesus comenta, precisamente, o "perdoai as nossas ofensas, assim como nós perdoamos a quem nos tenha ofendido", do *Pai Nosso*:

> Mas quanto deve o Senhor estimar que nos amemos uns aos outros! Pois o bom Jesus poderia ter apresentado a Seu Pai outras coisas [subentende-se outras "premissas" ou "condições"] e dizer, por exemplo: "perdoai-nos, Senhor, porque fazemos muita penitência", ou "porque rezamos muito, jejuamos, deixamos tudo por Vós, e muito Vos amamos". Ele também não disse "porque daríamos a vida por Vós", nem, como eu digo, outras coisas que poderia dizer. Ele falou somente "assim como nós perdoamos". Talvez Ele o tenha dito porque, conhecendo-nos como grandes amigos desta negra honra e sabendo ser o perdoar uns aos outros a coisa mais difícil de conseguir de nós, viu ser ela a coisa que mais agrada a Seu Pai, tendo-a oferecido de nossa parte.[16]

Embora seja claro e conhecido, nunca é demais enfatizar este ensinamento básico do Cristianismo, pois é bom que todos nós o lembremos mais uma vez. Penso também que, à luz de toda a reflexão que temos feito sobre a nossa relação filial com Deus, este princípio assume novas dimensões, e espero que também ganhe nova vida nas nossas almas.

---

15 Papa Francisco, *Misericordiae vultus*, n. 9.

16 Santa Teresa de Jesus, *Caminho de Perfeição*, c. 36, 7.

NOSSOS IRMÃOS E NOSSA MÃE

A oração dominical, síntese e modelo de toda oração cristã, nos lembra que o "Meu Pai", o *"Abbá"* de nossa relação filial com Deus, sobre o qual tanto insistimos nos capítulos anteriores, é inseparável do "Pai Nosso" da fraternidade. Não posso chamar Deus de "Pai" sem chamar meu próximo, qualquer próximo, de "irmão". Fazer o contrário significaria que o "Pai Nosso" se tornou o "Pai de quase todos", de alguns, ou mesmo de poucos; e essa não seria mais a oração que Jesus nos ensinou, que Ele pronunciou primeiro e que continua a pronunciar agora; uma oração que, acima de tudo, o Senhor proferiu com seu sangue derramado na cruz por todos os homens e mulheres de todos os tempos, lugares e condições, sem exceção; incluindo aqueles mesmos que O estavam matando, a quem Ele perdoa e desculpa desde o alto da cruz, apelando precisamente à sua relação filial com o Pai: "Pai, perdoa-lhes! Eles não sabem o que fazem!" (Lc 23, 34).

O perdão, portanto, não tem limites, assim como a caridade não tem limites. Esse é o ensinamento muito claro do diálogo do Senhor com São Pedro: "'Senhor, quantas vezes devo perdoar, se meu irmão pecar contra mim? Até sete vezes?' Jesus respondeu: 'Digo-te, não até sete vezes, mas até setenta vezes sete vezes'" (Mt 18,2 1-22); reforçado pela parábola dos dois devedores que segue esse diálogo (Mt 18,2 3-35). Comentando esses textos evangélicos, São João Crisóstomo conclui:

> Não tenta fixar um número, mas dar a entender que devemos perdoar sem limites, continuamente e sempre [...] O Senhor não encerrou o perdão em um número determinado, mas deu a entender que devemos perdoar prontamente e sempre [...] Nela [a parábola dos dois devedores] nos colocou diante de sua própria benignidade, para que nos déssemos conta, por contraste, de que, mesmo que perdoemos setenta vezes sete vezes, mesmo que perdoemos continuamente todos os pecados de nosso

INTIMIDADE DE AMOR COM DEUS

próximo por completo, nossa misericórdia, ao lado da Sua, é como uma gota de água em um oceano infinito.[17]

Pode ser que, às vezes, o perdão se torne particularmente difícil. Será então um bom momento para rezar como fez São Francisco de Assis, na sua paráfrase do Pai Nosso: "'Assim como nós perdoamos aos nossos devedores': e o que não perdoamos totalmente, Senhor, faz-nos perdoar totalmente, para que através de ti possamos amar verdadeiramente os nossos inimigos e em nome deles possamos interceder devotamente diante de ti".[18]

Tudo, portanto, nos leva de novo e de novo à igualdade dos filhos de Deus, porque temos o mesmo Pai, o mesmo redentor e o mesmo santificador, que é precisamente seu Amor paterno-filial.

Lembremos, neste ponto, que a caridade cristã é uma única virtude, embora tenha múltiplos objetos (Deus, o próximo e a si mesmo): "É com um único e mesmo amor que amamos a Deus e a nosso irmão; mas amamos a Deus por si mesmo, e a nós mesmos e ao próximo por Deus",[19] diz Santo Agostinho.

Portanto, se o amor de caridade para com Deus é uma participação no mesmo Amor divino, o amor de caridade para com o próximo também é uma participação nesse Amor: amo a Deus como Deus se ama, me ama e os ama; amo os outros como Deus se ama, os ama e me ama. Qualquer ato de amor que não brote dessa realidade profunda não é o amor da caridade cristã, e é duvidoso que seja até mesmo o verdadeiro amor humano.

Foi assim que São Cipriano se dirigiu àquelas primeiras gerações de cristãos, diante da novidade da caridade cristã em oposição às práticas pagãs:

---

17   São João Crisóstomo, *Homilias sobre São Mateus*, 61, 1.

18   São Francisco de Assis, *Paráfrase do Pai Nosso*, n. 8.

19   Santo Agostinho de Hipona, *Sobre a Trindade*, 8, 12.

Ama aqueles que odiavas antes, ama aqueles que a inveja te levou a ferir com injustas murmurações, imita os bons, se puderes segui-los; se não puderes, ao menos alegra-te e fica contente com o fato de serem melhores do que tu. Participa com eles, amando-os intimamente e unindo-te como coerdeiro com o consórcio da caridade e o vínculo da fraternidade. Tuas dívidas serão perdoadas se perdoares; teus sacrifícios serão aceitos quando te aproximares de Deus em espírito de paz.[20]

De irmãos a "pais"

Voltemos à ideia de que a fraternidade cristã pode ser vista como uma certa participação na paternidade divina. Em particular, isto acontece em cada tarefa apostólica, a começar pelo bom exemplo. O próprio Jesus Cristo, de fato, no Sermão da Montanha, nos ensina: "Assim também brilhe a vossa luz diante das pessoas, para que vejam as vossas boas obras e louvem o vosso Pai que está nos céus" (Mt 5, 16).

Para que glorifiquem o Pai, não o filho. O bom filho de Deus torna-se assim o meio pelo qual os outros descobrem o amor paternal de Deus, o coração amoroso de Cristo, o fogo de amor do Espírito Santo. É precisamente na perspectiva do Paráclito que um texto clássico de São Basílio o mostra:

Assim como os corpos brilhantes e translúcidos, quando um raio luminoso incide sobre eles, tornam-se eles mesmos brilhantes e por si mesmos lançam outro raio luminoso, assim também as almas portadoras do Espírito, iluminadas pelo Espírito, tornam-se elas mesmas espirituais e projetam a graça sobre os outros.[21]

---

20 São Cipriano de Cartago, *De zelo et livore*, 17.

21 São Basílio de Cesareia, *O Espírito Santo*, c. 9, n. 23.

INTIMIDADE DE AMOR COM DEUS

Essa referência direta ao Paráclito nos lembra que, ao sermos "pais", ao servirmos nossos irmãos e irmãs, é essencial entender que somos apenas instrumentos nas mãos de Deus: que eles são tão filhos de Deus quanto nós, e que somente o próprio Espírito Santo pode realmente aconselhar e dirigir os outros, mesmo que ele queira contar com nossa modesta colaboração.

Esta é a recomendação feita por Santo Inácio de Loyola ao diretor dos *Exercícios Espirituais*, e sem dúvida se aplica a qualquer circunstância semelhante de direção de almas ou de apostolado:

> Mais conveniente e melhor é que, procurando a vontade divina, o mesmo Criador e Senhor se comunique à pessoa espiritual, abraçando-a em seu amor e louvor e dispondo-a para o caminho em que melhor poderá servi-lo depois. Assim, aquele que dá os *Exercícios* não opte nem se incline a uma parte ou outra, mas, ficando no meio, como o fiel de uma balança, deixe o Criador agir imediatamente com a criatura e a criatura com seu Criador e Senhor.[22]

E é a mesma doutrina que São João da Cruz relembra com clareza:

> Que estes tenham cuidado e considerem que o Espírito Santo é o principal agente e promotor das almas; que Ele nunca deixa de cuidar delas e do que lhes importa para que aproveitem e cheguem a Deus mais rapidamente e de modo mais perfeito; e que eles não são os agentes, mas apenas instrumentos para guiar as almas de acordo com a regra da fé e a lei de Deus, conforme o espírito que Deus dá a cada um. Assim, seu cuidado deve ser não adaptar a alma ao seu próprio modo e condição, mas sim

---

22 Santo Inácio de Loyola, *Exercícios Espirituais*, 15ª Anotação.

observar por onde Deus a conduz; e se não o sabem, que as deixem e não as perturbem.[23]

Essas recomendações podem ser vividas muito bem se recorrermos mais uma vez à atitude simples, confiante, humilde e audaciosa da criancinha, como a viveu Santa Teresinha do Menino Jesus quando, ainda muito jovem, lhe foi confiada a tarefa de formar as noviças de seu convento... E que esplêndidos frutos lhe deu essa atitude filial:

> Quando me foi dado entrar no santuário das almas, vi logo que a tarefa estava além de minhas forças. Então me joguei nos braços de Deus como uma criancinha e, escondendo meu rosto em seus cabelos, disse-lhe: "'Senhor, sou muito pequena para alimentar vossas filhas. Se quiserdes lhes dar, por mim, o que convém a cada uma, enchei minha mãozinha e, sem deixar vossos braços, sem virar a cabeça, darei vosso tesouros à alma que vier pedir-me seu alimento. Se o encontra a seu gosto, saberei que não é a mim, mas a Vós que o deve. Se, ao contrário, queixa-se e acha amargo o que lhe apresento, minha paz não será perturbada. Procurarei persuadi-la de que este alimento vem de vós e hei de acautelar-me muito para não procurar-lhe outro.[24]

Esse modo de agir da "menina-doutora" nos mostra, além disso, que ser instrumentos da ação divina, entregar todo o nosso apostolado, como bons filhos, a Deus Pai, a Jesus Cristo e ao Paráclito, não significa passividade em nossa tarefa, mas muito pelo contrário. Observemos com que força, convicção, generosidade e "descaro" (sempre o bendito descaro dos santos) rezava Santo Antônio Maria Claret, por exemplo, dirigindo-se à Virgem Maria:

---

23   São João da Cruz, *Chama viva de amor*, 3, 3.

24   Santa Teresa do Menino Jesus, *Manuscritos autobiográficos*, Ms. C, 22r-v.

INTIMIDADE DE AMOR COM DEUS

> E vós, minha Mãe, quereis que eu, sendo irmão destes infelizes, olhe com indiferença a sua fatal ruína? Ah, não! Nem o amor que tenho a Deus nem o amor ao próximo podem tolerar isso; pois como se pode dizer que tenho caridade ou amor a Deus se, vendo que meu irmão está em necessidade, não o ajudo? Como terei caridade se, sabendo que há ladrões e assassinos em uma estrada que roubam e matam todos os que passam por ela, eu não alertar os que estão indo para lá? Como terei caridade se, sabendo que lobos carnívoros estão arrancando a garganta das ovelhas de meu mestre, eu permanecer em silêncio? Como terei caridade se me calar quando vir como roubam as joias da casa de meu Pai, joias tão preciosas que custaram o sangue e a vida de um Deus, e quando vir que incendiaram a casa e a herança de meu amorosíssimo Pai?[25]

Não podemos nos deter aqui em tudo o que essa responsabilidade apostólica implica, esse não se calar, não se tornar silencioso. Mas, pelo menos, devemos enfatizar que a primeira coisa a fazer é lembrar aos outros que eles são filhos de Deus; ou melhor, que Deus é o Pai deles, o Pai de cada um de nós, insistindo na singularidade do Amor paternal divino. Em outras palavras: se Deus é meu Pai, e o Pai daquele, e o Pai daquele outro..., estou comprometido, por esse simples fato, a proclamá-Lo a cada filho e filha de Deus.

Ao considerar esse apostolado fraterno ou "paterno" com os outros filhos de Deus, não podemos nos esquecer da proximidade de nosso Deus Pai com seus filhos e com todas as coisas de seus filhos: com o mundo em que vivemos. Por isso, nas palavras de São Josemaria Escrivá:

> Nossa vocação de filhos de Deus, no meio do mundo, exige não apenas que procuremos atingir a nossa santidade pessoal, mas que avancemos pelos caminhos da terra, para convertê-los em atalhos que, através dos

---

25   Santo Antônio Maria Claret, *Autobiografia*, n. 158.

NOSSOS IRMÃOS E NOSSA MÃE

obstáculos, levem as almas ao Senhor; que tomemos parte, como cidadãos comuns, em todas as atividades temporais, para sermos levedura (cf. Mt 13, 33) que informe a massa inteira (cf. 1Cor 5, 6).[26]

Esse comportamento brota do espírito contemplativo que recordamos antes — ao falar dos dons de ciência, entendimento e sabedoria —, aplicado precisamente às realidades de um filho de Deus; tal como o nosso Pai, seu criador e Senhor, nos confiou: "Precisamente porque somos filhos de Deus, esta realidade leva-nos também a contemplar com amor e com admiração todas as coisas que saíram das mãos de Deus Pai Criador. E deste modo somos contemplativos no meio do mundo, amando o mundo".[27]

Paternidade de Deus e maternidade de Maria

Quando falamos há pouco de uma certa "paternidade" aplicada à fraternidade; ou quando falamos de "pai" em um contexto religioso, referindo-nos a pessoas singulares (o papa, bispos, padres, superiores religiosos etc.; ainda que, em cada caso, com peculiaridades e características próprias) não nos situamos no mesmo contexto de quando falamos da maternidade de Maria ou, também em parte, da paternidade de São José; porque não estamos nos referindo a uma relação direta de paternidade com Jesus, o Filho de Deus por natureza, mas com outros filhos de Deus por adoção.

Nesses outros casos, falamos de paternidade, como vimos, em termos do fruto espiritual em relação a outras almas que brota do próprio apostolado, ministério, vocação etc.; fruto

---

26   São Josemaria Escrivá, *É Cristo que passa*, n. 120.

27   São Josemaria Escrivá, *É Cristo que passa*, n. 65.

INTIMIDADE DE AMOR COM DEUS

que vem, é claro, de Deus, mas que vem "filialmente" d'Ele e é transmitido "paternalmente" a outros, através de uma pessoa ou pessoas específicas; e não como o fruto de uma relação paternal em relação ao próprio Deus encarnado, como no caso de Maria e José.

De fato, São José tem sido descrito algumas vezes — de forma bastante apropriada, em minha opinião — como "a sombra do Pai".[28] Mesmo se insistirmos, com razão, no caráter legal, formal ou funcional de sua tarefa como pai de Jesus, de fato, ele e somente ele teve essa função: é o único, além de sua esposa imaculada, que pôde e pode tratar Jesus como filho, assim como Deus Pai o trata... Pois é a primeira pessoa da Santíssima Trindade que, em certo sentido, deu-lhe uma participação em sua paternidade, enviando seu Filho à terra como parte da família de José, vivendo em sua casa, e confiando-lhe expressamente seus cuidados, sua formação, nomeando-o, com toda a força que esse fato tem na Sagrada Escritura.

A singular vocação divina de São José inclui, sem dúvida, graças propriamente paternas, para poder tratar, mandar, educar etc., o Filho de Deus feito homem; graças que só podem ser um reflexo, uma "sombra" da relação intratrinitária paterno-filial que se expressa na encarnação do Verbo.

Por sua vez, no caso de Maria Santíssima, tudo isso cresce não apenas em grau, mas em substância, pois não falamos mais de uma "sombra", e sim de uma realidade profunda. Neste ponto, deixemos a palavra a São Luís Maria Grignion de Montfort:

> Deus Pai não deu ao mundo o seu Unigênito senão por Maria. [...] Diz Santo Agostinho que, não sendo o mundo

---

28 Esse é o título, por exemplo, de um romance sobre ele escrito por Jan Dobraczynski, que, dentro da liberdade e da fantasia típicas desse gênero literário, reflete muito bem, em minha opinião, esse aspecto específico da figura de São José e, talvez, ainda melhor, seu relacionamento com Maria.

digno de receber o Filho de Deus diretamente das mãos do Pai, este o deu a Maria, para que os homens o recebessem por ela.[29] O Filho de Deus fez-se homem para nos salvar, mas foi em Maria e por Maria. Deus Espírito Santo formou Jesus Cristo em Maria, mas só depois de lhe ter perdido o consentimento por um dos primeiros. ministros da sua corte.[30]

De fato, a partir dessas palavras e no contexto de nossas reflexões, devemos sublinhar o vínculo estreito entre a paternidade divina e a maternidade mariana; uma maternidade, aliás, que, a partir da relação singular de Santa Maria com a Trindade, é vertida em nós. A maternidade de Maria para com Jesus é real e verdadeira: é verdadeira Mãe de Deus, porque realmente engendrou Jesus Cristo, e Ele é verdadeiro Deus, o Filho unigênito do Pai.

Portanto, assim como temos insistido em contemplar a consciência da filiação divina como compreensão, sobretudo, da paternidade de Deus, queremos agora assinalar a conveniência de não olhar apenas para Maria como modelo de filiação, nem simplesmente contemplar a sua maternidade espiritual a partir da sua relação materna com Jesus Cristo, mas também da sua relação única com o Pai como Pai de Jesus, e com o Espírito Santo como elo de união no seio da Trindade.

Naturalmente, Maria é filha de Deus por excelência, porque é também a primeira "cristã": a primeira redimida, configurada com Cristo e, portanto, constituída filha do Pai, no Filho, pelo Espírito Santo; e aquela que respondeu com maior fidelidade à sua condição de filha. Mas a sua relação com Jesus vai mais longe, sendo verdadeiramente sua Mãe, com todas as consequências de comportamento

---

29   Cf. Santo Agostinho de Hipona, *Sermones*, 215, n. 4.

30   São Luís Maria Grignion de Montfort, *Tratado da Verdadeira Devoção à Santíssima Virgem*, n. 16.

INTIMIDADE DE AMOR COM DEUS

e tratamento com Deus que daí derivam; consequências insuspeitadas para aqueles de nós que somos filhos únicos de Deus, embora isso já seja maravilhoso.

São Bernardo comenta a esse respeito: "Maria, consciente de que é sua Mãe, chama familiarmente de 'seu Filho' aquela mesma majestade soberana diante da qual os anjos se prostram. E Deus não se ofende por ser chamado daquilo que Ele queria ser".[31] E Santo Tomás de Aquino corrobora: "Ela é a única que, junto com Deus Pai, pode dizer ao divino Filho: 'Tu és meu Filho'".[32]

Portanto, por assim dizer, ela não apenas entra em relação com a Trindade por meio da filiação em Cristo, mas também via maternidade-paternidade de Cristo. No caso de Maria, portanto, não é apenas, como em São José, que o Pai lhe concede os dons adequados para "cumprir o papel" de Mãe de Jesus, à maneira como Ele mesmo é seu Pai; ao contrário, sua vocação divina é "ser" realmente Mãe de Jesus, assim como o Pai é o Pai do Verbo, embora ela segundo a humanidade e Ele segundo a divindade.

A maternidade de Maria pode, portanto, ser considerada uma participação real na paternidade da primeira pessoa divina; e, da mesma forma, sua maternidade em relação a nós pode ser vista não apenas em termos de sua ligação com Jesus Cristo como nosso salvador, mas também em termos de sua ligação com Deus Pai como partícipe de sua paternidade.

Como consequência dessa consideração, no amor maternal que Maria tem por nós e nos manifesta, sentiremos e compreenderemos melhor, de modo vivo e muito "humano", o mesmo Amor paternal de Deus, do qual ela participa de modo singular; e particularmente as manifestações mais "maternais" desse Amor divino: aquelas que justamente

---

31 São Bernardo de Claraval, *Homilias em louvor da Virgem Mãe* I, 7.I, 7.

32 Santo Tomás de Aquino, *Suma Teológica*, III, q. 30, a. 1.

serviram de ponto de partida para nossas reflexões e reapareceram várias vezes ao longo destas páginas, na boca dos santos.

A figura materna de Maria reforça em nós, de fato, todas as características do amor filial que contemplamos nas páginas anteriores. São Josemaria Escrivá nos ensina:

> O mistério de Maria nos faz ver que, para nos aproximarmos de Deus, temos que nos tornar pequenos. "Em verdade vos digo" exclamou o Senhor, dirigindo-se aos seus discípulos, "se não vos fizerdes como crianças, não entrareis no reino dos céus" (Mt 18,3).
>
> Fazer-se criança: renunciar à soberba, à autossuficiência; reconhecer que, sozinhos, nada podemos, porque necessitamos da graça, do poder do nosso Pai-Deus para aprender a caminhar e para perseverar no caminho. Ser criança exige abandonar-se como se abandonam as crianças, crer como creem as crianças, pedir como pedem as crianças.
>
> São coisas que aprendemos no convívio com Maria. A devoção à Virgem não é blandície nem languidez: é consolo e júbilo que se apossam da alma, precisamente porque exige um exercício profundo e íntegro da fé, que nos faz sair de nós mesmos e colocar a nossa esperança no Senhor. [...]
>
> Porque Maria é Mãe, sua devoção nos ensina a ser filhos: a amar deveras, sem medida; a ser simples, sem essas complicações que nascem do egoísmo de pensarmos só em nós; a estar alegres, sabendo que nada pode destruir a nossa esperança. O princípio do caminho que leva à loucura do amor de Deus é um amor confiado por Maria Santíssima. Assim o escrevi há muitos anos, no prólogo a uns comentários ao Santo Rosário, e desde então voltei a comprovar muitas vezes a verdade dessas palavras. Não vou tecer aqui muitas considerações para comentar essa ideia: prefiro, antes, convidar cada um a fazer a experiência, a descobri-lo por si mesmo, procurando manter

INTIMIDADE DE AMOR COM DEUS

uma relação amorosa com Maria, abrindo-lhe o coração, confiando-lhe suas alegrias e penas, pedindo-lhe que o ajude a conhecer e a seguir Jesus.[33]

Mãe de misericórdia

Um aspecto fundamental desta relação entre a maternidade de Maria e a paternidade de Deus é, em particular, tudo o que se relaciona com a misericórdia. Em outras palavras, sua maternidade é misericordiosa, no ser e no agir, para com todos aqueles a quem a misericórdia de Deus alcança, e na medida em que alcança: isto é, para com todos os homens sem exceção e com todo o poder que o próprio Deus colocou à sua disposição.

Sulamitis também escreve: "Esta Mãe de Misericórdia, tão boa, [...] tem o coração sempre aberto ao sofrimento, à indigência, a todos aqueles que precisam [...], porque, por mais baixo que a alma tenha caído, se recorrer a Maria, ela lhe obterá a graça de se levantar, de recuperar sua inocência e sua amizade com Jesus".[34]

Essa consideração é apoiada pela recordação da origem não apenas de sua maternidade divina, mas também de sua maternidade em relação aos homens. Façamos isso com o excelente resumo da pena de um grande doutor mariano: Santo Afonso Maria de Ligório:

> Se Jesus é pai de nossa almas, Maria é a Mãe. Pois dando-nos Jesus, deu-nos ela a verdadeira vida. Em seguida proporcionou-nos a vida da divina graça, quando ofereceu no Calvário a vida do Filho pela nossa salvação. Em duas diferentes ocasiões tornou-se, portanto, Maria nossa Mãe espiritual, como ensinam os Santos Padres.

---

33 São Josemaria Escrivá, *É Cristo que passa*, n. 143.

34 P. M. Sulamitis, *María y los jóvenes,* em *La Vida Sobrenatural* 13 (1927), p. 333.

NOSSOS IRMÃOS E NOSSA MÃE

> Primeiramente, quando mereceu conceber no seu ventre virginal o Filho de Deus [...].
>
> Pela segunda vez Maria nos gerou para a graça, quando no Calvário ofereceu ao Eterno Pai, por entre muitos sofrimentos, a vida de seu amado Filho pela nossa salvação. Porque ela então cooperou com o seu amor para que os fiéis nascessem para a vida da graça, por isso mesmo, segundo Santo Agostinho, veio a ser Mãe espiritual de todos nós, que somos membros de nossa cabeça, Jesus Cristo.[35]

Essa dupla geração de Maria é muito importante para nosso tema, pois vimos que a misericórdia divina está intimamente ligada tanto à própria encarnação quanto à obra da redenção e, em particular, à cruz, onde o Coração de Jesus foi trespassado, e seu sangue foi derramado por nós.

Em outras palavras, o *Fiat* de Maria na Anunciação foi, evidentemente, um sim à Encarnação, mas foi também um ato de misericórdia para conosco, porque ela sabia que esse Filho de Deus e seu filho seria também o Messias prometido, o Redentor: foi um sim a tudo o que a misericórdia divina, por meio de Jesus, mas com o consentimento e a cooperação de Maria, faria por nós, miseráveis pecadores.

Mas Maria pronunciou um segundo *Fiat*, agora com atos em vez de palavras, no *Stabat Mater*, que não era apenas um "estar presente" físico, mas uma associação plena com a paixão e a morte de seu Filho, um consentir e um viver com Ele — dor com dor, coração com coração — o momento central da redenção da raça humana; comparável, é claro, e mais do que comparável, ao mais doloroso dos nascimentos.

Em suma, podemos dizer, parafraseando Santo Afonso, Santo Agostinho e tantos outros, que Maria deu à luz a

---

35 Santo Afonso Maria de Ligório, *Glórias de Maria*, Parte I, c. 1, 1.

INTIMIDADE DE AMOR COM DEUS

misericórdia divina duas vezes; ou que ela é a Mãe de misericórdia com um duplo título: o conquistado em Nazaré e o revalidado no Calvário.

Por sua vez, São João Paulo II, em sua encíclica *Dives in misericordia*, enfatiza particularmente a relação de Maria com a misericórdia do ponto de vista do mistério da Cruz:

> Maria é, pois, aquela que, de modo particular e excepcional — como ninguém mais —, experimentou a misericórdia e, também de modo excepcional, tornou possível com o sacrifício do coração a sua participação na revelação da misericórdia divina. Este seu sacrifício está intimamente ligado à cruz do seu Filho, aos pés da qual ela haveria de encontrar-se no Calvário. Tal sacrifício de Maria é uma singular participação na revelação da misericórdia, isto é, da fidelidade absoluta de Deus ao próprio amor, à Aliança que ele quis desde toda a eternidade e que no tempo realizou com o homem, com o seu Povo e com a humanidade. É a participação na revelação que se realizou definitivamente mediante a Cruz. *Ninguém jamais experimentou, como a Mãe do Crucificado*, o mistério da Cruz, o impressionante encontro da transcendente justiça divina com o amor, o "ósculo" dado pela misericórdia à justiça. Ninguém como Maria acolheu tão profundamente no seu coração tal mistério, no qual se verifica a dimensão verdadeiramente divina da Redenção, que se realizou no Calvário mediante a morte do seu Filho, acompanhada com o sacrifício do seu coração de mãe, com o seu *"fiat"* definitivo.[36]

Como não se vai derramar então o coração misericordioso de Maria em cada um de seus filhos? Estas são as palavras que, por exemplo, São João de Ávila ousa colocar nos lábios de Maria:

---

36 São João Paulo II, *Dives in misericordia*, n. 9.

> Eu os perdoo, Senhor; e pela parte que me cabe nos trabalhos que te vi sofrer por causa deles, perdoa-lhes, Senhor; faze-lhes o bem; consola-os em suas aflições; ajuda-os em suas necessidades; ajuda-os em seus trabalhos; ouve-os, Senhor, quando te chamam; anima-os; faze-lhes o bem por minha causa, Senhor.[37]

E estas outras foram ouvidas por Santa Brígida da própria Virgem Maria: "Por mais que um homem peque, estou pronta a recebê-lo se ele se voltar para mim, pois não olho para o número de seus pecados, mas para a intenção com a qual retorna; não desdenho curar e ungir suas feridas, porque sou chamada e sou Mãe de misericórdia".[38]

Poderíamos citar muitos outros exemplos de como os santos vivenciaram e ensinaram o amor maternal de Maria, um reflexo fiel do amor paternal de Deus. Vamos reproduzir pelo menos três outros textos significativos, o primeiro de Santa Teresa dos Andes, o segundo de Santa Genoveva Torres Morales e o terceiro de São Luís Maria Grignion de Montfort:

> Sim, Maria, és a Mãe do universo inteiro. Teu coração está cheio de doçura. Tanto o sacerdote quanto a virgem prostram-se aos teus pés com a mesma confiança para encontrar nos teus braços o Amor do teu ventre. Tanto o rico quanto o pobre encontram em teu coração o paraíso. Tanto os aflitos quanto os felizes, por encontrar o sorriso celestial em tua boca. Tanto os doentes quanto os enfermos, para encontrar doces carícias em tuas mãos. E, finalmente, o pecador, como eu, encontro em ti a Mãe protetora que sob seus pés imaculados tem esmagado a cabeça do dragão; enquanto em teus olhos descobre a misericórdia, o perdão e o farol luminoso para não cair nas águas turvas do pecado.[39]

---

37 São João de Ávila, *Sermões sobre os Santos*, n. 67.

38 Santa Brígida da Suécia, *Revelações*, II, 23.

39 Santa Teresa dos Andes, *Diário*, n. 19.

INTIMIDADE DE AMOR COM DEUS

Todos os meus pecados me foram mostrados, em toda a sua gravidade, revelando minha insignificância e miséria. Com eles, me levantei contra o poder, a sabedoria e, o pior de tudo, contra meu Criador e Senhor. Que atrevimento e perfídia! A confusão se apodera de mim, advertindo um caminho de penas e pranto, que aprisiona todo o meu ser. Me senti aos pés da santíssima Virgem. Senti a vez que esta Mãe pedia o perdão para mim e que este me era concedido, sentindo uma esperança e segurança própria da grande misericórdia de Deus; me senti acolhida em seus braços e prometi, com mais zelo e fervor, aconselhar as pessoas a recorrerem a seu grande poder e proteção em todas as necessidades.[40]

Essa Mãe do Belo Amor removerá de teu coração todo escrúpulo e temor servil desordenado, e o abrirá e ampliará para que possa cumprir os mandamentos de seu Filho com a santa liberdade dos filhos de Deus, e acenderá na alma o puro amor de que ela possui o tesouro. De maneira que já não procederás, como até aqui, por temor de Deus, que é caridade, mas por puro amor. Olhá-lo-ás como teu Pai bondoso, a quem procurarás agradar incessantemente, com quem falarás confiadamente, como um filho fala a seu bom Pai. Se, por infelicidade, vieres a ofendê-lo, humilhar-te-ás imediatamente diante dele, pedir-lhe-ás humildemente perdão, estender-lhe-ás a mão com simplicidade, e levantar-te-ás amorosamente, sem qualquer perturbação ou inquietação, e continuarás a caminhar para ele sem desânimo.[41]

Maria como a filha de Deus por excelência

Para nós, filhos de Deus, Maria é, antes de tudo, nossa Mãe. Mas ela também é filha de Deus, como já dissemos, e

---

40 Santa Genoveva Torres Morales, *Apuntes*, n. 13.

41 São Luís Maria Grignion de Montfort, *Tratado da Verdadeira Devoção à Santíssima Virgem*, n. 215.

NOSSOS IRMÃOS E NOSSA MÃE

isso acrescenta outros elementos ao seu papel em nossa vida espiritual: ela se apresenta a nós como um modelo completo de filiação divina. Acima de tudo, do próprio amor filial, da resposta a esse maravilhoso e infinito Amor de Deus:

A Santíssima Virgem. Quem pode ser melhor Mestra de amor a Deus do que esta Rainha, do que esta Senhora, do que esta Mãe, que tem a relação mais íntima com a Trindade — Filha de Deus Pai, Mãe de Deus Filho, Esposa de Deus Espírito Santo —, e que é ao mesmo tempo Mãe nossa?[42]

Juntamente com o amor a Deus, e em decorrência dele, Maria é a fonte de todos os traços próprios da condição filial, que temos discutido nestas páginas, e que são encontrados nela no mais alto grau: humildade, confiança, abandono, sensibilidade, ousadia, amor à cruz... e amor por todos os filhos de Deus, que também são seus filhos...

Eu disse "de todos os traços que temos discutido nestas páginas", mas isso não é exato: Maria nunca teve de desempenhar o papel do filho pródigo... Na área do pecado e da misericórdia, Maria só aparece do lado desta última, do lado paterno-materno, como já consideramos, e também nos recorda esta oração de Santa Gemma: "Minha Mãe, e os pecadores? De quem são filhos? Eles são teus filhos. Tudo, tudo o que eu sofrer nesta semana, minha Mãe, tudo por eles. És a Mãe dos pecadores, minha Mãe".[43]

Com relação à humildade de Maria, por exemplo, é assim que São Bernardo a descreve e elogia:

> Diz: 'Eis aqui a serva do Senhor' (Lc 1, 38). Que humildade é essa, tão humilde, que não sabe ceder às honras e não sabe o que é se ensoberbecer de glória? Ela escolhe ser a Mãe de Deus e se diz escrava. É um testemunho de humildade, e não é pouco, não abandonar a humildade quando tanta glória lhe é oferecida. Pois

---

42 São Josemaria Escrivá, *Forja*, n. 555.

43 Santa Gemma Galgani, *Êxtase*, n. 19.

ser humilde na abjeção não é algo excepcional; mas a humildade cercada de honras é uma grande virtude, e uma virtude rara.[44]

Um bom exemplo de como os santos e mestres espirituais veem a santidade de Maria, sua íntima união com a Trindade e sua identificação com Sua vontade, pode ser encontrado neste fragmento da oração a Jesus Cristo e a Deus Pai que Frei Luís de Granada coloca em sua boca, quando está contemplando o momento em que a Virgem recebe o corpo morto de seu Filho em seus braços maternos (um momento também imortalizado pelas esculturas intituladas *La Pietá* [*A Piedade*]; a citação é um pouco extensa, mas vale a pena)

> Ó vida morta! Ó luz obscurecida! Ó beleza deformada! E que mãos foram aquelas que assim pararam tua divina figura? Que coroa é esta que minhas mãos encontram em tua cabeça? Que ferida é esta que vejo em teu costado? Ó sumo sacerdote do mundo! Que insígnias são estas que meus olhos veem em teu corpo? Quem manchou o espelho e a beleza do céu? Quem desfigurou o rosto de todas as graças? São estes aqueles olhos que obscureciam o sol com sua beleza? São estas as mãos que ressuscitavam os mortos a quem tocavam? Esta é a boca por onde saíam os quatro rios do paraíso? Tanto puderam as mãos dos homens contra Deus? Filho meu, sangue meu, de onde surgiu esta tempestade impetuosa? Que onda voraz te arrastou para tão longe?

> Filho meu, o que farei sem ti? Para onde irei? Quem me socorrerá? Os pais e os irmãos aflitos vinham implorar por seus filhos e por seus irmãos falecidos; e tu, com tua infinita virtude e clemência, os consolavas e socorrias; mas eu, que vejo morto meu Filho, e meu Pai, e meu irmão, e meu Senhor, a quem rogarei por ele? Quem me consolará? Onde está o bom Jesus Nazareno, Filho de Deus vivo, que consola os vivos, e dá vida aos mortos?

---

44 São Bernardo de Claraval, *Homilias em louvor da Virgem Mãe*, 4, 9.

NOSSOS IRMÃOS E NOSSA MÃE

Onde está aquele grande profeta, poderoso em obras e palavras?

Filho, antes meu descanso e agora a causa da minha dor, o que fizeste para que os judeus te crucificassem? Qual foi a razão para uma morte tão cruel? São estas as graças que se dão por tantas boas obras? É este o prêmio da virtude? É esta a recompensa por tanta sabedoria? A maldade do mundo chegou a este ponto? A malícia do demônio chegou a este ponto? A bondade e a clemência de Deus chegaram a este ponto? Tão grande é o aborrecer de Deus pelo pecado? Foi preciso tanto para satisfazer a culpa de um só? Tão grande é o rigor da justiça divina? Tanto se importa Deus com a salvação dos homens?

Ó Pai celestial! Ó amante da humanidade, misericordioso para com os homens, e, contudo, rigoroso para com Vosso Filho! Vós sabeis que tantos açoites e feridas recebeu este santo corpo, tantas mortes levou este coração. Mas com tudo isto, eu, a mais afligida de todas as criaturas, Vos dou graças infinitas por esta dor. Basta-me que seja Vossa vontade para que eu encontre consolo. De Vossas mãos, ainda que seja a espada, a receberei em meu peito. Pelos dons e pelas provações, igualmente Vos louvo; pelos bens que me concedestes, Vos bendigo; e por aqueles que agora me retirais, não me revolto, mas sim Vos devolvo o que me foi emprestado, com ação de graças. Por isso e por aquilo, que os anjos Vos bendigam, e que minhas lágrimas também Vos bendigam com eles.

Ó, dulcíssimo Filho meu! O que farei sem ti? Tu eras meu filho, meu pai, meu esposo, meu mestre, e toda a minha companhia. Agora fico como órfã sem pai, viúva sem esposo, e sozinha sem tal mestre e tão doce companhia. Já não te verei mais entrar pelas minhas portas, cansado dos discursos e da pregação do Evangelho. Já não limparei mais o suor de teu rosto, ensolarado e fatigado dos caminhos e trabalhos. Já não te verei mais sentado à minha mesa, comendo e alimentando minha alma com tua divina presença. Acabou-se a minha glória; hoje termina minha alegria, e começa minha solidão.

277

INTIMIDADE DE AMOR COM DEUS

> Filho meu, não me falas? Ó língua do céu, que a tantos
> consolaste com tuas palavras, a tantos deste fala e vida!
> Quem te pôs tanto silêncio, que não falas a tua mãe?
> Como não me deixas sequer uma lembrança com que
> eu me console? Eu a tomarei com tua licença. Esta coroa
> real será a lembrança; destes cravos e desta lança quero
> ser Tua herdeira. Estas joias tão preciosas guardarei sem-
> pre em meu coração; ali estarão cravados teus cravos;
> ali estará guardada tua coroa, e teus açoites, e tua cruz.
> Esta é a herança que escolho para mim enquanto durar
> minha vida.[45]

Falando em particular dessa comovente e materna dor, não esqueçamos que a maior identificação com a cruz de Jesus Cristo foi justamente a de Maria Santíssima. Aliás, poderíamos dizer que a cruz de Nossa Senhora se confunde com a de Jesus: sua dor não parece ser dela, mas do Filho que lhe foi trespassado; acima de tudo, sua identificação com a vontade do Pai segue muito fielmente a marca deixada por Jesus Cristo.

Embora imaculada e santíssima desde a sua concepção, Maria é uma criatura, e também ela seguiu livremente um caminho de fidelidade à sua condição de filha, de crescimento em sua intimidade filial com Deus, de santificação progressiva de sua alma, até alturas que nem sequer podemos suspeitar.

Maria não tinha nenhuma mancha de pecado, mas a confusão cheia de simplicidade e humildade que sente diante da anunciação do Anjo, ou sua identificação com a dor do Filho, que acabamos de contemplar, são um exemplo magnífico dos requintes do temor filial.

O espírito de piedade resplandece na clássica imagem de Maria recolhida em oração no momento da Anunciação e da Encarnação do Verbo, muitas vezes reapresentada pelos artistas com a pomba que simboliza a terceira pessoa

---

45 Frei Luís de Granada, *Libro de la oración y meditación*, Meditação para sábado pela manhã: *Del llanto de nuestra Señora*.

da Trindade voando sobre sua cabeça; e resplandece não menos no seu imaculado coração materno, sempre tão intimamente unido ao Coração de Cristo. É por isso que São Boaventura exclama: "Oh, que Mãe piedosa nós temos! Conformemo-nos com nossa Mãe e imitemos sua piedade. Ela tinha tanta compaixão pelas almas que considerava todos os danos e sofrimentos temporários como nada. Da mesma forma, tenhamos prazer em crucificar nosso corpo para a salvação de nossa alma".[46]

O conhecimento divino de Nossa Senhora não é apenas o "conhecimento da cruz", mas também, em grande parte, o conhecimento da vida comum, como mulher, esposa, mãe, dona de casa etc. Assim se expressa Santa Elisabete da Trindade: "Com que paz, com que recolhimento Maria se submeteu e se entregou a todas as coisas! Até as coisas mais vulgares foram divinizadas nela, pois a Virgem permaneceu a adoradora do dom de Deus em todos os seus atos".[47]

E, um pouco mais detalhadamente, São Josemaria Escrivá explica:

> Não esqueçamos que a quase totalidade dos dias que Nossa Senhora passou na terra decorreram de forma muito parecida à de milhões de outras mulheres, ocupadas em cuidar da família, em educar os filhos, em levar a cabo as tarefas do lar. Maria santifica as coisas mais pequenas, aquelas que muitos consideram erroneamente como intranscendentes e sem valor: o trabalho de cada dia, os pormenores de atenção com as pessoas queridas, as conversas e visitas por motivos de parentesco ou de amizade. Bendita normalidade, que pode estar repassada de tanto amor de Deus!

> Porque é isso o que explica a vida de Maria: o seu amor. Um amor levado até ao extremo, até ao esquecimento completo de si mesma, feliz de estar onde Deus a quer,

---

46   São Boaventura, *Colóquios sobre os Sete Dons do Espírito Santo*, vi, 21.

47   Santa Elisabete da Trindade, *O Céu na Terra*, décimo dia.

INTIMIDADE DE AMOR COM DEUS

cumprindo com esmero a vontade divina. Isso é o que faz com que o menor de seus gestos não seja nunca banal, mas cheio de conteúdo. Maria, nossa Mãe, é para nós exemplo e caminho. Temos que procurar ser como Ela, nas circunstâncias concretas em que Deus quis que vivêssemos.[48]

A fortaleza de Maria ao pé da cruz é particularmente admirável, como já dissemos. Mas sua fortaleza, sustentada por Deus Pai, pela identificação com seu Filho Jesus Cristo e pelo dom do Espírito, permeia toda a sua vida e transborda em nós. Assim, São Boaventura exalta os frutos da fortaleza mariana para nosso benefício:

> E de quem é este valor e preço? Desta mulher, Virgem bendita, é o preço, por meio do qual podemos obter o reino dos céus, ou também é dela, isto é, tomado dela, pago por ela e possuído por ela; tomado dela na encarnação do Verbo, pago por ela na redenção do gênero humano, e possuído por ela na consecução da glória do paraíso. Ela produziu, pagou e possuiu este preço; logo, é seu na medida em que ela é quem o origina, o paga e o possui. Esta mulher produziu aquele preço como forte e santa; o pagou como forte e piedosa, e o possui como forte e valente.[49]

Por sua vez, por trás da aparente simplicidade das palavras de Maria em Caná: "Fazei tudo o que Ele vos disser" (Jo 2, 5), esconde-se o melhor conselho do Espírito Santo, que habita nela de forma sublime desde o momento de sua Imaculada Conceição. Conselhos que continuam a ser repetidos a todos e a cada um de nós em tantos aspectos concretos de nossa vida diária e em um ou outro momento decisivo: conversão, vocação. O que devo fazer? O que Ele lhe disser, Maria nos diz, o que Jesus quer, a vontade de seu Deus Pai.

---

48 São Josemaria Escrivá, *É Cristo que passa*, n. 148.

49 São Boaventura, *Colóquios sobre os Sete Dons do Espírito Santo*, VI, 5.

280

De Santíssima Virgem Maria recordamos sempre sua atitude serena e contemplativa, guardando e ponderando no seu coração todas as maravilhas divinas (cf. Lc 2, 19)... E a Maria a liturgia da Igreja e a tradição teológica e espiritual aplica alguns dos textos bíblicos mais conhecidos sobre a sabedoria divina, porque ela é mais que sábia nas coisas de Deus: ela é a Mãe da sabedoria encarnada e, portanto, sua sede, seu trono.

Maria e a Santíssima Trindade

Em suma, a relação muito especial de Maria com a Santíssima Trindade nos abre caminhos maravilhosos para corresponder ao Amor divino, seguindo seu exemplo e chegando a Deus por meio dela. Assim rezou Santo Antônio Maria Claret, glosando a oração *Memorare* ou *Lembrai-vos*:

> Ó Maria, Mãe e esperança minha, consolo de minha alma e objeto de meu amor! Lembrai-vos de todas as graças que vos pedi, e todas que me concedestes. Acaso agora encontrarei esgotado esse manancial perene? Não, nunca se ouviu nem se ouvirá jamais que algum devoto vosso tenha sido reprovado por vós. Vede, Senhora, que tudo isto que vos peço se dirige à maior glória de Deus e vossa e ao bem das almas; é por isso que espero obtê-lo e o obterei, e para que a Senhora possa ser movida a concedê-lo a mim mais cedo, não alegarei méritos próprios, pois só tenho deméritos; os direi, sim, que como filha que sois do eterno Pai, Mãe do Filho e esposa do Espírito Santo, é muito conforme que zeleis pela honra da Santíssima Trindade, de que é viva imagem a alma do homem, e além disso essa mesma imagem é banhada com o sangue do Deus humanado.[50]

---

50   Santo Antônio Maria Claret, *Autobiografia*, n. 162.

INTIMIDADE DE AMOR COM DEUS

E São Josemaria Escrivá encoraja-nos a tratá-la com o mesmo "estilo" de oração:

> Como gostam os homens de que lhes recordem o seu parentesco com personagens da literatura, da política, do exército, da Igreja!...
>
> — Canta diante da Virgem Imaculada, recordando-lhe:
>
> Ave, Maria, Filha de Deus Pai; Ave, Maria, Mãe de Deus Filho; Ave, Maria, Esposa de Deus Espírito Santo... Mais do que tu, só Deus![51]

Foi também o que lhe cantou São Francisco de Assis, em uma antífona repetida por milhões de cristãos durante séculos:

> Santa Virgem Maria, não nasceu nenhuma semelhante a vós entre as mulheres neste mundo, filha e serva do altíssimo sumo Rei e Pai celeste, Mãe do nosso santíssimo Senhor nosso Jesus Cristo, esposa do Espírito Santo: rogai por nós com São Miguel Arcanjo e todas as virtudes dos céus e todos os santos junto a vosso santíssimo dileto Filho, Nosso Senhor e Mestre![52]

Uma última consideração, que se liga a vários aspectos importantes tratados ao longo deste livro: a alma humilde do bom filho de Maria também sente o contraste entre seu pobre amor e o de Maria, assim como sente — ainda mais — o contraste com o Amor de Deus Pai, de Jesus Cristo e do Espírito Santo; mas, confiante e corajosamente, ele se abandona em seus braços maternos, para dar o grande salto: o mesmo salto que o introduz na intimidade com a Trindade; pois o amor por Maria é o caminho mais direto para alcançar a intimidade do amor com Deus.

---

51   São Josemaria Escrivá, *Caminho*, n. 496.

52   São Francisco de Assis, *Ofício da Paixão do Senhor, Antífona*.

Dos lábios de qualquer filho ou filha de tal Mãe, deveriam sair palavras semelhantes às de Santo Afonso de Ligório, às dos santos:

> "Não me darei repouso, enquanto eu não tiver obtido amor terno e constante a vós, ó minha Mãe", que com tanta ternura me tendes amado, ainda quando eu não vos amava. E que seria de mim se vós, ó Maria, não me tivésseis amado e alcançado tantas misericórdias? Se, pois, me amastes quando eu não a amava, que devo esperar da vossa bondade agora que vos amo?
>
> Sim, amo-vos, ó minha Mãe, e quisera ter um coração capaz de vos amar por todos os infelizes que não vos amam. Quisera ter uma língua capaz de louvar-vos por mil línguas, para fazer conhecer a todo mundo a vossa grandeza, a vossa santidade, a vossa misericórdia, e o amor com que amais os que vos amam [...]
>
> Amo-vos, pois, ó minha Mãe; mas ao mesmo tempo receio que não vos ame, porque ouço dizer que o amor faz os que amam semelhantes à pessoa amada. Devo então crer que bem pouco vos amo, vendo-me tão longe de parecer convosco. Vós sois tão pura, eu tão imundo! Vós tão humilde, eu tão soberbo! Vós tão santa, eu tão mau! Mas isto, ó Maria, é o que vós haveis de fazer: já que me tendes tanto amor, tornai-me semelhante a vós. Para mudar os corações, tendes todo o poder; tomais, pois, o meu e mudai-o. Conheça o mundo o que podeis em favor dos que amais. Tornai-me santo e fazei-me digno filho vosso. Assim espero, assim seja.[53]

---

53 Santo Afonso Maria de Ligório, *Glórias de Maria*, I, c. 1, 3.

EPÍLOGO

A HERANÇA DOS FILHOS DE DEUS

Antes de terminar, voltemos aos três principais textos bíblicos sobre a filiação divina, analisando agora a parte final de cada um deles:

"Se somos filhos, somos também herdeiros: herdeiros de Deus e coerdeiros de Cristo" (Rm 8, 17).

"És também herdeiro; tudo isso, por graça de Deus" (Gl 4, 7).

"Caríssimos, desde já somos filhos de Deus, mas nem sequer se manifestou o que seremos! Sabemos que, quando Jesus se manifestar, seremos semelhantes a ele, porque o veremos tal como ele é" (1Jo 3, 2).

Se, já nesta terra, a realidade da filiação divina pode nos levar, na medida de nossa correspondência, a esses mundos maravilhosos e insuspeitados de amor, de intimidade com Deus, de felicidade, que os santos nos descrevem..., o que nos espera no céu, qual será nossa herança, se formos bons filhos, não podemos nem sonhar...

Mas, como está escrito, "o que Deus preparou para os que O amam é algo que os olhos jamais viram, nem os ouvidos ouviram, nem coração algum jamais pressentiu" (1Cor 2, 9).

Não podemos imaginar..., mas estamos cheios de esperança: com desejos ousados e confiança segura na promessa divina, que não pode falhar:

"Na casa de meu Pai há muitas moradas. Não fosse assim, eu vos teria dito. Vou preparar um lugar para vós. E depois que eu tiver ido e preparado um lugar para vós, voltarei e vos levarei comigo, a fim de que, onde eu estiver, estejais vós também" (Jo 14, 2-3).

INTIMIDADE DE AMOR COM DEUS

Se aqui já é um grande mistério o que significa ser filho de Deus — não apenas no sentido de que é inacessível à nossa inteligência, mas, sobretudo, no que diz respeito à enorme riqueza que contém —, no céu, tal mistério se tornará ainda maior, ainda mais rico? Chegará à "semelhança" de que fala São João, que agora só podemos vislumbrar, mas que, apoiados na fé, cheios de esperança e, sobretudo, movidos pelo amor, intuímos por onde pode nos levar.

E essa intimidade com a Santíssima Trindade, essa relação de amor muito próxima e comovente com Deus, que nasce de nossa condição de filhos, na medida em que amamos mais a Deus aqui nesta terra, chegará verdadeiramente à "loucura", como aconteceu com os santos que nos acompanharam nestas páginas e com tantos milhares de milhões de homens e mulheres — santos anônimos — que habitam, com os anjos, com Maria e com Jesus, na casa de nosso Pai....

Direção geral
Renata Ferlin Sugai

Direção de aquisição
Hugo Langone

Direção editorial
Felipe Denardi

Produção editorial
Juliana Amato
Gabriela Haeitmann
Karine Santos
Ronaldo Vasconcelos

Capa
Gabriela Haeitmann

Diagramação
Sérgio Ramalho

ESTE LIVRO ACABOU DE SE IMPRIMIR
A 03 DE JANEIRO DE 2025,
PARA A QUADRANTE EDITORA.

OMNIA IN BONUM